REPROGRAMMEZ VOUS

De la Théorie à la Réalité

Comment passer à la pratique
et enfin vivre votre vérité intérieure

Aline Dalbiez

Avec les témoignages de participants
au programme REPROG™

Traduction et publication aux éditions ALINEON®, France
Conception graphique de la couverture réalisée par Aline Dalbiez,
avec la contribution créative et artistique d'Yves Dalbiez.

Pour la version imprimée | **ISBN : 978-2-9542877-4-4**
EAN : 9782954287744

Cette publication est conçue pour fournir des informations utiles en ce qui concerne les thèmes abordés, avec la compréhension que les opinions exprimées par l'auteure de ce livre sont issues de travaux de recherche, d'observation, et d'accompagnement au changement ; et ont pour vocation le partage d'expérience de l'auteure et des contributeurs dont les témoignages ont été recueillis. Le lecteur est invité à prendre ses propres responsabilités et décisions concernant l'ensemble des informations présentées dans ce livre et avant d'en tirer des conclusions. L'auteure et l'éditeur déclinent expressément toute responsabilité pour toute implication, décision, perte ou risque, personnel ou autre, résultant directement ou indirectement de l'utilisation et de l'application de tout contenu de ce livre.

Les autres livres publiés par les éditions ALINEON® sont disponibles sur www.alineon.com

Pour plus d'informations, veuillez contacter :
ALINEON® - Si tout le monde va bien, le monde va mieux®
Antibes, France, editions@alineon.com
Visitez-nous en ligne sur www.alineon.com

Dépôt légal : Septembre 2022
Publié avec Amour

REPROGRAMMEZ
VOUS

De la Théorie à la Réalité

**Comment passer à la pratique
et enfin vivre votre vérité intérieure**

Aline Dalbiez

Avec les témoignages de participants
au programme REPROG™

ALINEON®
Si tout le monde va bien, le monde va mieux

www.alineon.com

Autres livres de l'auteure

Le Pouvoir des Mots :
Un secret du succès relationnel

La Route vers le Bonheur :
Sagesse de femmes sur l'Amour, la Vie & les Margaritas
(co-écrit avec huit autres femmes du monde)

DÉDICACE

A tous ceux qui un jour ont espéré être autrement, avoir un autre comportement, avoir vécu ou pouvoir vivre les choses différemment.

A tous ceux qui pensent qu'il est possible de vivre mieux, et qu'il est humain de vivre heureux.

A tous ceux qui ont cru en l'impossible, parfois même sans assumer cette idée qui leur paraissait trop saugrenue pour être vraie.

A tous ceux qui ont l'envie de pouvoir « revivre » sans forcément avoir à mourir pour cela.

Et à tous les participants au programme REPRÒG
– qui osent se montrer ou qui préfèrent rester discrets –
qui ont pris part à cette aventure extraordinaire où l'impossible devient possible parce qu'en reprogrammant notre fonctionnement, il est possible de transformer notre réalité.
Ils en sont la preuve et la démonstration.

i

TABLE DES MATIÈRES

REMERCIEMENTS

Un immense merci à tous ceux qui ont contribué à la création de ce livre, en complément de nombreuses années de recherche et d'étude sur les fonctionnements de nos programmes inconscients. Tout particulièrement à ceux qui ont accepté de partager leur vécu aussi sincère qu'intime parfois, et qui en plus ont été porteurs de ce projet, en réclamant son aboutissement.

Ce livre a été rédigé en collaboration avec des participants au programme REPROG, qui partagent leurs histoires, leurs exemples, leur parcours de transformation et leurs prises de conscience. Découvrez comment réconcilier les rêveries que vous avez en tête avec la réalité de votre vie, comment reprendre les commandes de ce que vous vivez, de qui vous êtes, et surtout, de ce que vous voulez vraiment vivre maintenant.

Notes de lecture

Si vous voyez un chiffre entre parenthèses que vous ne comprenez pas, c'est généralement une référence que vous retrouverez dans la bibliographie à la fin du livre.

Lorsque vous voyez des triples guillemets ouvrants, suivi d'un prénom, par exemple : *« « « Participant,*
cela vous indique l'intervention d'un participant,
jusqu'aux triples guillemets fermants / *Participant » » »,*
qui indiquent la fin de leur partage, lorsque je reprends la main.

Introduction

UNE RENCONTRE
QUI CHANGE UNE VIE...

Il y a quelques années, alors que j'étais au téléphone avec ma mère tandis que je marchais dans la rue, je me suis aperçue que j'avais oublié mon sac à main dans un autre bâtiment, alors je faisais demi-tour pour y retourner. Sur le chemin, tout en étant au téléphone, j'ai fait une rencontre particulière... Je suis tombée nez à nez avec un homme profondément en colère et qui avait une arme à feu à la main. Il m'a attrapée, m'a jetée par terre et a collé son arme sur ma tête. Je suis tombée, j'étais toujours au téléphone avec ma mère, à qui j'expliquais calmement que j'étais dans une situation embarrassante.

Je regardais cet homme droit dans les yeux, comme si j'essayais de comprendre ce qui se passait en lui et surtout ce qu'il avait réellement l'intention de faire. Et j'étais très concentrée également sur ma relation téléphonique avec ma mère pour éventuellement lui dire mes derniers mots. J'étais très calme et j'expliquais à ma mère ce que je voyais en cet homme, comme si j'avais accès à la vérité de son âme en le regardant si sincèrement: « *Je vois sa colère et sa souffrance dans ses yeux, c'est tellement fort, je peux sentir sa difficulté... Il souffre tellement,*

Maman, je ne sais pas ce qu'il va faire mais je comprends sa douleur. » Je ressentais une sincère compassion pour cet homme, j'étais là, avec lui, j'étais VRAIMENT là et VRAIMENT avec lui.

En voyant mon regard, ma présence sincère et en m'entendant dire avec une réelle sincérité que je comprenais sa souffrance et pourquoi il en était arrivé là… il s'est apaisé. Se sentant compris, il a baissé son arme et sa colère est tombée.

Il y a parfois dans la vie des circonstances qui font que l'on ne peut plus jamais voir les autres comme avant…

Ce jour-là, je me suis réveillée différente. J'avais rêvé… mais c'était tellement réel. J'ai compris que quoi que les gens fassent, même le pire, ils le font parce qu'ils ne voient pas comment faire autrement. Et surtout le pire, ils le font parce qu'ils souffrent tellement fort qu'ils ne le supportent plus. Ce dont ils ont vraiment besoin, c'est simplement de la reconnaissance sincère. Et j'ai observé cela dans la réalité de façon systématique depuis ce jour.

Sans même aller jusqu'aux extrêmes, cette histoire est très importante. Car au quotidien, nous faisons tous des choses plus ou moins agréables pour les autres, et parfois les autres font ou disent des choses vraiment difficiles à vivre pour nous! Par exemple, lorsque quelqu'un a l'air de se vanter à côté de vous et semble vous dire: « *Moi je suis bien mieux que toi, parce que ce que tu fais toi, c'est nul…* » ou tout simplement que quelqu'un vous fait une remarque ou une critique désagréable au lieu de vous donner la reconnaissance que vous méritez… parfois c'est comme une bombe ou un coup de poignard!

Les gens qui attaquent ou qui blessent sont souvent ceux qui ont le plus besoin de reconnaissance et qui en manquent cruellement. Une astuce est justement de leur en offrir lorsque l'on en est capable. C'est assez étonnant de voir à quel point cela peut leur faire chaud au cœur et réparer des situations, comme celle que j'ai vécue en rêve avec cet homme à bout de nerfs et qui a retrouvé sa lucidité.

Le jour où j'ai fait ce rêve, j'ai compris ce véritable lien qui nous unit tous et cela a radicalement changé mon point de vue sur les êtres humains et leurs comportements. Vous savez peut-être, si vous avez suivi mes travaux, que j'ai connu à la fois l'enfer et le paradis en termes de relations humaines, tant personnellement que professionnellement. Et après de nombreuses années d'observation et de vérifications, j'ai constaté qu'il est toujours possible de résoudre vraiment les situations et les relations humaines, quelle que soit l'ampleur du point de départ. Si cela vous intéresse, vous trouverez toutes les clefs pour le constater par vous-même dans mon livre *Le Pouvoir des Mots: Un secret du succès relationnel* (1).

Au fil du temps, j'ai mieux compris le vrai fondement de la bienveillance et de ce que l'on appelle peut-être la compassion, au sens de cette capacité à percevoir ou ressentir les émotions de quelqu'un d'autre. Nous sommes tous sincèrement les mêmes, faits de chair et d'émotions. Cette capacité est venue en compléter d'autres, et c'est alors que j'ai approfondi le fonctionnement de nos programmes intérieurs, de tout ce qui fait que nous sommes d'une certaine façon, ou d'une autre. J'ai étudié, presque sous toutes les coutures, les aspects de développement de soi, de ce que la science nous démontre ou nous suggère, de ce que les auteurs les plus connus expliquent sur leurs compréhensions, leur parcours, ou leurs travaux. Je n'avais pas le choix, dans le fond, car le dernier médecin que j'avais vu m'avait dit que mon état de santé était incurable, et qu'il fallait « vivre avec ». Mais je ne me voyais pas vivre dans l'état dans lequel j'étais, ce n'était pas possible, je ne le pouvais plus. Alors je devais trouver une solution. Comme les livres ou les formations ne suffisaient pas, malgré l'avance considérable que mes parents m'avaient offert en ayant déjà entamé le chemin trente ans plus tôt, j'ai cherché par moi-même et fini par comprendre quelque chose... Tout cela, combiné au recul inattendu sur la structure-même de nos programmes que j'ai vécu grâce à mes travaux sur le pouvoir des mots, a abouti en un programme de transformation personnelle appelé REPRÔG, qui permet de modifier nos programmes de façon délibérée. Vous vous le demandez sûrement… A-t-elle alors résolu son problème de santé ? Eh bien… OUI ! En effet, c'était laborieux d'aller à l'encontre des croyances populaires, scientifiques ou médicales… mais j'ai bel et bien réussi et mon état de santé est complètement transformé. C'est également pour cette raison que je trouve l'idée de ce livre fabuleuse, car c'est un moyen pour nous – vous, moi, les autres participants au programme – de nous entraider et de nous reconnecter sur des considérations, des croyances et des possibilités qui ouvrent les portes de l'esprit, de la santé, et de la vie.

L'an dernier, au Printemps 2021, j'ai voulu offrir à une dizaine de personnes de suivre le programme REPRÔG en groupe et à des conditions exceptionnelles, et leurs résultats les ont vraiment interpelés. Ils ont voulu faire savoir au monde que ce programme existe, en insistant auprès de moi sur le fait que la plupart des gens devraient avoir connaissance de ce que ce programme permet, afin qu'eux aussi puissent y croire et en bénéficier. Ainsi, ils ont voulu participer et faire part de leur vécu, parce qu'ils savent que cela peut paraitre incroyable ou même inatteignable. Et pourtant… c'est bien réel.

D'où le titre de ce livre, qui nous rappelle que ce n'est pas de la théorie, en tout cas dès l'instant où on le met en pratique. Et j'aimerais justement aborder ce point essentiel qui fait la différence entre de belles paroles, et des résultats concrets.

L'objectif de ce livre est de vous inspirer courage, confiance et volonté. Ce que vous voulez vraiment, sincèrement, de tout votre cœur, EST POSSIBLE. A partir du moment où vous êtes capable d'en rêver, c'est que c'est possible, qu'il existe un chemin, et que vous pouvez le parcourir. En revanche, vous devez vous donner les moyens d'y parvenir, et cela ne signifie pas spécialement de vous activer dans tous les sens, au contraire. Il peut simplement s'agir de ne plus jamais penser comme avant, ni être celui ou celle que vous avez été jusqu'à présent. Pourquoi ? Parce que si vous voulez que vos circonstances soient différentes, vous allez être différent. Croyez-vous que je me comporte de la même façon en ayant retrouvé mon équilibre de santé que quand mon corps dysfonctionnait ? Bien sûr que non. Mes pensées sont différentes, mes réactions sont différentes, mes attitudes, mes ambitions, mes anticipations, etc. Il a fallu que je change d'abord, pour que ma santé puisse trouver sa place. Vous ne pouvez pas continuer à penser comme avant et espérer que les choses changent. Ça, sinon, c'est de la théorie. La pratique veut que vous mettiez en pratique, et donc que vous modifiiez votre façon de penser, d'être, de vous comporter, et de manifester vos circonstances. Comment faire cela ? C'est là que ça se complique… Parce que cela requiert littéralement de reprogrammer votre façon d'être. Ce livre est conçu pour vous y aider.

ET SI VOUS COMMENCIEZ PAR UNE DECISION?

Avant d'aller plus, loin, que pensez-vous de prendre une décision comme suit :

o Voulez-vous seulement obtenir de l'information, en lisant ce livre?

o Ou voulez-vous transformer dès maintenant tout ou partie de votre expérience de vie?

C'est à vous de voir, mais si vous prenez cette décision, soyez sûr que cela va faire une différence significative !

Pour davantage de résultat, vous pouvez prendre un crayon, ou même un stylo, et cocher l'une ou l'autre des réponses ci-dessus. Cela donnera un signal plus fort à votre esprit que vous êtes bel et bien décidé, et ça vous rappellera votre propre choix quand vous repasserez sur cette page à l'avenir.

Pour encore davantage de résultat, vous pouvez aussi noter ce que vous espérez obtenir de cette lecture, ce que vous aimeriez comprendre ou modifier dans votre vie. Ne soyez pas trop ambitieux ni théorique, soyez concret et précis.

Pour vous aider, voici deux suggestions de départ :

Quels sont trois éléments qui caractérisent votre état d'esprit aujourd'hui avant d'avoir lu ce livre ? Vous pourrez ensuite vous étonner de la différence à la fin :

1._____

2._____

3._____

Sur quel sujet spécifique voulez-vous reprogrammer votre système, ou changer vos croyances, ou obtenir un coup de pouce en lisant *REPROGRAMMEZ-VOUS ! De la Théorie à la Réalité* ?

Je souhaite changer mon expérience et mon état d'esprit à propos de / dans le but de _____
_____
_____

Félicitations ! Vous voilà paré(e) au décollage !

Si ton interprétation te fait te sentir mal,
c'est que ce n'est pas la bonne
interprétation.

Chapitre 1

LE PROCESSUS DU CONTINUUM OU
LE JEU DE LA VIE

Soyons bien clairs sur un point : le but ici, est bien de vous reconnecter à la réalité que C'EST POSSIBLE, que la vie est possible, que le « formidable » est possible, et que le reste n'est pas une obligation.

On entend de plus en plus parler de manifester sa réalité, du pouvoir de la pensée, etc. Mais concrètement, à part pour les quelques-uns qui semblent avoir eu de la chance, où sont donc les résultats ?

Les résultats, malheureusement, ou dans le fond bien heureusement, sont basés sur la façon dont vous êtes programmé. Déjà dans les années 1940, les scientifiques avaient commencé à envisager que la réalité toute entière puisse fonctionner comme un ordinateur. Dans son livre de 2008, *La Guérison Spontanée des Croyances,* Gregg Braden, auteur à succès mondialement reconnu pour établir un pont entre la science et la spiritualité, nous rappelle que « *Konrad Zuse, l'homme à qui l'on doit le développement des premiers ordinateurs, eut un éclair intuitif sur la manière dont l'univers fonctionne.* » Celui-ci avait soulevé la question : « *Est-il possible que l'univers tout entier se comporte comme un vaste ordinateur, avec un code grâce auquel tout ce qui existe devient possible ?* » (2) Aujourd'hui de nombreux scientifiques, articles, publications, et livres ont poursuivi l'exploration de ces possibilités, et avec l'émergence de la physique quantique, les découvertes deviennent fascinantes.

Mais concrètement, ça vous fait « une belle jambe » si vous n'en faites rien, pas vrai ? Sauf que si vous tenez ce livre entre vos mains, c'est que vous êtes enfin prêt à mettre en pratique ces possibilités dans votre vie. Dans ce but, vous allez faire le point sur votre propre situation au fil des chapitres, et pour commencer je vous invite à découvrir Marie, qui partage avec vous la sincérité de son âme, et de son parcours. Je vous suggère de voyager au travers de son histoire, et d'en profiter pour rencontrer la vôtre. Car au travers de ses mots, elle vous aide à vous reconnecter à votre propre fil, à votre propre jeu, à votre propre processus de vie. Une fois les idées plus claires sur vous-même, vous pourrez alors profiter des chapitres suivants pour faire le point et voir où vous en êtes vraiment.

« « « *Marie*
1-Ma vie avant REPROG

Si ma vie était un jeu d'échecs, je vous fais part des pions qui m'ont fait ressentir le plus « d'échecs et mats » tout au long de mon processus de vie. Jusqu'à ce que je redécouvre le plaisir du jeu de la vie grâce à REPROG.

Au final, je suis devenue une chercheuse de lumière par la force des choses. Malgré toute cette souffrance, j'ai toujours eu l'impression que ce n'était pas ça la vie, et je me demandais : « *Est-ce là ce que mon âme avait envie d'expérimenter ?* »

Je n'étais pas toute seule dans cette souffrance, nous sommes sept frères et sœurs et j'ai choisi d'être la première. Chacun a vécu les choses à sa façon bien sûr, même s'ils prenaient exemple sur moi, étant l'aînée. Pendant mon enfance, en fin de compte, il n'y avait pas de place pour moi pour jouer. Je devais m'occuper de mes petits frères et sœurs, en étant comme une deuxième maman pour eux.

J'ai été le jeu d'un monde extérieur depuis ma naissance. J'étais devenue un robot qui fonctionnait avec l'autorisation des avis de mon entourage. Mon rêve a été trop longtemps bafoué. J'en avais conscience depuis mon plus jeune âge, mais j'étais devenue l'enfant qui vacillait entre la révoltée à la maison et la soumise à l'extérieure. Il me fallait être forte dans mon rôle d'aînée, mais j'en voulais à mon père de nous avoir entraînés dans sa frustration au lieu de nous aider à grandir. Alors que j'étais effacée à l'extérieure, ayant peur de la foule, j'étais très timide, je disais oui à tout pour me sentir acceptée.

Naître dans une famille de métissage n'est pas non plus, selon mon expérience, une aide à l'épanouissement d'une enfance heureuse. Avec la discrimination des grand-mères… Vous aurez peut-être deviné de quoi il s'agit ? De la couleur de peau, ou du niveau social des parents ! Oui, la discrimination commence dans le nid familial avant d'être répandue dans l'humanité. Parmi mes grand-mères, l'une trouvait que je n'étais pas à ma place parce que j'aimais les belles choses, dont les belles robes que ma maman concevait pour moi. L'autre nous montrait que nous n'étions pas à notre place parce que nous n'avions pas beaucoup d'argent. Elle nous recevait dehors sur un tapis, tandis que nos cousins mieux aisés financièrement étaient reçus à table à l'intérieur. Blanc aux yeux verts ou la peau mate, même pour avoir sa place dans la famille et de la valeur, il y avait un prix à payer.

A cela, s'ajoutaient les sautes d'humeur de mon père qui rentrait le soir alcoolisé et qui faisait subir à ma mère ses disputes et ses violences incessantes, cela a duré jusqu'à ce que nous partions de la maison, à l'âge de 25 ans pour ma part. Nous n'avions pas droit à la parole, alors oui, je me sentais attachée à ce contexte familial, comme une femme battue qui est trop attachée pour quitter son bourreau. C'est à cet âge-là, et par la force des choses, que j'ai enfin eu l'autorisation de partir de la part de mes parents, ou plutôt de ma mère qui a soudain pris conscience qu'elle préférait que l'on parte plutôt que de nous maintenir auprès d'elle dans cette souffrance. Je ne vais pas rentrer dans les détails de cette vie, la plus sombre de l'âme.

Alors « *Comment ne pas devenir fou, dans les conditions extrêmes de souffrance ?* » est une question que je me suis toujours posée, en particulier en réalisant qu'en fait, même dans la souffrance on est à sa place. En train de vivre une expérience divine aussi, qui est aussi précieuse que le bonheur.

J'ai découvert par la suite qu'une partie plus grande que nous fait automatiquement un bond quantique pour nous protéger. Même lorsque nous avons la souffrance à vivre, notre être multidimensionnel nous permet l'expérience d'un éveil spirituel brusque et complet, comme une bascule qui redonne les commandes à une partie supérieure de nous. Comme une femme qui fait preuve d'une force surhumaine pour sauver son bébé dans un moment de danger extrême.

Il y a toujours un espace où notre âme peut s'évader grâce à la créativité, parce que, d'instinct, l'homme est créatif et créateur. Les esclaves par exemple, pour se sortir de leur extrême souffrance, avaient la musique pour déposer leur complainte, en usant de leur force de créativité pour récupérer de l'énergie. Bizarrement, les maîtres, quant à eux, les laissaient danser et avaient autre chose à faire pendant ce même temps, leur laissant cette place du moment. Ils constataient que les esclaves avaient la puissance, la force, et étaient solides malgré les coups de fouet ou de torture, grâce à ces moments de transe créative qui favorisaient leur efficacité dans les tâches.

Pensez donc à l'avenir à observer toutes les situations de souffrance dans le monde ou dans votre vie, en constatant qu'il y a aussi toujours une brèche pour la lumière. Le monde est ainsi fait.

Pour ma part, j'avais trouvé mon évasion dans les livres, grâce à ma mère qui nous en avait transmis le goût pour grandir. Avec elle et mes frères et sœurs, c'était le seul moment que nous avions pour nous évader. Donc, j'ai commencé à lire les livres de développement personnel à l'âge de 15 ans et à vivre ma vie terrestre du moment de cette manière.

Oui, je me suis toujours posée la question : « *À quoi ça sert d'être sur la terre et ne pas vivre ses rêves et être SOI ?* »

Mais malheureusement pour moi entre l'évasion de la théorie que je trouvais dans les livres et que je ne pouvais pas pratiquer, et la réalité, cela faisait deux. Je n'arrivais pas à relier ces deux mondes. J'étais devenue « la perchée » pour mon entourage.

J'ai gardé mes livres, acheté des stages de développement très chers. Souvent mon salaire y passait. Je ne trouvais pas la solution pour m'en sortir. Je n'avais jamais voulu aller voir un psychiatre de peur de me faire passer pour une schizophrène.

D'autres épreuves extrêmes plus personnelles sont arrivées dans ma vie. Je me suis dit que ma leçon de vie n'avait pas été encore bien apprise. Entre temps, j'ai persévéré à trouver des solutions mais mon estime de moi avait pris un coup.

Le fait que je sois résistante, résiliente, a fait que j'ai rejoint des groupes de personnes ambitieuses. Et là, j'ai compris que je ne pouvais plus faire les choses dans mon coin pour avancer dans ma vie. J'ai vu mes manques dans certaines compétences, dans ma personnalité, et ma difficulté à être dans la lumière et à trouver ma place en présence des autres.

Soudain, j'ai eu envie de revivre mon rêve, de pouvoir

transmettre ce que j'ai appris et montrer ce que je suis.

Prendre conscience c'est bien ! Mais je me demandais à moi-même : « *Que dois-je faire pour mettre en place les choses ?* »

Entre le désir et le faire, il y avait un chemin à parcourir, en particulier vu tous mes facteurs limitants et mon historique !! Et puis mes insécurités, car j'avais beaucoup de peurs et j'avais besoin de travailler dessus pour trouver mon équilibre et avancer.

J'ai mis des jours, des mois, entre mettre en place les choses dans mon agenda, la procrastination et le non-engagement des actions non tenues. C'était trop difficile pour moi. Faire mes comptes, faire à manger, prendre soin de moi, tout était devenu difficile pour moi. Mes livres je les avais mis de côté, mon esprit avait un trop plein. J'étais anesthésiée de tout.

2-Ma vie avec REPROG

Tandis que je prenais conscience que mes livres ne m'apportaient plus rien et que je n'avais plus envie de lire, je me disais « *à quoi bon ?!* ». Même les formations, je ne voulais plus y aller.

Puis, Blandine, une amie, m'a transmis une information concernant le programme REPROG que proposait Aline DALBIEZ. J'avais déjà pris contact avec Aline pour un bilan fait selon les processus de Napoléon HILL quelques mois auparavant, petit clin d'œil de la vie qui me suggérait « *il faut que j'y aille !* ».

Mon amie m'a dit avec beaucoup d'enthousiasme : « *J'ai pensé à toi. Viens faire partie de notre mastermind, nous allons suivre le processus ensemble.* » J'ai d'abord hésité en me disant que c'était encore une formation de plus.

Mais quand Blandine m'a dit « *Ce n'est pas de la théorie de plus, c'est une formation pratique, tu vas voir, c'est autre chose* ». Ce côté pratique m'a vraiment interpelée, comme une recette de cuisine que j'allais pouvoir utiliser vraiment moi-même. Dans ma tête c'était ça. Je serai avec des gens qui ont réussi et je me suis dit *« Marie, tu vas suivre ce programme et tu vas réussir. ».*

Jusque-là, j'avais peut-être évolué d'une certaine manière mais je n'avais pas le résultat attendu. Je ne voulais plus faire des formations pour faire des formations. Ce que je voulais c'était avancer, passer à l'action !

J'ai beaucoup lu les témoignages des personnes qui ont suivi REPROG. Ils avaient tous en commun des étoiles dans leurs yeux et leur enthousiasme était contagieux.

Finalement, je me suis inscrite à la formation et j'ai pris la bonne décision.

Nous avons débuté le programme ensemble, au début je prenais cela comme une compétition, je voulais faire ce qu'il y avait à faire et terminer les exercices du jour pour passer au suivant. Mon énergie était un peu folle et comme dans une course, tellement pressée d'avoir tout, tout de suite !

Mais comme dans la vraie vie, il y a des aléas à prendre en compte, parfois j'avais besoin de temps pour bien comprendre, alors j'ai réalisé l'importance de faire les choses de façon digeste. J'ai progressivement stabilisé mon énergie et j'ai pris conscience que ce n'était pas une course mais bel et bien un processus d'évolution.

Tout est conçu dans ce programme pour nous emmener là où nous désirons être.

Pour ma part, il y a eu beaucoup de résistances, le programme a fait sauter mes croyances limitantes en douceur. Beaucoup de prises de conscience dans mes manques au niveau de mon chemin de vie : amour, santé, finances, relation, travail.

A la question : « *Pourquoi je ne réussis pas dans tel ou tel domaine ?* » Tout fait sens maintenant et tout prend sa place. Ce qui est beau là-dedans, c'est que je suis devenue actrice de ma vie. Ce ne sont plus les autres qui décident pour moi.

Le programme REPROG met en lumière et nous fait prendre conscience de nos forces et faiblesses face à nos objectifs. Il m'a permis de clarifier mes peurs et insécurités, au point d'avoir les idées claires sur comment renforcer mes points forts et travailler sur les points qui me faisaient défaut.

Pour moi, vous l'avez deviné? C'est sur la communication, l'énergie, la présence à MOI-MEME que j'ai entamé le plus gros du travail.

Je vous avoue quelque chose de très important : depuis REPROG, je suis en train d'apprendre à jouer comme une enfant de 2 ans. C'est une plaisanterie, dites-vous ? Non, je vous l'assure.

J'ai aussi compris que c'était le passage obligé pour me réhabiliter. Je devais passer par cc jeu car dans ma vie je ne jouais pas. Jouer ce n'était pas pour les adultes, et moi j'avais toujours dû être une adulte. Ma propre fille d'ailleurs, m'a souvent dit « *Maman, pourquoi tu ne joues pas avec moi ?* » et j'avais du mal avec ça. J'ai pris conscience que je devais être dans le JEU et dans le JE.

Pour changer, il me faut chaque fois « oser pour la première fois », désormais mon côté joueur me pousse à le faire. Bien sûr mon ego me dit « *pas à ton âge* », mais une autre partie de moi répond « *tu veux avoir raison, ou tu veux avancer ?* ». Comme je veux avancer, je lâche prise et j'avance. Par exemple, je me suis mise à prendre des cours de chant avec une professeure de 30 ans de moins que moi, elle me fait travailler et me donne beaucoup de défis à réaliser.

Cette acceptation des choses je le dois au programme REPROG. Vous êtes sceptique ?! Eh bien moi, je me demande pourquoi je ne l'ai pas fait avant. Car, maintenant que toutes les pièces du puzzle se sont mises en place, ma vie est devenue un jeu. Mon processus du continuum a repris sa place.

Tout ne sera plus comme avant. J'ai commencé par faire les tris autour de moi : amis toxiques, vampires d'énergie, me débarrasser de ce que je ne veux plus dans la maison, en particulier les vêtements qui ne me mettaient pas en valeur.

C'était important pour moi de bien m'habiller, de me retrouver dans ma dimension extérieure, de me sentir chic et que les gens me regardent en me voyant rayonnante. J'ai même rencontré un homme qui m'a dit « *tu ne réalises même pas que les gens te regardent quand tu passes, et que tout le monde veut être à ta place parce que tu es hors du commun* ». Ce soir-là, j'ai réalisé que j'avais de la valeur, de la légitimité.

Plus tard, j'ai osé monter sur scène pour la première fois devant 200 personnes, pour conter et relever le défi de faire partie d'une comédie musicale. Ma prof de chant qui était présente m'a dit en débriefing que j'arrivais à faire passer les émotions chez les spectateurs, et que j'avais dépassé mon objectif. Ensuite, elle a voulu me faire un cours sur le chant, et elle m'a fait chanter la chanson de Patricia Kaas intitulée « *Il m'a dit que je suis belle* », ce qui était une agréable synchronicité avec ce que mon admirateur m'avait dit plus tôt.

C'est ça, le processus du continuum : apprendre à m'aimer, m'accepter telle que je suis. En étant coupée de tout ça dans mon enfance, je n'avais plus conscience de cet amour, et être reconnectée à cela, c'est top !

Concernant mes finances, j'ai commencé à investir dans la bourse, dans l'or, la crypto-monnaie.

Je me prépare dans les mois qui arrivent à mettre en place ma formation en ligne.

J'ai compris que la présence, c'est l'énergie tout simplement. Et avoir du charisme c'est de l'énergie et ça commence par bien se nourrir. Je commence à refaire à manger pour moi, même si je suis seule.

Et cerise sur le gâteau, je rencontre encore plus de belles personnes.

Mon objectif c'est voyager, faire des conférences pour transmettre mon savoir, mon expérience de vie. J'ambitionne de faire mon premier million dans l'année. Maintenant, j'ai confiance et je vais le faire.

Mon partage ici reste mon expérience. C'est ce que vous voulez faire de votre vie qui compte. Prenez la bonne décision et vous ferez aussi la différence.

/ Marie » » »

Voilà ce que Marie a voulu vous partager après avoir fait le bilan de son parcours. Et vous, alors, avez-vous conscience de ces deux facettes de vous-même ? L'actuel… résiduel de votre « avant », et l'idéal… que vous aimeriez vivre maintenant ou même « après ».

C'est un peu comme construire un pont entre les deux rives d'une falaise. Il y a probablement un certain fossé entre ce que vous avez vécu jusqu'à présent et ce que vous aimeriez vraiment vivre si tout était possible. Je ne parle pas d'un fantasme ou des rêvasseries dont vous ne ferez rien, je parle de ce qui sincèrement ravirait votre cœur au plus haut point et serait pour vous une vie épanouissante. Cela peut être une liberté de vivre en faisant des choses que vous adorez, partager votre vie avec une personne qui vous correspond vraiment, que vous aimez sincèrement et qui vous aime en retour, avec qui vous partagez beaucoup plus que le quotidien, ou encore trouver un équilibre de santé qui fait que vous vous sentez bien, que vous allez vraiment bien, et que vous êtes heureux d'être vous et de vous lever le matin. Il peut également s'agir de trouver votre place, et d'oser vous exprimer dans vos relations, dans votre famille ou votre travail. Il pourrait même s'agir de ne plus bégayer ou ne plus vous ronger les ongles sans cesse. Il peut également s'agir de faire un bébé, de fonder une famille, de trouver la maison de vos rêves ou de trouver un job qui vous correspond. Il pourrait même s'agir de doubler votre chiffre d'affaire en prenant une semaine de vacances par mois, ou encore de vous offrir la voiture de vos rêves, tout en quittant les obligations d'un boulot qui ne vous convient plus pour enfin construire votre vie à votre façon, en étant le patron de votre quotidien.

Dans la durée, bien sûr, on veut que cela fonctionne de façon pérenne et réaliste dans la durée de la vie…

Comment construisez-vous ce pont qui vous permet ensuite de passer de votre actuel à votre idéal ? Sans pour autant passer dix ans à descendre en rappel tout au fond du fossé, pour tenter de ré-escalader de l'autre côté, car au final, rien n'est sûr et vous y aurez passé dix ans. Sauf qu'il est bien possible· justement de transformer sa vie plus rapidement et plus franchement. Pour information, le programme REPRÔG permet aux participants de construire ce pont en seulement 3 mois. Marie vous a raconté sa transformation, et tout cela au fil des semaines et des mois, mais tout va tellement vite qu'elle nous réjouit régulièrement en racontant au groupe les nouveaux défis qu'elle a relevés, ou de nouvelles avancées dans son parcours. Tous les exemples que j'ai par ailleurs cités ci-dessus et bien d'autres sont des exemples de participants… qui ont fait tout cela et tellement plus. Ils vont régulièrement au-delà de mes propres croyances et me surprennent avec leurs histoires et ce qu'ils ont réussi à manifester dans leur vie. C'est aussi la force de faire le chemin ensemble, car nous nous montrons les uns les autres de nouvelles possibilités et ainsi, nous élargissons plus facilement notre champ de capacités.

Alors, où en êtes-vous ?

3 QUESTIONS POUR SAVOIR OU VOUS EN ETES

1.1/ Lorsque vous comparez votre situation actuelle avec ce que vous aimeriez vraiment vivre à la place :

a. Je sais exactement ce que je souhaite conserver de mon actuel, je le distingue clairement de ce que je veux changer ou supprimer.

b. Je ne fais pas vraiment de comparaison, je sais juste que ma situation pourrait être tellement mieux, sans forcément savoir en quoi exactement.

c. J'ai une idée partielle de ce que j'aimerais changer, mais c'est encore un peu flou pour savoir par où commencer.

d. J'ai les idées claires sur mon idéal à 3 ou 5 ans et je suis en train de transformer ma vie, un pas à la fois, mes résultats m'encouragent chaque jour.

1.2/ Quand vous pensez aux personnages réels ou imaginaires qui vous inspiraient étant petit(e) :

a. Je suis inspiré(e) au point d'en sourire joyeusement.

b. Je ne vois pas de quoi on parle, ou je n'avais pas de modèle particulier.

c. Je sens que c'est en partie incohérent avec ma vie actuelle mais ne sais pas quoi en faire.

d. Je connais leurs caractéristiques, je sais pourquoi ils m'inspiraient et je m'en inspire pour transformer mon quotidien petit à petit.

1.3/ Face à une nouvelle information, la plupart du temps :

a. Je prends, et je fais circuler.

b. Je questionne, afin d'en savoir plus pour me faire mon propre avis.

c. Je n'écoute même pas, je sais déjà tout ce que je dois savoir.

d. J'écoute et parfois je m'étonne de ce que j'entends.

> *La patience infinie fait appel à l'amour infini et, produisant des résultats maintenant, elle rend le temps non nécessaire. [...] le temps est un mécanisme d'apprentissage qui sera aboli lorsqu'il ne sera plus utile.* Un Cours en Miracles (99)

Chapitre 2

LANCEZ-VOUS…LANCEZ-VOUS… MAIS OU ?

Imaginez une page de site web. Vous voyez le menu, en haut, qui affiche les différentes sections du site ; vous voyez les couleurs, le design, les images éventuelles, le logo, et parfois même un bouton sur lequel cliquer pour vous inscrire à la newsletter. Lorsque vous cliquez sur ce bouton, parfois cela ouvre une fenêtre, qui vous invite à entrer votre nom et votre email, avant de valider votre inscription en cliquant sur un autre bouton, etc. Ok ?

Eh bien, avez-vous conscience que la totalité de ces éléments s'affichent et se comportent de cette façon parce que cela a été codé au préalable par un développeur qui a réfléchi ces processus et tous ces détails ?

Y compris lorsque la page ne s'affiche pas correctement, cela correspond à une configuration particulière de ce qui a été codé et qui se comporte ainsi à cause d'un bug ou d'une incompatibilité du navigateur, par exemple. Le navigateur étant la structure qui décode le code et affiche ce que le code indique : le texte, les couleurs, les dimensions, si l'image est

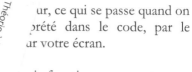

ur, ce qui se passe quand on
orété dans le code, par le
ur votre écran.

moi, fonctionnons exactement
t-à-dire que l'ensemble de nos
nous nous présentons au monde
réagissons – y compris le
corps – est le résultat de nos
ont nous sommes programmés à ce
moin̲   dont notre système d'interprétation
nous fait a̲c̲   informations pour afficher notre
présence au monde.

Je le sais parce qu'en tant qu'Ingénieur en Sciences de l'Information et de la Communication, j'en ai développé quelques-uns des sites web… et encore aujourd'hui, entre deux chapitres de ce livre, il m'arrive d'intervenir sur les sites web d'ALINEON®. Parfois je tombe sur un « bug » qui ne fonctionne pas comme je l'espérais ou même qui ne s'affiche pas du tout ! La plupart du temps, je m'en débrouille, c'est un simple détail à affiner, un paramètre à ajouter, ou une étape à laquelle je m'attendais un peu. Quand c'est conscient et maîtrisé, c'est facile, on gère et on adapte, comme dans la vie. D'autres fois, c'est un peu plus compliqué, surtout quand il y a des particularités différentes pour chaque navigateur, pour chaque type d'affichage, ou que j'aimerais un comportement un peu plus élaboré. Quand je ne m'en sors pas toute seule, je fais généralement appel à mon partenaire car sa maîtrise de l'informatique est plus aiguisée que la mienne : « *Jean-Luc… J'ai besoin de ton aide. Je peux te demander un truc steuplaît… ? :)* » Je dois être honnête, ça lui arrive quelquefois de me faire remarquer que j'avais oublié un détail ou que je l'avais utilisé d'une façon erronée sans m'en apercevoir. C'est ce qui se passe quand vous demandez un coup de main à quelqu'un et qu'à peine en présence de l'autre, vous avez l'impression que c'est plus facile que vous ne l'aviez imaginé ou que le problème a disparu.

J'en ai connu des développeurs, et j'ai eu beaucoup de chance d'avoir mon partenaire à mes côtés car il sait ce qu'il fait. Cela ne veut pas dire qu'il sait tout ou qu'il est comme un « geek » tellement expert IT qu'il ne peut rien d'autre ; cela veut dire qu'il sait et qu'il comprend non seulement ce qu'il fait, mais aussi ce que cela génère ou non, pour quelle(s) raison(s), et surtout comment s'y prendre pour corriger ou trouver les infos qui lui manquent. C'est formidable comme compétence.

A l'inverse, pour les choses d'êtres humains, au début en tout cas, c'est plutôt lui qui me demandait quand les choses se compliquaient, parce que c'est là où j'avais déjà aiguisé mes capacités. J'ai surtout eu la chance d'avoir 30 ans d'avance parce que mes parents avaient commencé le chemin avant moi. Quand j'étais petite, il parait que je refusais que l'on mette mon berceau de côté pour me faire dormir pendant que les adultes continuaient leurs conversations en prolongeant un dîner. Ma mère m'a raconté plusieurs fois que je me mettais à pleurer dès qu'elle me laissait dans la chambre et qu'elle tournait la porte, et je réclamais à rester à leurs côtés dans la salle à manger. Je suis sûre que j'écoutais leurs conversations et que je me nourrissais déjà de tous ces sujets fascinants de développement personnel, de programmation cellulaire, de projet et sens, d'hypnose, d'astrologie, de biologie, de constellations ou de libération émotionnelle, etc.

Un jour, mon compagnon a demandé à mon père : « *Finalement, Jean-Michel, après toute une vie à étudier presque tous les sujets existants de développement personnel ou de spiritualité, quel est selon toi le plus important à retenir ?* » J'étais toutes oreilles ouvertes ce jour-là, car je n'avais jamais pensé à lui demander, et c'était une question tellement intéressante ! C'était un samedi soir, à la lumière tamisée de la cuisine, autour d'une tisane avant d'aller au lit, il a répondu en souriant : « *Hah ! Il est bien tard ce soir, c'est une question pour un dimanche !* » Alors le cœur plein d'impatience et de curiosité, comme des enfants la veille de Noël, mon compagnon et moi avons attendu le lendemain pour lui reposer la question bien sûr.

Pour tout dire, sa réponse m'a fait un effet étrange, à la fois tellement logique, et à la fois comme si je n'avais jamais rien choisi moi-même et que je n'étais que le prolongement de mes parents, la suite logique de cet intérêt et de cette maîtrise grandissante des choses de la vie et de l'humain. « *Alors, Jean-Mich', c'est quoi ta conclusion après toutes ces années de connaissance et de pratique accumulées ?* »

Il a finalement répondu que « *la priorité devrait être de nous libérer de nos programmes inconscients pour pouvoir VIVRE, ensuite ou pendant, mais sans la souffrance, pour pouvoir ÊTRE, apporter notre pierre à l'édifice de la vie. Sinon on reste une marionnette de ses programmes inconscients et on ne vit pas* ». Je suis restée interloquée parce que cela donnait un sens que je n'avais jamais encore vu à mon parcours de vie et à certains de mes travaux, conçus précisément pour nous aider à vivre la vie qui nous correspond vraiment, en nous libérant de nos programmes inconscients. Au départ, c'est pour moi-même que j'en ai eu besoin, pour réussir là où tout avait échoué, en particulier pour me permettre de retrouver mon équilibre de santé. Il m'a fallu aller au-delà des livres ou des formations, il m'a fallu transformer ma façon d'être, de penser, et surtout de fonctionner. Là où les médecins disaient qu'il fallait « vivre avec », je ne voyais pas l'intérêt de vivre dans l'état dans lequel j'étais. Je « devais » trouver une solution, en particulier après avoir rencontré un compagnon qui me reconnectait à une sincère envie de vivre. Était-ce inéluctable ? Comme une fragilité génétique ou personnelle ? Il y avait forcément une autre explication.

Dans son livre incontournable de 2006, *Biologie des Croyances*, Bruce Lipton, un biologiste cellulaire de grande renommée mondiale, parmi les pionniers de l'épigénétique, attire notre attention sur la différence entre la clé, et celui qui tourne la clé. En effet, notamment dans le domaine des maladies, la confusion amène souvent les scientifiques à nous faire penser que tel ou tel gène ou caractéristique de notre biologie est responsable de telle ou telle maladie. Mais Bruce Lipton nous éclaire en nous faisant prendre conscience que si vous considérez la clé de votre voiture, celle-ci est nécessaire pour démarrer votre voiture, mais elle n'est pas suffisante et n'est pas la cause du démarrage pour autant. Il faut que vous tourniez cette clé pour activer le processus qui démarre votre voiture. (3)

La vie est ainsi faite : il y a d'un côté les éléments qui constituent une possibilité (les gènes, les faiblesses, les carences nutritionnelles, les défauts, les peurs, les croyances, les programmes, les traumatismes, les héritages émotionnels, etc.), et d'autre part le mécanisme qui déclenche ces possibilités : lorsque nous tournons la clé ! La plupart du temps, nous sommes passivement celui qui tourne la clé et déclenche ces possibilités : lorsque nous ravalons notre vérité au lieu de l'exprimer, lorsque nous nous mettons en colère, lorsque nous subissons des symptômes physiques et brodons des peurs par-dessus, ou même lorsque nos circonstances de vie ne nous conviennent pas et que nous pestons pour cela. Mais nous pouvons aussi être celui qui délibérément et consciemment met en place et enclenche d'autres processus : ceux qui nous font nous sentir bien, retrouver la santé, rencontrer des gens différents, être heureux de nous lever le matin, ou encore vivre des circonstances qui nous épanouissent. Ne croyez pas que cela soit immédiat, parfois cela nécessite un peu d'effort, ou même un temps d'observation où nous sommes « conscient mais impuissant », en observation de nos comportements ou de nos circonstances, sans réussir à les changer. Mais cette phase n'est qu'une étape. Ne la brûlez pas, et ne la négligez pas, elle est presque la plus importante : celle de la conscience qui observe... Nous y reviendrons au Chapitre 8, concernant l'estime de soi.

Un jour plus récent, mon père m'a fait une confidence dont il ne m'avait jamais parlé auparavant. Il m'a dit que c'est ce qu'il a fait au début, de chercher en priorité sa véritable nature, mais qu'avec le temps, il s'était laissé happer par la société de consommation, les obligations de la vie, des enfants, etc. Il a en quelque sorte couru après la vie et sous la pression tout au long du chemin, et que si c'était à refaire, il prendrait davantage le temps – un maximum chaque jour – pour travailler sur lui, afin d'améliorer sa façon d'être et de vivre, au lieu de la subir. C'est un constat qui peut paraître dur à un certain âge. Mais que faisons-nous pour faire autrement et plus tôt dans la vie ? Ne devrions-nous pas écouter davantage cette sagesse que les « anciens » essaient délicatement de nous transmettre ? Est-ce que la vie ne devrait pas justement être vécue sereinement et librement plus tôt, au lieu de regretter une fois qu'elle est passée ? Mon père a ajouté : « *...en même temps... j'étais intéressé par trop de choses...* », ce qui fait réfléchir aussi au fait qu'il ne faut pas chercher à tout savoir, ou à tout étudier, même si cela peut être très intéressant, on peut passer à côté de sa vie en étant trop plongé dans la recherche de « science » ou de connaissance, au lieu d'être dans « l'expérience » de la vie elle-même. Bien sûr, l'inverse est vrai aussi, quand on croit tout savoir ou n'avoir besoin de rien, on se prive parfois d'une partie essentielle de la vie ou de notre vérité.

Imaginez maintenant un ancien cadre de l'armée de terre et de la police territoriale, c'est-à-dire un homme d'une certaine carrure, d'une certaine trempe, qui a encadré des hommes et des femmes des forces de police, c'est-à-dire des forces de l'ordre, avec toute la pression et les besoins d'autorité que cela représente.

Cet ancien militaire, désormais retraité des forces de police, n'a rien à apprendre de qui que ce soit, il a fait sa carrière, il a vécu les champs de bataille, il a traversé parfois l'enfer en rentrant aux bercails pour annoncer de terribles nouvelles. Et il s'en est remis, il s'est relevé, et il a continué.

Alors que peut-il donc espérer de la possibilité de travailler sur lui-même ou de se « reprogrammer » ?

C'est lui qui a voulu vous le dire...
Voyez par vous-même, je vous présente Philippe :

« « « Philippe
REPROG - Ce programme qui a changé ma vie

J'étais loin de m'imaginer l'expérience que j'allais vivre. Tout est parti de la proposition de mon épouse qui, pour la deuxième fois, avait décidé de suivre le programme REPROG.

Je souhaitais effectivement, tout simplement, lui faire plaisir en réalisant une activité en commun.

Cependant j'étais persuadé que ce programme ne me serait d'aucune utilité, d'aucun intérêt. J'avais la certitude d'être protégé par une carapace en béton, forgée au fil du temps par l'expérience acquise au travers de mes activités de militaire et de policier.

Eh bien, je n'ai pas honte de vous avouer que je m'étais bien trompé, et sur toute la ligne.

Tout en souplesse, progressivement, mais efficacement le REPROG mis à disposition par Aline m'a, tout en grand, ouvert les yeux, l'esprit et le cœur ; me permettant ainsi de découvrir mon moi, ses capacités et sa puissance.

De toute évidence la qualité des outils pédagogiques faisant partie intégrante de ce programme me permet encore au quotidien de ne plus m'égarer, de ne plus faire machine arrière, de garder le cap tout en conservant naturellement l'attitude et le comportement correspondant véritablement à ma personnalité ; ma famille, mes proches ont été vraiment surpris.

Ce programme est vraiment impressionnant. Sans prendre de risques, lâchez-vous. Surtout si vous pensez n'avoir besoin de rien, ça va vous surprendre……….
LANCEZ-VOUS…LANCEZ-VOUS.
/ Philippe » » »

J'apprécie bien sûr les éloges de Philippe au sujet du programme que je propose, mais soyons clairs sur le fait que quelle que soit la méthode, REPROG ou une autre, l'essentiel est de faire la démarche.

Un grand merci à Philippe pour oser partager son vécu, et dites-vous bien que ce n'est pas chose facile que de reconnaître ce qu'il vient de reconnaître. La plupart des gens restent enfermés dans leur orgueil, ou dans leur carapace dont parle Philippe, forgée avec le temps et l'expérience, et n'en sortent plus jamais, parce que trop sérieusement bouclés à double tour pour être sûrs de ne pas souffrir davantage.

Lors de son travail sur lui-même, Philippe a effectivement fait sauter les verrous de ses protections personnelles et de cette carapace qu'il mentionne. Cela a bien évidemment fait ressortir les raisons pour lesquelles il s'était blindé ainsi, ces raisons qui faisaient trop mal, ou qui étaient en tout cas suffisamment perturbantes pour nécessiter de construire un blindage, une structure pour continuer à vivre, globalement sereinement. Une fois ces raisons conscientisées et reconsidérées, il était libre, tout simplement. Cela revient à des programmes que nous développons au fil du temps et des expériences. Mais justement après un certain temps, ces programmes ne sont parfois plus adaptés. Parfois même dès le début, si vous aviez conscience de ce que cela génère chez vous, vous préféreriez probablement faire autrement ! Comme Philippe, justement.

Ce que Philippe m'a avoué à la fin, et qu'il a même partagé dans son témoignage vidéo du programme, c'est qu'il avait finalement perdu de nombreuses années dans une attitude qui lui assurait cette force, mais qui le coupait complètement de son entourage, d'une certaine façon. « *Que de temps perdu...* », m'a-t-il dit et répété.

J'ai rassuré Philippe sur le fait que son métier et les

différents rôles qu'il a assumés ont été possibles aussi grâce à ce caractère qu'il s'était forgé. Mais c'est vrai qu'il peut malgré tout considérer qu'il aurait mieux fait de faire sauter ses verrous, sa carapace, et ses réactions de protection inconscientes bien avant...

Nous avons effectivement ce qui pourrait s'appeler des « Réactions Emotionnelles de Protection Inconscientes » (4), terme qui explicite réellement ce qu'elles sont et à quoi elles servent. Ces réactions nous protègent, et répondent à un ensemble de paramètres qui les ont rendues utiles à un moment donné. Cependant, bien souvent, elles sont programmées dans des circonstances assez spécifiques et deviennent par la suite obsolètes et ne sont plus appropriées. Mais la plupart du temps, et la plupart des gens poursuivent leur vie en subissant ces réactions de protection, n'ayant pas conscience de leur fonctionnement. Pourtant, cela revient par exemple à notre page web dont le bouton que l'on clique affiche n'importe quoi et fait planter le site au lieu d'afficher la fenêtre pour entrer ses coordonnées. Dans la vie quotidienne, cela peut nous faire réagir quand quelqu'un aborde un certain sujet, nous faire stresser à l'approche d'un weekend chez la belle-famille, nous empêcher de décrocher le contrat de nos rêves, ou encore nous préoccuper parce que nous avons tel ou tel symptômes, tant de kilos en trop (ou en moins !), etc.

Si, comme Philippe, vous avez la possibilité de prendre conscience de ce qui vous limite et vous contraint, et de retrouver la liberté d'être et de faire, d'oser et même d'y parvenir, le ferez-vous ?

Philippe aurait espéré ne pas attendre si longtemps avant de se libérer de ses réactions de protection inconscientes, et c'est aussi ce qui l'a rendu très persuasif auprès de moi pour écrire ce livre et faire savoir qu'une telle transformation est vraiment possible. Afin de vous permettre d'aller un peu plus loin aux côtés de Philippe, et d'explorer cette notion de temps avec lui, je lui ai demandé de vous en dire un peu plus sur celui qu'il était 10 ans auparavant…

« « « Philippe

REPROG / Moi 10 ans avant

J'étais fonctionnaire chef de service de police territoriale. J'occupais le poste de cadre très engagé concernant l'évolution et l'avenir de la profession malmenée par le monde de la sécurité.

Je pensais être un chef responsable, compétent, de qualité, respecté par ses personnels et apprécié par ses supérieurs.

Je me trouvais dans une situation toutefois ambiguë et pour le moins délicate, car je m'apercevais au fil du temps que l'objectif politique de ces derniers représentait de toute évidence un obstacle majeur pour les objectifs que je m'étais fixés.

Le principal était la création d'un service de police pilote pouvant faire appel aux nouvelles technologies, dont l'efficacité n'était plus à démontrer et toutefois souhaitée par une majorité d'administrés.

Mais je n'arrivais pas à les motiver, leur faire entendre raison ; leur faire comprendre l'intérêt pour une commune de posséder un outil utile et fiable pouvant permettre à son maire d'assurer sa mission principale. (Assurer la sécurité des personnes et des biens).

J'étais trop dans la réaction, je ne prenais pas le temps de pousser mon analyse, je ne prenais pas le recul nécessaire au bon traitement des affaires, des missions qui m'incombaient.

De ce fait, je n'arrivais pas à percevoir les opportunités réelles qui se présentaient à moi et qui pouvaient me permettre d'évoluer vers d'autres fonctions, peut-être plus intéressantes, en tout cas beaucoup plus importantes.

La monotonie animait trop souvent ma vie de tous les jours. Mon couple se focalisait principalement sur ses activités professionnelles. Nous ne programmions pas assez de temps en commun pour les loisirs, la détente, la culture et les sports.

/ *Philippe* » » »

J'imagine que, comme moi, vous êtes maintenant complètement impatient de savoir ce qu'il en est de Philippe 10 ans après, pas vrai ?

Il a beaucoup aimé l'idée de vous le partager aussi, et c'est avec cette même force de caractère qu'il a pris cet engagement afin de vous montrer ce qu'un tel travail sur soi peut permettre. Imaginez Philippe quelques instants à vos côtés, un peu comme s'il était cette voix de ténor au fond de vous qui vous appelle avec vigueur quand vous avez besoin de réconfort, ou qui vous encourage à sauter dans l'aventure quand vous hésitez au bord de la prochaine étape de votre vie... Ce Philippe qui est à vos côtés, voilà ce qu'il est devenu en lâchant prise sur ses croyances qu'il n'avait rien à apprendre, rien à gagner, rien à changer...

« « « *Philippe*

REPROG / Moi 10 plus tard.

Je serai retraité de la fonction publique territoriale. La programmation de mon espace-temps me permettra de réaliser diverses activités avec mon épouse (Culture, sport, loisirs multiples.)

Je réaliserai la fabrication et la diffusion de mon site et de mon jeu sur la sécurité en montagne ; j'aurai un nombre important d'abonnés à gérer. Le système d'autoévaluation fonctionnera à plein régime.

Grâce à ma voix de ténor, je serai parvenu à sortir un CD contenant 10 interprétations de chansons. Du lyrique au gospel en passant par la variété et le jazz. Les albums se vendront très bien et les intéressés recevront régulièrement les finances qui leur permettront d'améliorer leur quotidien. L'importance des revenus me permettra d'effectuer des versements pour aider les chercheurs dans leur domaine scientifique.

Je me sentirai très reposé, des sensations de bien-être animeront mon quotidien, et je serai comme sur un nuage. Je serai très fier de moi car j'aurai réalisé un super temps pour le « ULTRA TRAIL DU MONT BLANC ».

À 70 ans, ma condition physique sera exceptionnelle.

J'utiliserai le système de la marguerite REPROG car des propositions me seront faites pour intégrer le poste de responsable de la sécurité générale dans une commune.

Je me sentirai prêt pour percer le temps……

/ Philippe » » »

Et vous alors, vous sentez-vous prêt à percer le temps et à transformer votre relation au temps ? Car c'est de cela dont il s'agit… transformer votre « relation » au temps. Le temps qui passe est une information que nous percevons et que parfois nous interprétons pour nous sentir pressé ou détendu, ou que nous utilisons pour savoir combien de temps il nous reste pour faire une sieste (ou les lessives…) avant d'aller chercher les enfants à l'école ou avant la prochaine réunion.

Il est utile de se projeter en avant avec des rêves ou des objectifs, mais tant que nous n'actionnons pas le changement dans le présent, les objectifs ne sont que des rêveries inaccessibles. Dans *La Guérison Spontanée des Croyances,* Gregg Braden nous démontre que « *Nous choisissons les pensées qui deviennent nos commandes de lancement et les émotions qui indiquent que nous sommes prêts à leur donner vie.* » (5) À votre avis, à quel moment dans le temps faisons-nous cela ?

Dans le présent… forcément. Vous connaissez peut-être les travaux d'Esther et Jerry Hicks, connus pour les enseignements d'Abraham. Dans un de ces enseignements, Esther soulignait le fait que ce qui nous fait quelque chose ici et maintenant n'est pas l'expérience passée, c'est ce que l'on en pense et ressent ici dans le présent. Ce qui est rassurant puisque si on a vécu quelque chose d'horrible dans une ancienne vie par exemple, ce n'est pas cette expérience qui nous pose éventuellement difficulté, c'est simplement la façon dont on interprète encore aujourd'hui cette information, cette mémoire. Ce qui est utile n'est pas de savoir ce que ça nous a fait à l'époque, mais bien ce que ça nous fait encore aujourd'hui.

Philippe s'est aperçu que d'une certaine façon il avait laissé le temps filer en étant barricadé dans ses protections, mais...qui ne l'est pas finalement ? En revanche, vous qui lisez ces lignes, vous avez maintenant une information en votre possession que Philippe n'avait pas 10 ans auparavant. Vous avez la connaissance que vos réactions de protection vous limitent parfois et vous privent de vivre pleinement votre vie avec satisfaction. Vous avez également la connaissance qu'il est possible de transformer cette réalité en vous libérant de vos réactions de protection inconscientes et en les reprogrammant.

Quelles sont donc les petites choses ou même les très grosses de vous, de votre vie, ou de vos comportements ou de ceux des autres, qui vous viennent à l'esprit quand vous lisez ces lignes ?

Des difficultés pour accepter la différence ? Philippe s'en est débarrassé : « *Plus aucune question à ce sujet et j'accepte avec plaisir la différence.* »

La critique toujours facile ? Philippe s'en est libéré : « *J'ai mis de côté définitivement cet aspect de ma personnalité qui a dû me faire du tort.* »

Parler trop fort ? Monopoliser la parole ? Se prendre le bec ? Se mettre en avant ? Philippe s'en est délivré : « *J'ai définitivement corrigé la force de ma voix et je comprends maintenant la réaction de mes interlocuteurs. Je laisse les personnes s'exprimer et je ne les coupe plus dans leurs exposés.* »

Avoir toujours des doutes sur vos compétences ? Malgré les encouragements, rester sceptique sur vos dons et vos réelles capacités ? Philippe a fait le chemin...et de façon très autonome au fil des semaines, a transformé sa relation à lui-même aussi : « *Je suis maintenant conscient de mes réelles capacités et de ce don que je possède "LE CHANT". Aujourd'hui je perçois bien les capacités réelles de mes cordes vocales. Je suis TENOR et bien TENOR; Je vais intégrer le conservatoire.* »

Une perte de vitesse dans votre mariage ? Ne pas connecter aussi facilement qu'auparavant ? Trop de boulot, de soucis pour être aimable ou aimant ? Philippe en sait quelque chose : il sait qu'il est possible de renouer avec soi-même et ainsi plus facilement avec ceux que l'on aime. Il a même replacé son couple au sein de ses priorités : « *Je suis heureux de me voir avec ce visage rayonnant de moi à la fin du programme, cela plait à ma femme. J'adore la photo de mon Top2 car elle représente notre aboutissement et notre réussite.* »

Et la retraite alors, vous la vivez comment ? Philippe a passé ce cap à la fois difficile et essentiel de la vie : « *Je suis fier d'avoir réussi cette carrière au service de tous. Cependant je m'autorise "ENFIN" à passer à autre chose.* »

En osant se projeter en avant dans ce qu'il souhaite VRAIMENT, Philippe a constaté qu'il était temps pour lui de tourner une page sur son passé.

Pour vous aussi c'est l'occasion, c'est ici et c'est maintenant que vous avez un coup à jouer. Ne perdez pas votre temps à croire qu'il est trop tôt ou même trop tard. Dans les deux cas vous êtes ici, vous êtes maintenant, et vous avez devant vous toute la durée de vie qu'il vous reste, et peut-être même plus… Puisqu'en retrouvant ces libertés de vivre et d'être vraiment, vous pouvez également rallumer de la vie dans votre cœur, ou dans votre couple, ou encore dans vos circonstances ou votre santé, d'une façon dont vous n'osiez même pas rêver. Quelle que soit la méthode que vous choisirez, il n'est plus question de rêvasser, il est question de mettre en pratique au présent. Cette pratique passe par VOUS et votre volonté. Alors, que voulez-vous ?

Vous pouvez ainsi faire le point sur la personne que vous aimeriez être dans 10 ans, et vous demander :

- Quelles sont les 5 caractéristiques principales de votre projection idéale de vous-même dans 10 ans ?
    1. _____
    2. _____
    3. _____
    4. _____
    5. _____

- Qu'est-ce que vous devez ou pouvez faire dès aujourd'hui pour vous en rapprocher, à commencer par la plus petite chose à laquelle vous pourrez penser,

    _____
    _____
    _____

- Qu'est-ce qu'il est temps d'arrêter ou de changer pour avancer dans la bonne direction ? Puis réalisez la plus petite action que vous trouverez pour y contribuer.

    _____
    _____
    _____

Ainsi, vous aurez bravé les sables du temps, utilisé le point critique en effectuant le minimum d'effort pour le plus grand effet, et enclenché la clé d'une transformation de votre passé en chrysalide pour votre avenir.

3 QUESTIONS POUR SAVOIR OU VOUS EN ETES

2.1/ Selon vous, le temps est :

a. Un paramètre avec lequel je compose.

b. Le temps qui passe et je n'y peux rien.

c. J'en manque tout le temps et c'est un problème.

d. Je gère autant que je peux, et je jongle entre ce que je dois faire, et ce que je n'ai pas le temps de faire.

2.2/ Concernant vos objectifs, vous êtes plutôt...

a. Je sais clairement quels sont les 5 principaux dans ma vie actuellement, et j'ai toujours en tête le top1 qui est la priorité quoi qu'il arrive. C'est une affaire qui roule.

b. Je connais la valeur de chacun des objectifs que j'ai en tête, mais je bute contre l'effort que cela représente pour les atteindre.

c. Je ne sais pas toujours à quoi bon faire quoi que ce soit pour atteindre des objectifs, j'ai tendance à me décourager.

d. Je ne sais pas trop où j'en suis, je n'ai pas spécialement d'objectif, je me laisse porter sans forcément être satisfait(e) au final.

2.3/ Au quotidien, au fil du temps, vous diriez que...

a. J'ai conscience du temps qui passe, de ce que j'en fais ou n'en fais pas, et je m'organise autour de mon équilibre personnel et de mes envies de vie.

b. Je passe énormément de temps dans mes journées à tout sauf à moi-même et encore moins à avancer mes objectifs personnels ou ce qui est important pour moi.

c. Je n'ai aucune patience, je voudrais que tout soit fini tout de suite, et que mes objectifs soient atteints !

d. Je jongle entre certaines journées où je suis bien organisé pour vivre ma vie avec satisfaction et d'autres journées où je cours après le temps, sans le voir passer.

> *Si vous passez à l'action avant de changer d'état d'esprit, vous créerez la même chose que ce que vous avez aujourd'hui.*

Chapitre 3

ÊTRE SOI ET PASSER A L'ACTION

Selon Napoleon Hill dans *The Law of Success[1]*, édition d'origine non altérée de 1925 : *Vos pensées les plus fortes, les plus profondes et les plus fréquentes influencent l'action physique du corps.* (6)

Donc fondamentalement, chaque fois que vous passez à l'action, c'est l'état global de vos pensées qui va en déterminer l'issue. Donc si en apparence vous êtes gonflé à bloc, mais que c'est en quelque sorte une façade pour camoufler vos doutes profonds, vos hésitations, ou votre colère de ne pas encore avoir les résultats que vous espérez... C'est exactement ce que vous obtiendrez au final : une apparence gonflée à bloc, cachant la misère de vos résultats qui manquent de puissance et de robustesse.

Êtes-vous hypnotisable ou hypnotisé à croire que vous ne l'êtes pas[2]?

Être soi et passer à l'action ne se fait pas dans l'autre sens. Dans un film d'action, il y a le héros qui est au cœur de l'aventure. Tout comme nous sommes au cœur de notre vie.

---

[1] Traduction : La Loi du Succès
[2] Hypnotisable...

Mais nous ne voulons pas l'être avec crainte, dégoût ou insécurité, Nous voulons l'être avec bravoure et satisfaction.

Tout comme quand vous souhaitez faire pousser des tomates, il vous faut planter une graine de tomate, et pas de haricot, pour obtenir des résultats satisfaisants, on doit semer une graine de satisfaction. A suivre, aux chapitres 8 et 10.

Ne vous laissez pas hypnotiser par la perfidie du *Triste Sire*. Aussi appelé *Père Siffleur* du fait de sa longue langue de serpent, *Triste Sire* est le fidèle compagnon et conseiller du *Prince Jean*, dans le dessin animé *Robin des bois* de 1973 (7). Ce serpent a des aptitudes hypnotiques et il a envoûté le *Roi Richard* pour qu'il parte en Croisade, laissant son trône vaquant, permettant ainsi au *Prince Jean* de prendre le pouvoir et avec son fidèle compagnon hypnotiseur de régner sur toute l'Angleterre.

Quand vous vous sentez poussé à « partir en croisade », à passer à l'action par réaction, éventuellement parce que vous n'avez que faire du blabla théorique, prenez un instant de recul pour penser à la fourberie de vos pensées trompeuses, qui ne font que vous agiter dans tous les sens, pendant que vos idées continuent de se disperser au lieu de s'organiser dans la direction unique de votre choix. Ne succombez plus à la perfidie du serpent – quel que soit la forme qu'il prend dans votre vie à vous – qui vous hypnotise pour vous détourner de votre royaume pendant qu'il en profite à votre place.

Connaissez-vous la définition du succès ? Et son équation mathématique ?

Il se trouve que le succès est quelque chose d'à la fois objectif et subjectif, c'est-à-dire que l'on peut considérer :
- Le succès d'un point de vue social (objectif), comme une sorte de convention collective, une sorte de « standard » selon lequel tout le monde a plus ou moins de succès.
- Le succès selon vous (subjectif) et vos propres critères, selon votre propre définition du succès qui fait que oui, en effet, votre vie est un succès !

Dans le premier cas, on va souvent tomber dans les « clichés », du type avoir un job, un bon salaire, une grande maison, une belle voiture, des enfants, de bonnes études et une bonne situation pour les enfants à leur tour, etc. N'y voyez pas de jugement de valeur car il n'y en a pas, simplement ce sont des clichés de société qui ne font ni le bonheur ni le succès en vérité. C'est un peu comme lorsqu'étant ado, en attendant dans le froid d'une gare avec mon père et mon frère, je m'étais mise à dire que je voulais une Porsche. Cela avait même interpelé mon père qui espérait que je ne dérive pas dans les clichés qui font monter à la tête les envies de succès matériel. Mais la vérité, c'est que j'avais dit ça uniquement parce que mon frère avait dit ça. Par effet de mimétisme probablement ou parce que je trouvais mes envies dénuées d'intérêt aux yeux des autres. Je n'avais que faire d'une Porsche, encore aujourd'hui, même si cela peut être une expérience très agréable. Mes véritables envies, mes objectifs, mes espoirs et donc le véritable succès à mes yeux n'était pas là du tout.

Des études ont montré les effets surprenants du conformisme humain, y compris dans des situations parfois insensées ! Il est tellement facile de se laisser emporter par l'effet de conformisme, de société, d'appartenance, de mimétisme, ou à l'inverse de timidité, de ne pas oser, de ne pas se sentir digne ou pertinent d'assumer ses vrais souhaits, surtout s'ils sont différents de la plupart des gens. Dans sa contribution aux *Essais de Philosophie Américaine* de 1851 (oui, oui ! 1851 !), intitulée *Confiance en Soi*, Ralph Waldo Emerson écrivait déjà que : « *Dans le monde, il est aisé de vivre conformément à l'opinion du monde ; dans la solitude, il est aisé de vivre d'après notre propre opinion ; mais le grand homme est celui qui, au milieu de la foule, conserve avec une pleine douceur l'indépendance de la solitude.* » (8) Bien sûr, c'est la confiance en soi qui nous permet d'assumer notre opinion face aux autres aussi sereinement que si nous étions seul avec nous-même. Et cette douceur qu'il mentionne… n'est-ce pas ce que nous avions perdu de vue dans le succès ? Ce « succès » qui s'est transformé en une course contre la montre, contre nos véritables aspirations, pour tenter de conquérir un je-ne-sais-quel « statut » social ?

N'avez-vous jamais laissé tomber une idée ou un projet dès qu'il a été question d'en parler ou de vous confronter au monde ? N'avez-vous pas ce genre de souhait, de rêve, de petite chose que vous aimeriez vraiment-vraiment-vraiment vivre, mais que vous n'osez même pas considérer comme important ou réaliste ; parce que c'est sans « intérêt », parce que personne n'a jamais fait ça, ou que « c'est réservé à d'autres » ? Ou bien peut-être que vous avez l'impression de courir après un rêve qui court plus vite que vous et que vous n'arrivez jamais à attraper.

Voyons comment aborder les choses différemment, afin que notre état d'esprit puisse changer, et ainsi nous permettre un résultat différent.

Expliquer l'inexplicable, mais d'une autre façon

Une chose essentielle que j'ai apprise au fil des années, c'est qu'en termes de reprogrammation humaine, chaque détail compte. C'est justement en prêtant attention aux détails que l'on obtient les informations les plus précieuses pour comprendre et modifier nos fonctionnements.

A ce propos, j'ai récemment fait une découverte absolument étonnante et qui peut donner du sens, d'une façon à laquelle vous n'aviez probablement jamais pensé, à un concept aujourd'hui très populaire : la loi d'attraction.

On a effectivement tous pensé assez rapidement au concept d'être un individu qui va « attirer » les choses, les gens ou les situations, tel que le nom de la loi l'indique. Mais c'est là que ça devient intéressant... Dans son livre de 1995, *Pouvoir contre Force. Les déterminants cachés du comportement humain*, Dr. David R. Hawkins, psychiatre expert en processus mentaux, chercheur et conférencier de renommée mondiale, nous apporte les éléments suivants :

1. Le message essentiel de son livre est que *le mental humain individuel est comme un terminal d'ordinateur connecté à une gigantesque base de données. La base de données est la conscience*

humaine [...] (9) Le mental humain est donc connecté à la conscience humaine.

2. Au fil du temps, les progrès informatiques ont permis que : *Des ordinateurs avancés, permettant la description de vastes quantités de données, au moyen de graphiques, dévoilèrent des systèmes insoupçonnés dans ce qui avait été ignoré par la physique newtonienne, en tant que données indéchiffrables et dépourvues de signification (chaos). Des théoriciens de divers domaines furent soudain capables de trouver un moyen cohérent de comprendre des données qui avaient été considérées comme incohérentes et non-linéaires – c'était diffus ou chaotique, et ainsi inaccessible au moyen de la théorie et des mathématiques logiques probabilistes. (10)* Ce qui signifie que grâce aux avancées technologiques, on peut désormais expliquer ce qui nous paraissait indéchiffrable et incohérent auparavant et qui avait été purement et simplement « ignoré » par les sciences.

3. C'est là qu'apparait le détail qui ouvre les yeux, soyez attentif ! En faisant référence à ces recherches des années 1970, Hawkins rapporte que : *L'analyse de ces données « incohérentes » permit d'identifier des structures d'énergie cachées, des* attracteurs *[...] derrière des phénomènes naturels apparemment aléatoires. Des graphiques d'ordinateur montrent clairement les structures de ces champs d'énergie.* Il fait référence ici aux graphiques fractales, de magnifiques dessins qui représentent les phénomènes naturels des champs d'énergie, et ces structures cachées ont été nommées des « attracteurs » par les scientifiques !

4. Malheureusement, *[...] le public est resté généralement ignorant du domaine de la dynamique non linéaire, sauf pour ce qui est de l'apparition de nouveaux et énigmatiques graphiques d'ordinateur, générés par la géométrie « fractale ».* Personne n'avait jamais entendu parler de ces « attracteurs » et des phénomènes désormais cohérents du fonctionnement de la vie.

Donc : depuis les années 1970, soit plus de 50 ans, les sciences ont appelé « attracteurs » les *structures d'énergies cachées* qui permettent d'expliquer l'inexplicable, et dont les graphiques de géométrie fractale ne sont que la pointe émergée de l'iceberg dont nous ne savons presque rien !

Voyons maintenant le rapport avec la loi de l'*attraction*. Ce n'est pas pour rien que cette loi s'est appelée ainsi, puisque le mental humain est connecté à la conscience humaine. C'est donc fonction de la base de données - la conscience humaine, selon Hawkins - qui contenait déjà cette définition des « attracteurs », que la loi d'attraction est apparue. Ces structures d'énergies cachées permettent d'expliquer l'inexplicable, et d'expliquer comment fonctionne en réalité « tout ce qui n'a pas l'air logique ».

Pourquoi un tel rapprochement ? Imaginez une IA (Intelligence Artificielle) qui aurait eu à choisir un mot pour définir :
1. ce qui déclenche des phénomènes inexpliqués et,
2. par ailleurs, une loi qui définirait comment on obtient les résultats inexplicables.

Cette IA aurait tout aussi bien pu appeler ça des « déclencheurs » et la « loi du déclenchement ». Dans ce cas, la loi du déclenchement expliquerait comment déclencher un résultat de notre choix, en fonction des graines que l'on a semées au préalable, c'est-à-dire selon la structure de nos énergies lorsque l'on passe à l'action.

L'intelligence Humaine a choisi d'appeler ça des « attracteurs » et la « loi de l'attraction », mais ce qui est important, c'est la structure de nos énergies quand on passe à l'action. Autrement dit, la structure de notre programmation personnelle. Ces structures d'énergie sont comme la terre dans laquelle on plante nos graines et la façon dont on arrose. Par exemple une graine chargée de bonne estime de soi permettra d'obtenir un résultat qui nous fera avoir une bonne opinion de soi.

L'important ici est que ce n'est pas tant une histoire « d'attirer » ce que vous voulez, comme si vous tentiez de séduire quelqu'un et de l'attirer dans votre lit... C'est plutôt votre *structure d'énergie cachée* qui explique et détermine si oui ou non vous allez vivre cette expérience que vous espérez tant. Toujours selon Hawkins, « *certaines structures sont beaucoup plus puissantes, d'autres beaucoup plus faibles.* » (11), mais faudrait-il retomber dans des considérations discriminatoires où certains seraient plus chanceux que d'autres ? Absolument pas. Au contraire. Il faut par contre user d'un peu de créativité pour trouver ce que la science appelle « *le point critique* », *où la force la plus petite produit l'effort le plus grand.* (12)

J'ai toujours pensé qu'il valait mieux travailler bien mais une seule fois, plutôt que devoir recommencer. Même si ça m'a peut-être valu de travailler beaucoup finalement, j'aime croire que c'était très pratique durant mes études, car je gagnais du temps en n'ayant pas besoin d'aller aux examens de rattrapage. Sauf une fois où je traversais l'un des moments dans une vie que l'on préfèrerait ne jamais avoir à vivre, et qui s'est avéré un tournant important sur mon parcours. Cette fois-là, je suis allée uniquement au rattrapage car j'ai négocié avec le prof de manquer l'examen principal pour aller à un séminaire de psycho-cybernétique qui s'intitulait *Comment être l'auteur de sa vie*, animé par Michelle-J Noel, aujourd'hui spécialisée dans la résolution des problèmes, sorties de crises et thérapies brèves (13). Ce 17 Mai 2005, j'ai goûté un étonnant cocktail de PNL, de cybernétique, de neurosciences et de métaphysique, aussi inattendu qu'efficace. Imaginez… j'avais 21 ans, je venais de me faire lâchement jeter par celui dont je pensais être amoureuse et avec qui je partageais ma vie depuis un an et demi. J'étais anéantie, et je sentais que je ne pourrais pas m'en remettre toute seule. J'ai appelé mes parents ; ils m'ont parlé d'une amie à eux qui animait ce séminaire. La vie a voulu que dans les jours qui suivaient, il y avait justement une session organisée à 15min de mon campus. J'ai négocié avec le prof d'Anglais pour ne pas faire l'exam semestriel, en lui assurant que je ferais le nécessaire pour réussir « du premier coup » au rattrapage. Je n'avais qu'une seule option, celle d'avoir confiance en moi, même si ce n'était pas si facile pendant que j'étais au fond de mon trou ! C'était quitte ou double : l'exam ou la vie.

Et vous ? Aimeriez-vous être l'auteur de votre vie ? Celui qui écrit le scénario ? Ou préférez-vous n'être que l'acteur principal qui exécute ce qu'un autre a écrit pour lui ? Ou pire, un acteur secondaire ou un figurant parce que vous laissez le rôle principal à d'autres dans votre vie ?!

Ne soyez ni le *Prince Jean* qui se laisse diriger par son perfide conseiller, ni le *Roi Richard* qui se laisse hypnotiser par la perfidie du serpent pour aller combattre inutilement. Soyez le véritable personnage de votre vie, celui ou celle qui sait que la vie est faite pour être formidablement vécue et que tout ce qui diffère de cela n'est qu'un programme erroné qu'il est possible de réécrire.

Sortir de la boucle hypnotique

Cela me fait penser à Shirley. Imaginez une jeune femme qui pensait à tout le monde avant elle, généreuse, minutieuse, toujours très délicate dans sa façon de disposer les objets, et de considérer chaque détail avec toute la beauté qui peut en émerger. Elle était extrêmement capable et engagée, mais elle ne le savait même pas, parce qu'elle ne se « voyait » même pas. Elle ne se rendait pas compte de qui elle était ni de ce qu'elle était, parce qu'elle était tellement hypnotisée à s'occuper des autres, qu'elle n'avait pas le temps de remarquer sa propre présence... Jusqu'au jour où elle a fait ce qu'il fallait, et soudain, elle s'est aperçue que tout au long de sa vie, les gens l'identifiaient à l'actrice américaine *Shirley Temple* - forcément, avec un prénom si original, ce n'est pas inaperçu. Alors quand elle s'est reconnectée avec elle-même, qu'elle a réussi à s'accorder de l'attention, soudainement, elle a entendu ce que lui disaient ses proches et elle a fait quelques recherches sur la vie de *Shirley Temple*. Elle a découvert une femme accomplie sous de nombreux aspects, une actrice reconnue, qui était très explicitement au centre de tous les projecteurs. Une belle inspiration qu'elle n'avait jamais vue ni entendue tant qu'elle était trop hypnotisée par ses propres programmes erronés.

Un jour Shirley a choisi d'assister à une journée intitulée *Venez avec vos challenges, repartez avec vos solutions* (14). Elle y assistait – selon ses propres termes – dans le but d'un *changement de paradigme*. Elle s'est alors aperçue de l'impact de nos *filtres*, et du rôle que nous avons dans le choix des mots ou des émotions que nous mettons sur les choses, car ils définissent nos filtres avec lesquels nous percevons les situations. Mais elle ne savait même pas encore ce que ça allait pouvoir changer pour elle dans sa façon de se percevoir elle-même. Elle a pris conscience qu'elle voulait changer des habitudes, mais ne savait pas par où commencer… Heureusement, elle avait bien saisi l'astuce de PNL que j'avais reçue en 2013 de Nadège Heinrich (15), désormais Walk-In, et à l'époque superbe enseignante de programmation neurolinguistique, qui disait : « *Si ce que tu fais ne fonctionne pas, fais n'importe quoi d'autre* ».

Shirley voulait vraiment que quelque chose change dans sa vie, elle souhaitait vraiment trouver sa place au sein du film de sa propre vie. Elle sentait bien qu'elle était loin d'avoir le rôle principal. Alors elle a pris la décision de travailler sur elle, encore et davantage, elle sentait bien l'importance de se « reprogrammer », de transformer sa « carte mentale », de modifier ou mettre à jour ses « filtres » de perception. Mais comment ? Dans son cas, quand l'occasion d'une offre spéciale Printemps2021 s'est présentée pour un groupe de 10 personnes, elle a sauté sur l'occasion pour se lancer dans son programme REPRÔG.

Pour illustrer son parcours, et afin de vous dévoiler ensuite quelques extraits de ce que vous pouvez déjà faire par vous-même, je lui ai d'abord demandé quels seraient selon elle trois éléments essentiels qu'elle voudrait partager avec vous. Voici ce qu'elle m'a répondu :

« « « Shirley

Récit REPRÔG 1

Sache que pour moi, ce n'est pas évident de retenir seulement trois choses de Reprôg, tellement ma vie a changé ! Reprôg est sans conteste disruptif[3] pour tous ceux qui ont passé 3 mois à faire ce programme. (16)

En faisant un choix arbitraire, je commencerais par citer la balance peur/confiance. Au fil des jours, Aline nous propose de noter avec authenticité notre positionnement sur la balance. Pour ma part, je suis très vite rentrée en difficulté ! (Dès la semaine 1 qui traite de notre relation à l'information.) Par exemple, j'ai dû :

- Prendre conscience de mon attachement au passé et donc intégrer le fait que l'attachement n'est pas l'amour.
- Admettre que je n'avais pas de héros d'enfance (C'est grave Aline ?!!) Que je valorisais davantage mon sens critique…plutôt que mon discernement.

Alors certes, ce sont des détails, mais ils ont vite laissé apparaitre que mon système de pensée/organisation/fonctionnement était obsolète et qu'il me fallait admettre par la même occasion que j'étais davantage régie par la peur que par la confiance.

Et c'est là que Reprôg est un miracle : après ce constat, je n'allais pas pouvoir en rester là ! Parce que ce programme ne nous laisse pas tomber (même si on est balaise et qu'on essaie par tous les moyens, conscients ou non, de tourner autour de nos difficultés). Chaque fois que je ne gérais pas quelque chose, il venait un moment où je devais faire face et me prendre le mur. Et alors là, ça faisait mal, parce que même en voyant l'édifice arriver, je fonçais quand même dessus.

Personne n'est équipé pour esquiver sans cesse. C'est normal, puisque notre but à tous dans la vie est de grandir, de nous expanser tel un arbre qui s'enracine vers le bas et développe ses branches vers le haut en même temps. Alors oui,

---

[3] Selon le Larousse: 1. Se dit de la décharge électrique qui éclate avec étincelle. 2. Se dit d'une entreprise, d'un produit, d'un concept, etc., qui créent une véritable rupture au sein d'un secteur d'activité en renouvelant radicalement son fonctionnement.

le mur a fait mal parce qu'il m'a confrontée à mes peurs et à ma part d'ombre. Je sais qu'il était là pour que je trouve la porte, l'échelle, l'escalier, la solution pour le traverser avec mes propres moyens. Et quand enfin je suis arrivée de l'autre côté, c'est parce que j'avais réussi à déployer mes ailes.

La magie ne s'arrête pas ici car Reprôg m'a appris une nouvelle chose ! J'ai appris à faire une pause (de quelques secondes, minutes ou jours) pour observer autour de moi, en moi et savourer cette victoire, la célébrer comme elle le mérite ! Comme JE le mérite. Me dire « *J'ai réussi, j'ai compris !* » Me féliciter d'être capable d'aller chercher les ressources, de développer ma confiance en moi, mon estime de moi et d'enfin voir ma valeur. Comme quoi, ces petits détails m'ont révélée au cours de ces 12 semaines : ils ont mis l'accent sur mon courage, ma résilience et ma détermination à obtenir plus de la vie, à prendre davantage mes responsabilités face à l'adversité et surtout à m'autoriser à être.

Pour finir, la troisième chose que m'a offert Reprôg pour toute ma vie : c'est une merveilleuse boîte à outils. Puisqu'au fur et à mesure du programme, nous apprenons des techniques en plus d'une méthodologie. Ainsi, à chaque difficulté que je rencontre, je peux ouvrir mon cahier et trouver l'aide appropriée. Celles qui ont été les plus édifiantes pour moi sont la transmutation, le self-talk[4] et la question magique. Quels temps et énergie je gagne aujourd'hui !!

Imaginez-vous que c'est comme si j'étais auparavant au volant d'une 4L (Ben quoi ? Je suis vieille !) qui se perdait sans cesse sur les petites routes mal entretenues, faisant des détours sans intérêt, long et laborieux. Eh bien aujourd'hui, je voyage dans une confortable voiture lumineuse et accueillante sur des grands axes bien dégagés.

Mon objectif étant les étoiles, j'ai encore une belle marge de progression à venir, puisque je souhaite quitter l'asphalte. Mais tu conviendras que le changement a été ultra rapide et

---

[4] Terme anglais faisant référence au dialogue avec soi-même.

m'apporte bien de la souplesse, de la légèreté et de la confiance dans l'avenir. Actuellement mes peurs sont toutes petites et ma confiance est énorme, mes succès sont célébrés et mes outils et moi sommes prêts à relever tous les défis.

A chacun, je vous souhaite de tout cœur de connaitre vous aussi cette expansion fulgurante qui rend la vie si légère, joyeuse et attractive !

/ *Shirley* » » »

Après ce premier aperçu du parcours de Shirley, vous pouvez vous demander comment elle a bien pu réussir en seulement quelques semaines à faire pencher sa balance de l'autre côté, c'est-à-dire à se débarrasser de tout ce qui pesait tant du côté de ses peurs pour enfin pencher du côté de la confiance… Car n'allez pas croire que c'est plus facile pour les autres. Chacun ses peurs, et chacun ses difficultés, c'est ça la vérité. N'allez pas croire non plus qu'elle était hypnotisée par les « médias », parce que même si en théorie ça semble probable, dans la pratique c'est rarement le cas. Dans le fond, le véritable hypnotiseur, le véritable « Triste Sire », le serpent de votre propre histoire, tout comme pour Shirley, ce sont vos propres interprétations de ce qui vous est arrivé et de ce qui vous arrive. Alors comment faire pour se défaire de ce serpent ?

Le minimum d'effort… pour le maximum de résultat. C'est une devise pour moi depuis toutes ces années, et c'est exactement le principe du *point critique*.

Un des éléments fondamentaux du point critique de presque tout dans la vie, c'est la peur ou la confiance. Voyez par vous-même… Si vous n'osez pas faire quelque chose, c'est généralement parce que vous avez peur. Alors que quand vous êtes parfaitement confiant et que vous savez que vous pouvez croire en vous-même, vous foncez sans même avoir le temps d'y réfléchir. C'est l'idée. Réduire la peur et augmenter la confiance. A vous de choisir, les deux fonctionnent et peuvent être complémentaires. Mais parfois, on ne sait pas comment réduire la peur et on tourne en rond dedans. Si vous vous lancez par exemple dans un domaine inconnu, vous faites face à la peur de l'inconnu. Ne perdez pas votre temps et votre énergie dans ce cas-là, en particulier si cela vous fait focaliser sur la peur, ce qui lui donne du pouvoir. Si vous le pouvez, concentrez-vous plutôt sur une stratégie pour augmenter la confiance, par exemple en prenant le temps de vous renseigner sur certains aspects spécifiques de l'endroit où vous allez, ou du domaine dans lequel vous vous lancez, etc. Cela réduit l'effet d'inconnu, augmente votre confiance en connectant ces éléments à ce que vous savez déjà, et donc apaise vos peurs. Soyez précis dans vos choix, sélectionnez les informations qui vont dans le sens de ce que vous souhaitez accomplir. De toute façon les deux existent, les pours et les contres, alors prenez donc ceux qui vous sont le plus utile.

Pour utiliser cette réalité de monter en puissance grâce au *point critique*, le programme REPRÔG est basé sur une structure qui fait faire un tout petit pas, chaque jour. Ainsi, au fil des jours, vous avez parfois l'impression de ne faire « presque rien », mais pourtant... cela contribue de façon extrêmement puissante à l'ensemble du changement que vous voulez effectuer dans votre vie et dans vos circonstances. C'est ainsi que les participants disent atteindre en moyenne plus de 70% de leur idéal-à-5-ans en seulement 3 mois. Cela parait impossible, mais c'est la réalité du *point critique*. Ne pas gaspiller son temps, son énergie et ses ressources inutilement, mais prendre le temps de trouver « le » point critique, et ce petit effort générera le plus grand résultat.

Alors pour commencer, cherchez simple : demandez-vous quelle est la plus petite chose que vous pouvez faire, dire ou penser, qui réduira un peu l'impact de vos peurs, ou qui augmentera légèrement le poids de votre confiance. Ensuite, faites-le, dites-le, ou pensez-le. Et vous recommencerez demain...en vous demandant quelle autre toute petite chose vous pourriez faire, dire ou penser...

Renouvelez radicalement votre fonctionnement

Pour compléter, je voudrais vous permettre de découvrir davantage le parcours de Shirley, qui est une femme formidable, pleine d'entrain, de bonne volonté, et de passion pour la vie. En particulier, parce que pour elle, le phénomène est vraiment flagrant : à chaque fois qu'elle travaille sur la reprogrammation d'un aspect d'elle-même, lui vient ensuite une inspiration soudaine des origines du « problème » et du fonctionnement qu'elle avait mis en place auparavant. C'est le cas pour chacun de nous, mais elle a la particularité d'y être à l'écoute et d'oser nous le raconter.

Allons savoir pourquoi, en lui demandant de vous en dire plus, j'ai pu constater qu'elle insistait à nouveau sur un mot... je vous invite à y porter attention, car selon elle, c'est donc une clé pour changer sa vie efficacement, et je crois bien qu'elle a su trouver le mot juste. J'ai dû moi-même le vérifier, alors je vous rappelle à nouveau la définition en bas de page au cas où vous en auriez besoin, et je reconnais qu'elle a visé juste.

« « « Shirley

Récit REPRÔG 2

Si je devais décrire l'expérience de Reprôg en un mot, j'utiliserais le mot disruptif[5].

Nous avons été une équipe de 10 à suivre ce programme en même temps. On ne se connaissait pas et pourtant, on peut tous en conclure qu'il y a un « avant » et un « après ».

Avant, justement, j'avais un mode pilote automatique dans ma vie, et ce, dans plein de situations, je réagissais toujours pareil, et subissais les mêmes conséquences désagréables qu'engendre le fait de faire toujours les même choses inappropriées. Comment sortir de ce cercle vicieux ? Ce n'était même pas une question que je prenais le temps d'élucider dans mon quotidien si chargé. Faire, avancer, rayer des choses de mon interminable « to do list »[6] de lingère, cuisinière, chargée de logistique, de courses, de stockage de vêtements trop petits

---

[5] Voir définition page 44.
[6] Anglicisme qui signifie : liste de choses à faire.

pour l'un trop grands pour l'autre, ménagère, bref femme, employée, mère et chef d'orchestre de ma team[7]!! Et grâce à cette pause et aux vraies questions posées par Reprôg, non seulement j'ai pu identifier des situations inconfortables récurrentes mais j'ai pu aussi trouver une attitude qui me convenait et élaborer enfin un autre scénario où tout le monde serait satisfait. Pour être spécifique : j'ai réalisé que je m'excusais sans cesse, d'être là, de prendre de la place, de m'être trompée d'horaire alors que j'avais respecté celui qu'on m'avait donné, de n'avoir pas assez assaisonnée la salade, d'avoir envoyé le mauvais document car on m'avait demandé un changement au moment où je partais, de ne pas être assez, ou d'être beaucoup trop. Et alors stop. Respecte-toi un peu. Tu es LÀ, et tu as le droit autant que quiconque de prendre de la place, de tacher un drap, de respirer, de donner ton avis et de dire NON. Pas besoin d'avoir si mal au ventre que tu rappelles immédiatement pour dire qu'en fait, bien sûr tu vas le faire, ça va ren-trer…par-là, il y a de quoi tasser l'emploi du temps.

Et depuis que je suis devenue moins polie, bizarrement j'ai de la place, on se pousse même parfois sur le trottoir pour me laisser passer ! Je n'en reviens pas moi-même. Alors bon, je fais un grand sourire et dis : Merci !... Quand même.

Ce programme est disruptif au point que j'ai gagné tellement de temps dans ma vie. Dans le sens où je ne me perds plus à faire trop de détours. Je connais la direction. Mon bateau ne se laisse plus dériver au fil de l'eau. J'ai un objectif et je suis rivée sur ma boussole. Bon, soyons honnête, le concept est là, mais il est perfectible. Par exemple, je suis vigilante maintenant que je connais la puissance de l'œil observateur. Je ne me maltraite plus autant en pensée, au contraire, j'ai appris à me féliciter…

- Pour ce créneau si parfaitement exécuté, en une seule fois, dans une montée, et sans marge devant ni derrière !

- Pour l'ambiance chaleureuse et accueillante de la maison que les enfants et mon mari retrouvent en fin de journée.

---

[7] Anglicisme qui signifie : équipe (faisant référence ici aux membres de sa famille)

- Pour ces magnifiques cartes de nomenclatures que j'ai créées afin de leur permettre de reconnaitre une multitude d'insectes….

Il peut aussi s'agir de : *Comment est-ce que JE choisis d'interpréter telle ou telle situation ?* Parce que oui, je choisis. Est-ce que je veux croire que cette personne est incompétente et qu'elle m'en veut ? Non, j'imagine qu'elle n'a pas toute l'information pour lui permettre de me faire part de toute la bienveillance dont elle est naturellement équipée. Je décide de l'informer avec douceur et écoute. Parce qu'aujourd'hui, je décide. Et lorsque j'oublie de décider ? La vie me rappelle bien vite à l'ordre. Je vois et comprends les signes. Finalement j'ai arrêté de marcher en regardant mes pieds ! Et peut-être que ça ne vous parait pas grand-chose, mais pour moi c'est tellement ENORME ! J'ose enfin être là, je vois ma place.

Au début de Reprôg, Aline nous pose la question (plusieurs fois je crois !) de ce que l'on vient obtenir en dédiant chaque jour des prochaines 12 semaines au programme. Moi, je voulais me trouver. Je voulais devenir moi. Mais vraiment. Arrêter le mode « papier peint ».

Je n'avais pas prévu que j'allais devoir sortir de ma zone de confort en acceptant de m'exposer aux autres. Être celle qui suit, c'est bien pour le confort, même s'il arrive rarement de se faire plaisir, mais être celle qui décide et qui accepte d'essuyer un échec ou de faire un véritable fiasco, c'est osé !! Surtout si je ne permets pas que cela me fasse retomber dans le mode « *désolée, pardon, excuse-moi d'être là* ». Pas facile au début !

En fait le syndrome d'imposture en tant que moi, simple être humain était dû à mon histoire familiale. Avant même que je ne vienne au monde, mes parents n'avaient pas vraiment voulu y croire. Ni s'attacher. Peut-être que je serais là, peut-être pas. A 17 ans, ma mère était tombée enceinte. Pas du premier venu, de mon père avec qui elle vivait et vit toujours. Pourtant ses parents l'avait prévenue, « *pas de bébé avant ta majorité, déjà que tu quittes la maison tôt, ne va pas nous payer la honte dans tout le village avec une sordide histoire d'amour et de bébé…* » Evidemment, elle est tombée enceinte, mais quelques jours/heures avant l'arrivée de sa fille, une rage de dent l'oblige à consulter un dentiste qui fait l'erreur médicale de lui injecter un poison mortel pour son bébé. Ce dentiste était reconnu dans toute la région, alors le soutien de ses parents était tout aussi limité : « *ne faisons pas de vague, pleure en silence ma fille* ». Trois ans après, c'est moi qui arrivais. Mais bon, j'étais un bébé de remplacement. J'imagine combien, une fois née, mes parents ont dû me couvrir d'amour et de soins. Mais il n'empêche que je ne suis pas Céline, je suis Shirley. Je ne le savais pas moi-même, mais c'était là, tellement fortement ancré en moi. J'étais une énorme imposture, alors plus je disparaissais, mieux je me portais. Et je suis tellement sage. Encore aujourd'hui, je suis la sagesse, la gentillesse de la famille… Une vraie légende. Je me suis toujours pliée en quatre pour faire plaisir à mon entourage, puis à mon mari, à mes enfants. C'est dans ma nature : s'ils sont contents, je suis contente ! Je n'arrivais pas à prendre 10 minutes dans la journée pour une méditation, pour lire ou juste m'asseoir dans le canapé. Non pas parce que je ne pouvais pas trouver le temps, mais plutôt, parce que je n'étais jamais ma priorité, je n'y pensais même pas. Alors dans ces conditions, trouver ma place et qui j'étais, était un challenge de taille.

Arrivée à 40 ans, évidemment, il y avait urgence à faire émerger et à assumer mon vrai moi ! Cette urgence est d'autant plus nécessaire que je suis et fais tellement de choses ! Rien que dans ma vie professionnelle, j'ai été chargée de communication, chargée de projet évènementiel, agent immobilier, galeriste, éducatrice Montessori… Et plus encore. Je me reconnais dans chacun de ces métiers, j'ai eu du succès pour chacun d'eux. Alors qui suis-je ? Pourquoi est-ce qu'au bout de trois ans j'avais chaque fois cet intense besoin de faire autre chose ?

Eh bien Reprôg m'a aidée à prendre conscience de ma multi-potentialité, de ma disposition à m'immerger dans des univers différents et d'en retirer le meilleur. Je suis tout ça, et bien plus. J'accepte de ne pas être la spécialiste que j'aurais rêvé d'incarner. J'accepte ces facettes qui sont une part de ma personnalité.

S'est alors posé la question de ma mission de vie. Dans toutes ces activités, quel est mon but suprême dans la vie ? Pour quoi suis-je vraiment dévouée ? Et bien sûr, la réponse est arrivée aussitôt grâce aux « hasards » des rencontres qui se sont produits pendant cette période de REPRÔG.

/ *Shirley* » » »

Il est presque difficile de savoir quoi ajouter à ce fabuleux récit de Shirley qui, je l'espère, vous a inspiré et connecté au fait que votre-vie-à-vous-aussi peut effectivement se transformer sous vos yeux ébahis… En sachant qu'elle n'est pas un cas isolé, mais bien un exemple parmi les autres, et dont le récit vous montre que oui, dans le concret du quotidien les choses changent vraiment.

A cela, vont venir s'ajouter quelques éclairages utiles sur notre relation à l'action, et que nous poursuivrons dans les chapitres 8 et 9. En particulier le fait que :

1/ Une fois qu'on sait ce que l'on veut vraiment, il n'est plus nécessaire de faire tout ce qui n'est pas nécessaire,

2/ A partir du moment où nous en prenons conscience, nos programmes inconscients ne peuvent plus nous saboter « inconsciemment ».

Être soi, et passer à l'action. Et non l'inverse… Parce que la tendance un peu trop commune de se jeter dans l'action avant même de savoir où l'on va, fait généralement perdre beaucoup plus de temps et d'énergie que lorsque l'on s'assure de savoir qui l'on est et où l'on souhaite se rendre avant de soulever le moindre petit doigt de pieds.

C'est une question de leadership, que l'on retrouve autant en entreprise, que dans l'entreprenariat, ou encore dans la vie de tous les jours. Qui donc sera le leader si lui-même ne sait pas qui il est ? Qui donc sera un « bon leader » s'il ne sait pas lui-même ce qui est « bon » pour lui ? Ou encore qui donc saura coopérer ou même inspirer les autres à suivre, si son cœur ou son esprit n'est pas au clair avec ce qui est juste pour soi et pour les autres ?

Le passage à l'action, pour être juste et efficace, nécessite d'être vrai, et d'être sincère. Sinon vous pouvez être sûr que cela prendra des détours, des ralentissements, des désagréments, et toutes ces choses désagréables dont vous avez sûrement quelques souvenirs intéressants… N'est-ce pas ?

Arrêtons de nous laisser hypnotiser à faire ce qui n'est pas nécessaire, à ne rien faire ou au contraire à faire pour rien. Prenons plutôt le temps de clarifier qui nous sommes devenus, ce que nous voulons vraiment maintenant, et restons centrés là-dessus pour être inspiré de la bonne façon.

Ne vous trompez pas de cible

Quelle qu'en soit l'origine dans notre histoire personnelle respective, il y a des programmes assez « classiques », qui nous font nous activer pour tout un tas de choses qui ne sont pas nécessaires pour ce que nous visons réellement. Tout comme *Triste Sire* dans le dessin animé mentionné précédemment, serpent perfide, qui avait hypnotisé le *Roi Richard* à partir en croisade au lieu de profiter de son royaume paisible et confortable où tous les habitants vivaient heureux. Pendant l'absence du Roi, le royaume entier, était laissé à l'abandon, aux mains de l'incapable *Prince Jean*, soumis à l'hypnotisme du serpent… Les habitants étaient maltraités, imposés, persécutés, tout comme le sont les parties de nous quand nous persistons à croire que notre vie n'est pas déjà à la hauteur de nos aspirations, ou que nous nous disons « *j'aimerais … mais ce n'est pas possible* ». Cette source hypnotique, c'est parfois l'impression que nous ne sommes « pas capables » ou que nous avons « besoin de plus », ou encore l'envie d'avoir accompli « quelque chose d'utile », ou bien le besoin de « se sentir aimé(e) », le sentiment de devoir « œuvrer pour sa liberté », ou pour « mériter l'attention, le respect, le succès », etc. Toutes ces sources sont intérieures et n'ont rien à voir avec les médias ou autres provenances extérieures qui ne sont qu'un reflet dans le miroir de la réalité. D'ailleurs, vous serez étonné de constater qu'une fois le programme erroné rectifié, les impressions hypnotiques disparaissent… Y compris des choses qui paraissaient vraiment très concrètes et factuelles !

Afin d'affiner votre état d'esprit pour vous faire passer à la pratique, voici un détail de plus qui peut vous inspirer différemment à ce stade. Pour Shirley, il s'est passé quelque chose d'inattendu, et qui vaut le détour pour nous rappeler encore d'une autre façon, qu'un objectif ou un souhait doit, lui aussi, être juste et sensé pour être atteignable. Sur le moment, elle a considéré avoir « perdu » 5 jours, mais finalement, en ayant pris conscience de son paradoxe, elle a probablement gagné de nombreuses années, qu'elle aurait sinon laissées filer à courir après des objectifs qui n'étaient pas les bons. Après en avoir discuté, nous avons pensé que vous aimeriez savoir pour, vous aussi peut-être, gagner du temps grâce à cette anecdote surprenante.

« « « Shirley

Récit REPRÔG 3

Lors de la semaine N°2, qui nous fait notamment travailler sur notre relation au temps, nous sommes guidés à définir très clairement et avec précision nos objectifs. Et cela en accord avec ce qui a été déterminé dans un exercice dès le 2ième jour du programme.

Sauf que, lorsque j'ai dû faire le bilan de ce qu'il me fallait mettre en place pour arriver à atteindre mon objectif, je me suis faite rattraper par ma propre incohérence ! Je ne savais pas comment résoudre ce problème. Je ne comprenais même pas quelle était mon erreur en fait jusqu'à ce que je demande à Aline ! Parfois, j'avais de tels élans que je fonçais, tête baissée, sans même prendre le temps de finir de lire la question, ou j'étais tellement dans mon monde que je m'activais à fond et obtenais pour résultat d'être à côté de ce que j'attendais sans même comprendre pourquoi.

Le jour 6, avant le bilan de cette deuxième semaine, je me retrouvais coincée. Ce qui s'est passé pour moi, c'est que j'avais mis des éléments de ma vie dans mes objectifs parce que je souhaitais ne pas les perdre.

C'est-à-dire que je souhaitais que mon couple et que mes enfants restent ma priorité. Tout ce que j'avais construit avec eux jusque-là était tellement formidable que je ne souhaitais pas y toucher, ni qu'aucune de mes décisions ne vienne impacter ce domaine de ma vie. Alors dans mon esprit, ma famille devait rester dans mes objectifs et ne surtout pas être mise de côté au détriment d'autre chose. Je me rendais compte que je faisais déjà exactement tout ce qu'il fallait pour que mon objectif N°1 fonctionne puisque je l'avais déjà obtenu depuis longtemps et que j'étais déjà très satisfaite de cette situation telle qu'elle était actuellement.

Cet épisode sur la relation au temps m'a donné une belle information ! Moi qui voulais toujours aller vite, optimiser mes actions, être performante et efficace, sans perdre de temps justement... Eh bien, j'ai dû recommencer ma semaine N°2 au jour 2 pour redéfinir mes objectifs en toute cohérence, confiance et harmonie avec ce que je désirais vraiment atteindre de nouveau ! (Ainsi j'ai dû refaire 5 jours de la semaine de ma relation au temps et j'ai pris ce « retard » sur le reste du groupe !) Et cela en intégrant bien, au passage, que je ne souhaitais pas perdre mes précieuses acquisitions... Ce que je n'avais pas envisagé auparavant.

Ce concept est venu aussi pointer du doigt mon système de croyance ultra-limitant du style : « *si tu veux trouver ta voie et te lancer entrepreneuse, tu vas perdre en qualité de lien avec ta famille* », et « *il faut choisir dans la vie, on ne peut pas tout avoir* ». Maintenant je sais que je peux tout avoir, et même bien plus encore. Je peux donc vous assurer que cette expérience valait bien un petit détour !

/ Shirley » » »

Ce petit exemple illustre aussi le fait que Shirley avait ce vilain programme hypnotique dans la tête, qui la poussait à persister sur des objectifs qui n'en étaient pas (plus), au lieu de se lancer – ENFIN – en quête de ce qu'elle souhaitait réellement maintenant : se mettre au travail. Certains d'entre vous n'aiment pas le mot « travail », mais rappelez-vous qu'il ne signifie que ce que vous voulez bien qu'il signifie.

D'après une rapide recherche, je suis amusée de constater

que la première définition du mot « travail », selon les dictionnaires *Le Robert*, parle d'accouchement ! (17)

1. *Période de l'accouchement pendant laquelle se produisent les contractions. Femme en travail.*

2. *(Le travail) Ensemble des activités humaines organisées, coordonnées en vue de produire ce qui est utile ; activité productive d'une personne.*

Personnellement, je me sens bien avec le travail, car j'aime ça, j'aime « accoucher » d'un projet qui en vaut la peine, j'aime « pondre » une idée intéressante, j'aime être *productive* ou encore *m'organiser* pour *produire quelque chose d'utile*. Et je souhaite à tous ceux qui se sentent mal à l'idée du « travail » de se libérer des programmes correspondants, afin de retrouver leur plaisir de se mettre au boulot. Parce que c'est un des plus grands plaisir de la vie, pour mettre au monde notre valeur personnelle, pour exprimer notre vérité, pour ajouter notre part à l'édifice de la vie. Ne vous laissez pas diriger par les programmes négatifs du passé, comme le fait que vos parents ne prenaient pas le temps de jouer avec vous parce qu'ils avaient trop de travail, ou encore parce que le grand-père n'est jamais rentré du travail, ou encore que l'arrière-grand-mère n'a pas survécu au travail de l'accouchement…

Sachez qu'une simple décision consciente peut parfois être suffisante à libérer un tel programme s'il est obsolète. S'il ne l'est pas, c'est-à-dire s'il apporte encore quelque chose, même d'une façon incommodante, alors un petit « travail » sur soi peut être utile. Vous pouvez faire appel à un thérapeute pour explorer votre histoire, il en existe de nombreux qui sont excellents. Et si vous n'avez guère envie de farfouiller dans le passé, vous pouvez opter pour un REPROG ou simplement poursuivre votre lecture.

Alors, passer à l'action, oui, mais en conscience, et avec confiance, par vrai ? Je suis sûre que vous saurez désormais faire attention à ces petits signes qui vous guident sur le chemin, du type :

- entendre cette petite voix dans votre tête qui vous dira

« *es-tu sûr que c'est bien là que tu veux aller ou est-ce un objectif qui n'en est pas un ?* » A ne pas la confondre avec le triste serpent qui cherche à vous hypnotiser. C'est simple, écouter le serpent vous rend triste, la petite voix de l'intuition vous rend joyeux car elle vous guide vers ce qui ouvre et réjouit votre cœur.

- prendre conscience de la réelle motivation à votre objectif, est-ce motivé par la peur (ou le manque ou la colère) ou par le choix délibéré ?

- ne plus vous arrêter à ce que votre passé vous a dicté jusqu'à présent, parce que le passé est passé et n'a son mot à dire que si vous l'y inviter.

<u>Mise en pratique</u>

Pensez maintenant à quelque chose que vous aimeriez vraiment accomplir à ce stade dans votre vie, et que vous n'osez peut-être pas pleinement considérer comme possible… Vous pouvez aussi connecter à votre sujet choisi au Chapitre 0.

La première chose à faire est de penser à l'étape 1 de tout nouvel objectif, à savoir : se mettre en confiance. « *En avantage psychologique* », comme disait mon prof de math en prépa, quand on était face à une équation tellement complexe qu'elle nous paraissait insoluble…

Concernant ce « challenge », mesurez :
- Combien vaut votre peur? _____
- Combien vaut votre confiance ? _____

Prenez conscience et prenez action en fonction :
➢ Choisissez sur quoi vous pouvez focaliser votre attention ou votre prochaine action pour augmenter votre confiance. Une fois l'action identifiée, si vous ne la faites pas, demandez-vous : « *Pourquoi je ne le fais pas ?* » Et bossez là-dessus.
➢ Choisissez aussi une petite action que vous pouvez faire pour réduire la peur. Et passez à l'action.

3 QUESTIONS POUR SAVOIR OU VOUS EN ETES

3.1/ Selon vous, quel est le rapport entre le leadership et votre passage à l'action ?

a. Il n'y en a pas, le leadership est une histoire d'entreprise, d'équipe et de diriger des gens.

b. J'ai le choix entre la peur et la confiance, j'en suis conscient et je l'utilise pour augmenter ma confiance et mener ma vie mais je n'avance pas beaucoup.

c. Mon leadership est autant valable pour les autres que pour moi, et chaque jour je mène mes actions pour progresser sur le chemin que j'ai choisi.

d. Je ne sais pas, je suis un peu en « roue libre » en ce moment.

3.2/ Concernant une chose que vous aimeriez actuellement, qui globalement n'attend que vous mais pour laquelle vous ne passez pas à l'action…

a. J'ai peur de me lancer, d'échouer ou de ne pas y arriver, ça me fait éviter le sujet ou tourner en rond.

b. Je sens que je sais exactement ce que je devrais faire, mais quelque chose me retient.

c. J'avance pas à pas, un pas-sage à la foi.

d. Je tente de rassembler mon courage, en rassemblant des billes de confiance pour m'encourager et attiser ma volonté.

3.3/ Célébrer, reconnaître et valoriser les succès

a. C'est un réflexe pour moi. Je célèbre spontanément, et prends le temps de reconnaître mes succès avant de passer à la suite !

b. Je reconnais quand j'ai réussi un truc vraiment important, mais pour les détails du quotidien, ça ne vaut pas le temps.

c. J'ai du mal à reconnaître ma valeur, c'est vrai que je n'y prête pas vraiment attention.

d. C'est un cauchemar, je ne suis jamais vraiment satisfait de moi-même, toujours un truc à redire, une critique, et c'est souvent démotivant à agir…

> *Il y a un autre ennemi que vous devez vaincre*
> *avant de devenir une personne d'action, et c'est*
> *l'habitude de l'inquiétude.* Napoleon Hill (93)

Chapitre 4

L'HABITUDE, ÇA S'ENTRETIENT

Comment faites-vous vos « Cinq Tibétains » ?

Vous connaissez peut-être un exercice désormais répandu, et communément appelé « Les Cinq Tibétains ». Quand j'en ai entendu parler la première fois, je me suis dit « *mouais, ok, ça peut être bien* », et je n'en ai rien fait. Puis quelques temps plus tard, j'en ai à nouveau entendu parler par une autre personne, dans un tout autre contexte, et ça m'a interpelée... Alors, avec mon compagnon, on a voulu essayer.

La technologie faisant sa part, une petite recherche nous a permis de trouver une vidéo explicative des différents mouvements. Il s'agit de cinq petits exercices de Yoga Tibétain, alors pour les pratiquer correctement, une démonstration était la bienvenue. On a fait ce que l'on a pu pour observer et reproduire les mouvements du gars qui, soit dit en passant, expliquait très bien ! (18)

Et puis, je me suis mise à faire mes Cinq Tibétains tous les jours, et j'appréciais beaucoup le bienfait que je ressentais. Au début je ne pouvais faire que quelques répétitions, puis avec le temps et la pratique, j'ai pu augmenter mon nombre de répétitions. Après quelques temps maintenant, je peux même aller beaucoup plus loin et avec davantage de puissance dans tout mon corps, c'est un véritable succès pour moi.

Sur le chemin, il m'est arrivé une petite anecdote vraiment intéressante qui illustre parfaitement la façon dont nous pouvons être « habitué » à nous faire du tort sans le savoir, ou à aller à l'encontre de nous-même.

A la fin du quatrième Tibétain, nous sommes assis, les jambes repliées avec les pieds rapprochés des fesses, et les bras qui entourent les genoux, les mains proches du visage. Que vous le visualisiez ou non importe peu, mais j'étais un peu embêtée car je me faisais mal aux avant-bras dans cette position pour faire mes 3 respirations. Je me répétais chaque fois intérieurement que mes bras étaient trop faibles ou trop fragiles, et que ce n'était pas normal que cela me fasse mal si facilement. L'appui des os m'était douloureux comme si j'avais des bleus…

Sauf qu'après quelques temps ainsi, et tout en restant focalisée sur mon intention de bien-être et d'amélioration de ma santé, j'ai voulu re-visionner la vidéo. Et je me suis aperçue, à mon immense surprise, qu'il rapprochait beaucoup moins ses pieds que je ne le faisais !

Donc depuis tout ce temps, je faisais un effort démesuré d'une part, qui me provoquait une douleur inutile d'autre part, et pour couronner le tout, je m'autocritiquais mentalement en me disant que je n'étais pas comme je devrais. Vous trouvez ça ridicule ? Attendrissant ? Un détail insignifiant qui ne vous concerne pas ? Mon œil…, comme on dit chez les petits. :)

Nous avons tous ce genre de « déformation » de programmation. C'est en fait une cohérence parfaite entre nos schémas de pensée, et nos comportements. L'un fait écho ou miroir de l'autre. Tout simplement.

La partie la plus importante de cette anecdote, c'est qu'elle souligne le fait que quoi que ce soit qui nous parait inéluctable mais inconfortable, n'est en fait probablement pas nécessaire... Et ça, c'est ce qui devrait vous faire réfléchir. Parce que j'étais sincèrement convaincue de faire ce qu'il fallait et de n'avoir pas d'autre choix que de me faire mal, ou d'abandonner l'exercice. Mais pourtant... je me trompais. Depuis ce jour, je profite bien mieux de mes Cinq Tibétains, j'ai encore augmenté mes répétitions et mes capacités, et ma santé poursuit son ascension. A vous de voir si vous souhaitez entretenir vos habitudes de souffrances/limitantes, ou vos habitudes de bien-être, y compris celles dont vous n'avez même pas encore conscience.

Dans son livre de 2009, intitulé *Arrêtez de vous trouver des excuses*, le Dr Wayne W. Dyer, psychothérapeute de renommée internationale et auteur de grande qualité de nombreux ouvrages sur le développement personnel, nous explique *quelle quantité de temps et d'effort il a fallu pour vous convaincre de vous ranger et d'être comme tout le monde*. Il poursuit en nous rappelant qu'*il vous faut donc fournir certains efforts, aujourd'hui, pour dépasser cette programmation-là*. (19) Ce qui est parfaitement résumé.

Un autre exemple est apparu lorsque des amis sont venus fêter le réveillon du jour de l'an chez nous, tandis que nous étions un Samedi 9 Avril... Joli changement d'habitude au passage, mais ce n'est pas le cœur du sujet. Leurs enfants avaient apporté un puzzle de 300 pièces, que nous avons joyeusement réalisé tous ensemble après le repas. Mon compagnon Jean-Luc m'a raconté une petite conversation qu'il avait commencée ainsi, en s'adressant à notre ami :
-   « *Ce qui est surprenant quand tu cherches les pièces du bord du puzzle, même si tu les parcours une par une, c'est qu'il est possible d'en manquer.* »
-   « *Mais nooon ?!* », répond notre ami.
-   « *Mais si !* », confirme Jean-Luc.
300 pièces plus tard, tandis que notre ami avait fièrement parcouru les pièces une à une, il manquait deux pièces de bord!

- « *Ah, tu vois ?!* » rétorqua Jean-Luc, tandis qu'il cherchait les deux pièces restantes.

Nous avons été interpelés par ce phénomène à plusieurs reprises, en particulier parce que si, quand on cherche spécifiquement les pièces de bordure, en les parcourant une à une, on en manque, c'est que par moment notre attention nous échappe totalement. Ce qui doit être encore plus vrai quand notre attention n'est même pas canalisée sur un objectif aussi précis.

L'esprit peut en effet nous surprendre ou même nous faire défaut en ne faisant pas ce que nous « attendons » de lui, d'autant plus quand un programme le pousse à faire autrement. C'est notamment le cas lorsque nous avons développé une « Réaction Émotionnelle de Protection Inconsciente » (4), tel que nous l'avons abordé dans le chapitre 2. Mais une fois que nous le savons, nous pouvons justement faire autrement.

Et si le bonheur était une habitude à prendre ?

Selon le Dr. Maxwell Maltz, auteur du célèbre et incontournable ouvrage sur la *Psycho-Cybernétique*, lu par plus de 30 millions de personnes, *Notre image de nous-mêmes et nos habitudes ont tendance à aller ensemble.* (20) Ses travaux sur l'image de soi et les implications sur la reprogrammation de nos comportements sont fascinants. Il fait un rapprochement entre le mot « *habitude* » (en Anglais « *habit* ») et sa signification originale qui était un *vêtement* ou un *habit*. Il souligne que *Cela nous donne un aperçu de la véritable nature de l'habitude. Nos habitudes sont littéralement les vêtements portés par nos personnalités. Elles ne sont pas accidentelles ou fortuites. Nous les avons parce qu'elles nous vont bien.* Sauf que parfois, on s'aperçoit que l'on aurait bien envie de changer de style... et de s'habiller différemment, pas vrai ?! C'est probablement le cas pour vous aussi, et si quoi que ce soit vous vient à l'esprit concernant votre personnalité, ou vos habitudes, que vous aimeriez changer, gardez donc cela à l'esprit pour la suite de ce chapitre.

Alors à ce stade, voulez-vous continuer à porter les choses de la vie qui ne vous vont plus ? Ou êtes-vous prêt à mettre à jour votre personnalité ?

Le Dr. Maltz distingue les habitudes et les addictions car, selon lui, les addictions correspondent à un autre type de schéma accompagné de symptômes sévères. Il précise pour ceux qui souffrent d'une addiction que *la décision et l'action de demander de l'aide ne sont pas un aveu de faiblesse mais une sorte spéciale et courageuse de force.*

Il se concentre ensuite sur les habitudes qui sont *simplement des réactions ou des réponses que nous avons apprises à effectuer automatiquement sans avoir à penser ou décider.* Comme c'est le cas pour un pianiste qui ne réfléchit plus aux mouvements de ses doigts sur le piano, ou le danseur qui ne « décide » pas quel pied déplacer, *au total, 95 % de nos comportements, de nos sentiments et de nos réactions, sont habituels.*

Il résume assez bien ce que nous devrions tous retenir ici : *Ces habitudes, contrairement aux dépendances[8], peuvent être modifiées, changées ou inversées, simplement en prenant la peine de prendre une décision consciente, puis en pratiquant ou en mettant en pratique la nouvelle réponse ou le nouveau comportement.* (21)

Bon ok, à ce stade, généralement, vous avez certes la lueur d'espoir qui dit que c'est possible, mais vous n'avez pas forcément la motivation de « faire l'effort ». Voire pire, une partie de vous se cache dans l'excuse possible de l'addiction ou du « je n'y arrive pas », ou encore « je n'ai pas de problème ». Pourtant, quelque chose vous limite, et vous empêche parfois de rayonner votre pleine formidabilité, c'est cette habitude-là qu'il faut changer.

Franchement, si votre vie est au top de votre satisfaction, ne changez rien. Mais si vous sentez que vous pourriez être plus heureux, alors vous avez l'occasion de vous en rendre compte et d'en profiter. Cela n'a pas besoin d'être un « effort »,

---

[8] Encore que…cela peut aujourd'hui se discuter, à la lumière des *Réactions Emotionnelles de Protection Inconscientes* et la façon dont nous pouvons nous en libérer.

et encore moins d'être désagréable. Au contraire, une astuce essentielle à prendre en compte ici, c'est de rendre la chose ludique ! Et de mettre son attention au bon endroit.

Vous ne jetez pas toutes vos chaussettes avant d'en avoir racheté de nouvelles, pas vrai ? Eh bien, pour changer une habitude, il s'agit donc tout simplement d'en apprendre une autre à la place. Et de le faire consciencieusement jusqu'à ce qu'il n'y ait pas de retour possible. Ceci étant utile à chaque fois qu'une habitude ne vous convient plus : comme quand votre chemisier ou votre jean favori est foutu, et qu'il est temps de vous en trouver un nouveau.

Pour apporter un éclairage supplémentaire, j'ai demandé à certains participants au programme quel était selon eux le plus important à propos de la relation à l'habitude. Leurs réponses sont riches et percutantes.

Selon Jean-Luc, « *le plus important à savoir au sujet des habitudes, c'est que ça se change. Et les habitudes sont le plus important car c'est ce qui produit des résultats. Bons ou mauvais selon les habitudes... »*. Jean-Luc a bénéficié du programme REPROG lorsqu'il souhaitait quitter la sécurité de son emploi d'Ingénieur en CDI mais qu'il n'osait pas se lancer dans l'aventure de la liberté car il avait peur de faire le grand saut dans l'inconnu. Il entretenait ses croyances de ce qui n'était « pas possible » dans son domaine de compétences, et ses habitudes de pensées qui allaient avec. Mais il en a eu marre et a pris la décision de se lancer dans le programme.

Trois mois plus tard, il m'écrivait : « *J'ai effectivement trouvé ma nouvelle super-voiture américaine, le courage de quitter mon boulot et ma vie de rêve a commencé! J'ai une vision plus claire de ce que je veux faire et je commence à trouver ma voie.* ». Vous retrouverez ses impressions quelques années plus tard au fil des chapitres et notamment au Chapitre 10 sur la relation à la satisfaction…

Selon Chantal, « *Respecter les habitudes qu'on s'est fixées est important pour l'estime de soi. Chacun crée ses propres règles, donc il faut choisir des habitudes faciles à respecter, et après on est dans un cercle vertueux parce que ça devient de plus en plus facile. Il faut régulièrement se poser la question si une habitude fait toujours du sens et lâcher prise si elle n'en fait plus.* » Chantal a bénéficié du programme REPROG tandis qu'elle était heureuse mais stressée, par le temps, les migraines, le manque de confiance, et qu'elle savait mais ne faisait pas ce qu'il fallait.

Un mois après avoir fini le programme, elle m'écrivait : « *Non seulement j'ai récolté les fruits durant le programme mais je sais que je continuerai à les récolter durant de nombreuses années.* »

Un an plus tard, je lui avais demandé ce qu'elle en pensait avec le recul, et j'aimerais partager ici ce qu'elle m'avait répondu, en vous rappelant ici encore, qu'il n'est pas question d'une méthode plutôt qu'une autre, car le plus important pour vous sera de trouver celle qui vous correspond. REPROG est un programme structuré pour vous accompagner dans le changement de vos habitudes et de votre quotidien mais il existe de nombreuses autres façons aussi d'y parvenir ; à vous de choisir celle qui fera émerger les étincelles dans vos yeux, dans votre cœur, et dans votre vie. Je vous invite à constater dans le récit de Chantal certaines appréhensions qu'elle pouvait avoir, et que nous avons tous plus ou moins par moments. Ces « réticences » à nous lancer dans une démarche peuvent parfois être une forme de résistance face à ce qui justement apportera les résultats que l'on espère.

Chantal est une femme dynamique, extrêmement joyeuse, elle a même écrit un ouvrage magnifique intitulé « Récit d'une veuve joyeuse ». Elle a en effet poursuivi sa route au-delà du deuil de son mari, en se focalisant sur l'avenir de ses deux enfants, qu'elle élève avec sagesse et beaucoup d'amour. Elle avait déjà développé une force astronomique pour faire face à tout cela dans sa vie, et elle fonçait d'un rythme effréné vers ses rêves, bénéficiant de ses compétences de cheffe de projet expérimentée. Que pouvait-elle obtenir d'autre ou de plus d'une démarche de changement ou d'un programme d'accompagnement ? Voyez par vous-même :

« « « Chantal

Un an plus tard, je suis ravie de pouvoir témoigner et je le fais très volontiers, le confort dans la tête, détendue et en confiance, car depuis que j'ai osé l'aventure que me proposait Aline, je récolte - concrètement - ce dont je rêvais...

Avant de commencer REPROG, je croyais que je n'avais pas le temps pour suivre ce programme. Je me disais : « *Ma vie est déjà tellement pleine, je cours après le temps, etc.* » et je croyais que cela m'empêcherait de réaliser mes rêves puisque ça me prendrait mon temps. En fait, en me renseignant mieux, j'ai réalisé que REPROG allait au contraire m'aider à réaliser mes rêves et que ce serait la structure, le soutien, la motivation et « l'aiguillon dans les fesses » qui allait m'aider à réaliser mes rêves. Et c'est vraiment ça qui s'est passé. J'ai fait REPROG en même temps que la réalisation de mes rêves et c'était vraiment super efficace. Je voulais témoigner sur cette question du TEMPS car il est vrai que REPROG ça prend du temps, mais ça vaut vraiment la peine parce que ça fait avancer le reste.

Avant de commencer REPROG, c'est vrai que j'avais un fouillis dans ma tête, avec plein d'objectifs un peu disparates. Et je n'avais pas d'ordre de priorités. Comme disait Aline dans la conférence, mon esprit faisait ce qu'il pouvait mais par manque de clarté, ça n'avançait pas vraiment. Et REPROG, m'a permis de clarifier - déjà les objectifs pour qu'ils deviennent très clairs – et ensuite de les prioriser, d'identifier ce qui me faisait vraiment vibrer, par exemple de retrouver les héros de mon enfance et en quoi ils me touchent, cela m'a aidée à vraiment bien comprendre mes priorités et à classer mes objectifs dans l'ordre. Ensuite, j'ai pu en sélectionner quelques-uns en sachant que je ne renonce pas aux autres, c'est juste que là maintenant, je faisais le focus sur ceux-là. Après quoi, avec ces objectifs désormais clarifiés, je les ai découpés en étapes et j'avais une sorte de confort mental parce que 1/ je savais ce que je voulais, 2/ je savais comment j'allais le faire et

3/ j'avais des tas de petites tâches qui étaient infiniment plus faciles à réaliser que de voir un énorme truc que l'on ne sait pas par où commencer. Généralement, plutôt que de le commencer, on fait autre chose à la place et finalement ça n'avance pas. Donc j'étais dans une situation tout d'un coup où tout devenait facile. Et je me disais: « *Ok, là, j'ai 30min de libres avant de partir, qu'est-ce que je vais faire de ce trésor de 30min? Ok, dans mes objectifs, le prochain truc c'est ça!* ». Donc immédiatement, c'était clair, c'était facile, je n'avais qu'à suivre mon chemin que j'avais tracé moi-même. Et de transformer ce fouillis que j'avais dans ma tête en objectifs clairs, c'est l'escabeau dont parlait aussi Aline dans la conférence, c'est juste une pure merveille, c'est hyper confortable.

Pendant le programme, il y a eu un moment fort où Aline m'a un peu bousculée, toujours avec grande bienveillance et toujours en utilisant les mots parfaits pour m'amener à prendre conscience de ce qu'il fallait. Là où moi j'avais envie d'entendre « *oui, tu vas recevoir une aide extérieure* », Aline me disait : « *non, l'aide qui fera la différence est en toi* ». Remplie de rage suite à cet entretien, le soir, j'ai été voir sur internet et j'ai trouvé une info qui m'a fait TILT: « *Ah, mais oui, la solution à mon problème, je l'avais DEJA!* ». Je l'avais mise dans mon propre DVD mais je ne l'appliquais pas. Alors, j'ai appliqué les actions que je recommande justement aux gens que j'aide à guérir, ce qui a super bien marché! J'avais effectivement le truc et ça m'était « sorti de la tête ». Après coup, je me suis dit qu'Aline avait quand même un petit peu raison... la solution était en moi.

Un an plus tard, je voudrais surtout remercier Aline parce qu'elle fait un travail extraordinaire pour aider les gens. J'ai fait tellement de développement personnel dans ma vie que je constate que REPROG est le meilleur programme car il permet vraiment de changer sa vie, c'est un outil fabuleux qui est très bien conçu. Je vous encourage à en profiter vous aussi.

/ *Chantal* » » »

Choisir de modifier nos habitudes de pensée

Peu de temps après cela, Chantal avait assisté à une autre conférence sur la relation à la reconnaissance, et ce qui est ressorti lors de l'appel de suivi offert qu'elle avait osé demander concernait ses enfants et sa relation à l'argent.

Elle me disait que ce qui revenait souvent dans ses prises de conscience était la peur d'être culpabilisée. « *OK je fais tout bien, SAUF pour l'argent* » me disait-elle. En effet, elle avait dû prendre des décisions difficiles suite au décès prématuré de son époux, et elle avait peur que ses enfants soient déçus de ses choix et qu'elle se sente coupable : « *Là où je me sens vulnérable, c'est par rapport à l'argent. Je fais des efforts mais j'ai encore beaucoup de chemin.* ». Je lui ai alors proposé de libérer le schéma correspondant.

Elle venait de se blesser une côte sous le bras droit, ce qui d'après les informations que j'avais pu rassembler, était la somatisation d'une très grande dévalorisation avec les membres de la famille. « *Alors là tu frappes fort !* », m'avait-elle répondu ! Puis elle m'expliquait un peu plus la situation. Ses beaux-parents avaient été très hostiles et critiques avec elle, la traitant de la pire mère du monde, en jugeant les conditions de vie de ses enfants. Chantal s'était sentie fortement dévalorisée par cette situation et cela ressortait à ce moment-là dans sa blessure à la côte parce qu'une échéance approchait... L'âge de la majorité des enfants. Cela soulevait de nouvelles étapes dans la gestion du patrimoine familial et elle devait faire face, malgré sa peur de décevoir ses enfants. Etait-ce rationnel ou justifié ? Pas nécessairement. Y avait-il un avantage secondaire à sa perception de la situation ? Effectivement : sa peur et sa culpabilité, fondées ou non, lui mettaient « la pression pour avancer », d'après ses propres termes.

Je l'ai alors invitée à définir ce qu'elle souhaiterait à la place de ce schéma inconfortable, de cette « habitude mentale » qu'elle avait construite et utilisée pendant toutes ces années pour avancer malgré l'absence de son mari. Elle m'a répondu : « *Je souhaite me libérer de la pression de la peur de décevoir les enfants et avancer avec la motivation de leur faire plaisir. Confort, voyages...* ». Je lui ai alors suggéré de reprendre les outils de la première semaine de REPROG pour explorer ce nouvel objectif, et compte tenu du fait qu'elle avait déjà fait le programme complet, je lui ai proposé « l'Ultime Technique » de libération.

Trois mois plus tard, elle m'écrivait :

« Une des choses que j'ai faites ces dernières semaines, était de clarifier les questions financières avec mes enfants et ça s'est super bien passé. Ils n'avaient pas d'attente à ce sujet, je me foutais la pression toute seule ! Exactement comme le loup qui disparait lorsque la jeune femme l'affronte, dans l'extrait que tu nous as montré tout à l'heure. Je me sens évidemment beaucoup plus sereine depuis lors. [...]

Je suis toujours autant passionnée par les crypto monnaies, même encore plus qu'avant (ça augmente encore le côté ludique, maintenant que je suis plus sereine). J'ai fait le plan détaillé de ma formation, je vais bientôt commencer à tourner mes vidéos. »

Dans les années qui ont suivi, Chantal est devenue une experte parmi les plus diffusés dans le domaine des crypto-monnaies, elle propose ses propres formations pour apprendre à investir dans ce domaine émergent. Elle a été mandatée par une université reconnue en tant que Coach en Business Analyse, elle y a également enseigné la Blockchain et ses technologies. Elle a créé des formations pour plusieurs écoles, co-construit une formation « Chef de projet Blockchain » professionnalisante de haut niveau et reconnue par les services gouvernementaux. Aujourd'hui, elle dirige des formations, des groupes privés, et elle transmet ses connaissances en aidant les gens à investir à leur tour dans de nouvelles possibilités financières, afin qu'ils puissent vivre comme ils l'entendent et atteindre leur indépendance. Son parcours est superbe !

Savez-vous pour quelle raison je tenais à vous partager cette partie de l'histoire de Chantal ? Parce qu'elle-même n'aurait jamais pu imaginer faire tout cela quand elle était rongée par la culpabilité et la peur. Pourtant, elle l'a fait. En osant mettre des mots sur sa difficulté, en exprimant sa vulnérabilité, en osant faire appel à un coup de pouce, et EN CHOISISSANT DE MODIFIER SON HABITUDE DE PENSEE. Car c'était bien une habitude de pensée… Elle « pensait » que ses enfants lui en voudraient, elle « pensait » qu'elle n'avait peut-être pas fait ce qu'il fallait, elle « pensait » qu'elle n'était pas assez bien… Mais elle a osé changer cette habitude, et reprogrammer sa route.

Elle a accompli des miracles depuis ! Vous aussi, vous le pouvez, quel que soit le domaine de vos habitudes de pensée. C'est ça que je voulais vous offrir en partageant son histoire, et je lui suis infiniment reconnaissante pour son exemple, car il est représentatif de ce que nous vivons tous, à notre façon. Si ce n'est vis-à-vis de vos enfants, c'est peut-être un conjoint, un parent, un ami, un concurrent, ou vous-même. Si ce n'est la peur ou la culpabilité, ce peut être n'importe quel autre sentiment qui vous freine ou vous gêne.

Récemment, dans un autre contexte, mon frère m'a résumé la leçon de cette histoire d'une superbe façon quand il m'a dit : « *Souviens-toi des moineaux quand tu te poses la question de l'attitude à adopter. Un moineau est toujours vulnérable. Quelle que soit la situation, il est tendre, il fait « piu-piu » et il volette avec légèreté même s'il peut se faire écraser en deux secondes.*

Mais l'univers prend soin de lui, pas lui de lui-même. Lui, le moineau, est vulnérable quelle que soit la situation, c'est sa nature :) On n'est pas si différents :) Le moineau est beau parce qu'il est vulnérable. C'est plein de douceur et de beauté de l'univers. » Il a raison et c'est cette beauté de l'univers qui rouvre le champ des possibles.

Cela rejoint une parole de sagesse que j'avais beaucoup aimée et qui disait que « *Là où il y a des larmes sincères, la grâce divine est toujours accordée* ».

Reconsidérez l'obscurité et allumez votre lumière

Formulé autrement, Dr. Maxwell Maltz, poursuit en expliquant que vous devez *enlever les cicatrices émotionnelles qui vous empêchent d'avoir une bonne image de vous-même. Mais pour ce faire, vous devez prendre un risque. Vous devez prendre le risque de rencontrer des "obstacles", des déceptions, des rejets et des erreurs, avec la certitude qu'ils se produiront, mais qu'ils ne vous détourneront pas de vos objectifs primordiaux.* (22)

Il a raison, nous devons prendre le risque de confronter nos peurs et les obstacles, parce que c'est ainsi que nous vivons et que nous honorons la vie ! Si vous restez terré dans vos retranchements, quel intérêt d'être ici ? De nombreuses personnes, en fait, près de 150.000 personnes chaque jour, n'ont pas la chance que vous avez aujourd'hui. Savez-vous laquelle ? De vous réveiller en vie.

La 8ᵉ excuse mentionnée par Dr Wayne Dyer dans son livre *Arrêtez de vous trouver des excuses* s'intitule : « *Personne ne m'aidera* ». Et il ajoute :

« *Cette excuse m'attriste vraiment, car elle ne comporte pas une once de vérité. Le fait est que le monde est rempli de gens qui ne demandent qu'à vous aider à réaliser ce que vous voulez entreprendre. Mais si vous vous accrochez à l'idée fausse que personne ne vous aidera jamais, votre expérience viendra immanquablement confirmer cette croyance.*

[…] il est temps que vous preniez conscience que la balle est dans votre camp : Arrêtez de vous trouver des excuses !

[…] Commencez par vous encourager au moyen d'affirmations qui soutiennent et élèvent vos croyances. » (23)

<u>Mise en pratique</u>

Ici, on va faire simple pour vous aider à mettre en application immédiatement cet élan qui bouillonne en vous. Pensez maintenant à une chose que vous pensez depuis longtemps. Cela peut être à propos de votre apparence, par exemple « j'ai trop de cheveux », ou à propos de votre écriture « j'écris trop petit », à propos de vos capacités « je ne sais pas faire ça », « je n'y arriverai jamais », ou encore à propos de vos croyances comme « chassez le naturel, il revient au galop », ou encore « je ne peux pas changer », « ce n'est pas possible, faut pas rêver », « je ne vois pas comment ça pourrait marcher »…

Concernant le naturel, c'est simple : « le chassez » le fait revenir, parce que le naturel est nécessaire ! En revanche, on peut le changer.

Choisissez une habitude de pensée que vous avez qui va à l'encontre de votre bonheur au quotidien. Un truc simple mais important, qui changerait votre vie si vous pouviez changer ça. Et ne prenez pas n'importe quel truc farfelu ou démesuré. Choisissez quelque chose qui vous tient sincèrement à cœur, quelque chose qui touche votre être, votre vérité personnelle. Quelque chose qui vous permettra de ressentir une différence et d'ajouter du bonheur à votre vie.

Ensuite, demandez-vous : suis-je prêt à changer ça ?

Si oui, prenez la décision de le faire, et poursuivez votre lecture en sachant que ce livre est en train de vous y aider et que la vie entière va vous aider. Si non, demandez-vous ce qu'il faudrait pour que vous soyez prêt à changer ça ? La vie entière vous attend…et si vous êtes en vie aujourd'hui, c'est que vous avez encore de belles choses à vivre !

Le monde change, qu'on le veuille ou non. Mais nous avons le choix de changer aussi, pour le meilleur.

Affinez le défaut de vos habitudes

Une habitude est un comportement « par défaut », c'est-à-dire la réponse qui sera donnée s'il n'y en a pas d'autre. Par exemple, quand vous croisez quelqu'un, votre habitude, ou votre « comportement par défaut » est peut-être de dire « *Salut, ça va ?* ». Vous n'y pensez même plus, ça sort tout seul.

C'est selon ce principe que les comportements informatiques ont été développés, à l'image du cerveau humain. En langage machine, qui est le langage du processeur de votre ordinateur, lorsqu'un certain calcul est utilisé de façon régulière et récurrente dans un processus, au lieu de chaque fois refaire le calcul et donc utiliser les ressources pour le faire, le système met en place une « habitude », en stockant quelque part le résultat du calcul, qu'il pourra utiliser aussi souvent que nécessaire sans repasser par le processus de calcul du résultat. Notre cerveau fait la même chose.

Mais si un jour, vous vous levez un matin, en conscience que vous faites partie de ceux qui se sont réveillés en vie ce matin-là et si vous décidez de dire bonjour aux gens d'une façon à leur offrir un peu de bonheur, alors en croisant quelqu'un, vous n'utiliserez pas votre habitude par défaut. Vous regarderez peut-être la personne davantage dans les yeux, en lui disant par exemple : « *Salut, j'espère que tu vas bien, et je t'offre un peu de bonheur pour ta journée.* » Ou bien vous essayerez de lancer un « *Bonjour !* ♫ » aussi souriant et chantant que possible afin de faire goûter à l'autre l'entrain de votre matin. En passant, cela remplira votre propre cœur de bonheur, tout le monde y gagne ! Osez essayer, vous verrez !

Les habitudes peuvent être affinées, le cerveau est très précis. Par exemple, lorsque j'étais Ingénieure dans une grande entreprise multinationale, tout le travail écrit se faisait obligatoirement en Anglais, les documents, les emails, etc. Donc mon ordinateur portable professionnel avait un clavier anglais (QWERTY pour les connaisseurs). Certaines lettres ne sont pas au même endroit que sur le clavier Français, et notamment les lettres accentuées n'existent pas. En revanche, à la maison, j'avais un ordinateur de bureau, et un clavier Français (AZERTY). J'étais étonnée de constater que j'avais pris l'habitude et que je ne m'y trompais jamais. Jusqu'au jour où j'ai réalisé que mon habitude mentale était associée à la nature du pc. Car sur l'ordinateur de bureau de mon partenaire, à la maison, j'avais aussi l'habitude en Français, c'était automatique. Mais quand il a été question d'utiliser un ordinateur portable à la maison, je me suis mise à taper au clavier en Anglais, comme sur mon portable professionnel ! Réflexe ! Cette anecdote m'a permis de constater qu'une habitude peut être affinée selon les contextes, il suffit de rajouter un critère. Dans cet exemple, cela s'est fait naturellement, mais on peut aussi le faire de façon délibéré, c'est ça que nous devons retenir ici. Si par exemple vous avez l'habitude de parler fort dans votre travail, vous n'êtes pas obligé de parler fort à la maison. Si vous avez l'habitude de vous critiquer tout le temps, vous pouvez choisir un sujet précis sur lequel vous choisissez de changer votre état d'esprit et de vous apprécier. En commençant petit, comme le disait Chantal précédemment, on entre dans un cercle vertueux qui nous permet de progresser plus facilement.

Jean-Luc m'a raconté avoir fait un constat similaire sur un autre domaine :

« Lorsque j'ai eu une voiture automatique, et que régulièrement je devais aussi utiliser une voiture manuelle, chaque fois que je changeais de l'une à l'autre, au début je devais réfléchir et reconduire en conscience car mes habitudes ne s'appliquaient pas. Jusqu'au jour où sans m'en rendre compte, je n'y réfléchissais plus du tout et je passais de l'une à l'autre, en parvenant à conduire en manuel ou en automatique, spontanément. J'avais donc créé une habitude contextuelle et précise, à force de pratique. Ça m'a confirmé qu'on est des machines sophistiquées et que l'on peut créer des habitudes pour tout, aussi précises ou contextuelles soient-elles. »

Prendre le temps de réfléchir

Pour compléter ce chapitre, je voudrais vous présenter David, car il a fait un travail extraordinaire sur sa relation aux habitudes, et sur sa confiance en lui pour oser les changer, en constatant que c'est possible quand on en a la volonté. Il m'a contactée dans une période de sa vie où il « *manquait de joie de vivre* », il ressentait un « *sentiment d'inutilité au travail* », et une « *impression de stagnation dans sa vie* ». Il voulait se retrouver, et retrouver une ligne directrice. De la confiance en lui, et des objectifs. Un jeune homme formidable, pourtant plein de vie, d'humour, de puissance, triathlète de longue date, grand sportif, toujours disponible et disposé à entraîner les autres à se dépasser, et à braver les limites pour parcourir le monde en rollers si possible ! Où était partie sa joie de vivre et sa confiance en lui ? Que se passait-il pour lui ? Je vous invite à le découvrir à travers ses propres mots de rétrospective :

« « « David

Motivation: depuis quelques années, je me sentais vraiment moins enthousiaste qu'avant. J'avais envie d'être à nouveau plus heureux, entre autre au contact de ma compagne et de mon fils de 10 mois.

Je ne m'épanouissais pas dans mon travail. Je me demandais toujours ce qui ne tournait pas très rond, et je ne trouvais pas la réponse. En parallèle, j'avais commencé un bouquin qui traitait de la crise de la quarantaine, peut-être y étais-je déjà ? (j'avais 37 ans).

Cinq ans plus tôt, j'avais perdu mon frère jumeau, ce qui jouait forcément.

Bref, je ne savais pas par où commencer pour aller mieux.

Quatre ans plus tôt, j'avais fait un bilan de compétence avec un psy, ce qui avait été très intéressant. Le travail personnel demandé était assez conséquent, mais ça en valait la peine.

Reprog, je me disais que ça pouvait être un guide utile, qui allait me demander un engagement financier, du temps, des efforts d'introspection, mais je faisais confiance à Aline (que je connaissais depuis une dizaine d'années) pour avoir créé un outil efficace, capable d'aider les gens comme moi qui avaient un peu oublié comment nager et qui avaient besoin d'une bouée.

Reprendre le contrôle de sa vie, pour moi ça résume bien Reprog.

Ça m'a apporté des outils qui permettent de structurer ma façon de construire ma vie, de me recentrer sur les choses qui en valent la peine. Ça m'a redonné aussi confiance en moi, en particulier par le biais de la semaine 4 (habitudes). Remplacer une habitude (comme se ronger les ongles) est déjà un succès en soi, mais bien plus que ça, ça ouvre la porte en grand sur d'autres habitudes à remplacer par la suite.

De plus, ça a confirmé formellement des intuitions que j'avais en tête depuis des années. Par exemple, le tableau des célébrations. Je me suis souvent dit que j'étais injuste envers moi de ne pas avoir plus de considération pour tous les efforts que je fournis (études, challenges, travail, sport, vie perso, dons, générosité...). Reprog a formalisé ce feeling en confirmant ce que j'avais en tête. Donc encore un gain de confiance en moi.

Je me focalise davantage sur les choses positives, j'ai remplacé des habitudes, et j'ose faire des choses que je ne faisais pas avant : prises de parole, chercher du travail à l'étranger, prises de responsabilité...

Faire toujours la même chose engendre toujours un peu plus du même résultat. Rien de révolutionnaire dans cette phrase, mais Reprog m'en a fait prendre conscience. C'est bien là toute la différence.

Arriver à trouver au grand minimum 8 heures par semaine avec un emploi à plein temps, et un enfant de 1 an très dynamique qui ne nous laisse que très peu de répit, de jour comme de nuit, ça a été difficile, c'est clair. Mais une grande fierté de l'avoir accompli.

J'avais 5 objectifs mais qui étaient plutôt des quêtes de longue haleine, des axes de vie, pas aussi vérifiables que trouver un emploi ou acheter une voiture.

Reprog m'a aidé sur bien des points.

Premièrement, Reprog oblige à prendre le temps.

Prendre le temps de réfléchir et écrire ce que nous voulons vraiment, ce qui fait que nous nous sentons bien. Rien que ça, c'est déjà beaucoup. En effet, du haut de mes 37 ans, mon ressenti est que plus le temps passe, plus il faut garder la tête froide et prendre du recul pour ne pas céder à ce que la mouvance générale nous exhorte à faire : être ultra connecté, afficher toute sa vie en permanence, être au service des réseaux sociaux, être au courant des derniers potins... Tout ceci nous éloigne vraiment de ce qui nous anime.

En effet, combien de signaux reçus quotidiennement nous

poussent à toujours plus consommer, et passer du temps sur les sites web à la mode?

En parallèle, combien nous poussent à prendre le temps d'introspection nécessaire à définir explicitement ce qui contribue à notre équilibre ?

C'est la promotion de la course aveugle et sans fin à un budget infini. Celle de la réflexion profonde, quant à elle, n'a rien à vendre de photogénique et de « m'as-tu vu ». Par conséquent, elle est facilement éclipsée.

L'efficacité est bien là, je vois une nette différence avant et après Reprog.

J'ai retrouvé de la joie de vivre, je vois des portes s'ouvrir niveau pro, je ressens le retour d'une confiance en moi que j'avais égarée, je reprends les rennes de ma vie, que j'avais lâchés au cours des dernières années.

J'aime bien aussi ce concept affiché, de focaliser son énergie sur aujourd'hui et demain, complémentaire de l'approche hier et aujourd'hui, plus propre aux psychologues. Comparé à un bilan de compétences, Reprog est axé sur le concret, et la direction à prendre pour aller vers ses objectifs.

Je recommande un tel programme à celles et ceux qui, pour des raisons pas forcément très clairement identifiées, ont perdu les pédales. Complémentaire d'une approche psy, Reprog donne ses lettres de noblesse au terme coaching, qui, au prix d'efforts réels et très soutenus (financier, temps et énergie au quotidien) redonne le contrôle sur ce que nous voulons vraiment, en prenant le temps de penser à soi et agir de façon pertinente.

J'ai repris les commandes de ma vie, pour désormais aller où je le veux.

Je construis aujourd'hui pour que demain soit encore meilleur.

Mon état aujourd'hui est mon nouveau point de départ, mon nouveau moi.

J'ai appris que je n'étais plus seul dans cette quête, qu'Aline et ceux qui ont fait Reprog étaient là aussi.

Ce qui me permet de constater une différence, c'est la confiance en moi, perso et pro, de me sentir capable de faire ce que je veux, de me sentir libre, de prendre ma place, m'affirmer bien plus qu'avant, d'oser parler anglais devant des gens, plus spontanément, de me rendre compte que j'arrive à prendre du temps.

Au début du programme, quand il avait fallu décrire l'idée que je me faisais du succès, c'était de me sentir utile, efficace dans mes actes, performant niveau pro, avoir de la reconnaissance, avoir confiance en moi, me sentir capable de tout ou presque, ressentir un vrai équilibre dans ma vie. Après le programme, ce que je ressentais englobait ces éléments. Je ressentais de l'accomplissement, d'énormes efforts menés dans la bonne direction. Une nouvelle capacité à faire ce que je voulais.

Un an plus tard, beaucoup de changements dans ma vie avaient pris place : appartement vendu, en attendant de trouver une maison qui nous plaisait.

Confiance retrouvée dans mon rôle de papa, et bientôt nous allions être 4 dans les jours qui suivaient.

Niveau pro j'avais changé d'équipe quelques mois après le programme, ça se passait très bien.

Ayant terminé Reprog neuf mois plus tôt, j'avais un peu de recul. Je pouvais affirmer avoir bien plus confiance en moi (perso, pro), et je ne souffrais plus de bégaiement (surtout en anglais). C'est super.

Niveau habitudes : toujours pas d'ongle rongé, pas un bonbon mangé !!

J'avais pris une pause midi pour me replonger dans mes notes de Reprog, ça m'avait fait du bien. Je comptais le refaire de temps en temps.

/ David » » »

Quand j'ai recontacté David pour lui faire savoir que d'autres participants au programme voulaient contribuer à l'écriture d'un livre, lui proposant d'en faire partie, il m'a dit quelque chose à quoi j'aimerais apporter un éclairage :

« Je me rends compte que je n'ai plus trop la tête dans Reprog. Ça fait déjà 4 ans !

De mon côté, ça se passe bien.

Pour ce qui est des habitudes, le temps qui passe permet de voir l'évolution: pendant et peu après Reprog, je me sentais gonflé à bloc, ce qui est normal vu l'intensité du travail demandé. Avec le temps, certaines habitudes reviennent, du moins partiellement.

Dans tous les cas, ce travail m'a fait beaucoup de bien, même s'il m'est difficile d'isoler Reprog de tout ce que la vie amène comme expériences, et comme changements. »

Je voudrais partager ici une partie de ma réponse à son message, en particulier pour tous ceux qui ont suivi REPROG, afin de vous rappeler cette subtilité, et pour nous tous, concernant les habitudes :

« Reprog n'est pas un programme dans lequel tu as la tête ou non, c'est plutôt un ensemble de capacités que tu as développées en toi durant le programme, et que tu es libre d'activer ou non à chaque instant.

En ce qui concerne les habitudes, c'est justement une question d'habitude. Si on aime être gonflé à bloc, ou au moins bien boosté, c'est quelque chose qui s'entretient et que l'on ne doit pas reléguer à la cave ou au placard. C'est comme charger son téléphone. :) »

Après tout, c'est vrai : si les habitudes ne sont qu'un comportement « appris » avec le temps, qu'est-ce que l'on se propose d'apprendre au quotidien ? C'est de la conscience de soi à maintenir ou affirmer pour que l'ancien (ou ce qui ne nous convient pas) ne soit plus une option. Si une ancienne habitude reste une option, c'est qu'elle nous convient bien, pour une raison ou pour une autre... Ou que cela ne nous « gêne » pas suffisamment pour faire autrement. Comme ce vieux t-shirt que l'on persiste à mettre encore alors que l'on aimerait en changer. Soyons clair avec nous-mêmes et assumons notre pouvoir de choisir, c'est le seul moyen d'avoir le choix.

Et si parfois cela vous semble « plus fort que vous », c'est simplement le résultat d'un « programme » qu'il faut changer. Je suis bien consciente que ce n'est pas toujours facile, mais je suis tout aussi connaisseuse du fait que c'est possible ! Nos « Réactions Emotionnelles de Protection Inconscientes » sont des alliées, elles ne jouent pas contre nous, elles jouent dans notre équipe. Mais vous faites quoi, si à un moment donné certains membres de votre équipe semblent faire fausse route ? Vous les « chassez », comme le naturel ? Il faut se resynchroniser. Savoir pour quelle raison leur trajectoire a changé (car vos alliées sont peut-être informées de quelque chose que vous avez manqué !), le prendre en compte et réaligner tout le monde dans le même bateau, celui de votre plus grand bonheur.

La maîtrise du jars et de ses habitudes mentales

En dehors du fait qu'il a repris confiance, arrêté de bégayer, et retrouvé sa capacité à faire rire... lors de son bilan de clôture, David m'avait aussi raconté son succès de la semaine. J'ai toujours rêvé de lui demander de le partager car je trouve cet exemple très représentatif du rapport à nos habitudes mentales, et de l'impact positif qu'un tout petit changement peut avoir sur l'ensemble de notre vie.

Ce jour-là, David était en famille, chez son beau-père, qui a un jars dans son jardin. C'est le mâle de l'oie, réputé agressif.

David se voyait dans le jardin, et observait intérieurement qu'il aurait d'ordinaire reculé, pris le large pour éviter le jars, par « peur » en son agressivité. Mais fort de ses 12 semaines de programme, il s'est dit que « *Si je fais toujours pareil...* »

Alors il a choisi de faire autrement, de ne pas écouter son ancienne habitude mentale, et de décider d'un nouveau comportement. Juste une fois ! (Et ça suffit…)

Il m'a dit :

« Je suis allé vers le jars et j'ai attendu. Puis je l'ai choppé, comme mon beau-père a expliqué. Je n'en ai plus peur. C'est un exemple concret de ne plus agir comme avant. Je vais tester un truc, faire autre chose. Et maintenant je n'en ai plus peur. C'est motivant, encourageant.

Dans Reprog, il y a peu de trucs révolutionnaires mais ça permet vraiment de comprendre différemment, d'intégrer, de ressentir et de vivre la réalité dont on parle. »

Ce qu'il n'avait pas anticipé dans cette situation, étant trop occupé à faire face à son dialogue intérieur… C'est que sa femme le regardait. A votre avis, mesdames… A votre avis, messieurs… Qu'a-t-elle pensé de son mari, le voyant ainsi braver l'animal au lieu de détourner le regard et tourner les talons ? Bien sûr qu'elle a adoré être là ce jour-là, et pouvoir être témoin de la bravoure de son mari, de sa détermination à faire face et à être l'homme de la situation. Pas étonnant qu'elle poursuive à ses côtés, fière d'être sa femme, de porter leur deuxième enfant, et d'aimer vivre à ses côtés, malgré tous les aléas de la vie et du quotidien. Ce jour-là, elle a su, elle a vu, elle a ressenti quelque chose de précieux, tout autant que lui ! Félicitations à David, et à tous les autres, dans son cas, y compris vous qui lisez ces lignes, la prochaine fois que vous prendrez quelques instants intérieurs pour oser penser différemment et embrasser votre vie avec bravoure au lieu de passer à côté.

Interrupteur = Reste concentré !

Durant son bilan de clôture, David m'avait également partagé une autre anecdote importante ici. En dehors de sa joie de vivre qui était nettement remontée, de sa confiance qui lui permettait d'assumer ses décisions, il avait pris conscience qu'il s'était enfermé dans une routine depuis de nombreuses années, et qu'il avait besoin de renouveau, ce qui était en train de s'opérer grâce à ce travail sur lui et le temps qu'il y avait consacré.

Le plus spectaculaire pour lui, c'était d'avoir pu arrêter de se ronger les ongles. Cela faisait 20 ans qu'il se rongeait les ongles au travail, ou à l'école étant plus jeune, mais jamais en vacances. Il avait essayé 15 fois, disait-il, et ça avait raté 15 fois. Jusqu'à la semaine 4 de REPROG sur la Relation à l'Habitude. Il se disait totalement bluffé par l'approche de l'Interrupteur et des 4 étapes.

« Maintenant je me coupe les ongles comme tout le monde. Je ne les ronge plus du tout. Au boulot, stressé, je me construisais du temps de fuite en me rongeant les ongles. En déterrant ça, j'ai déterré beaucoup plus que ce à quoi je m'attendais. Maintenant au boulot, je suis concentré. Mon interrupteur, c'est [Reste Concentré !] Avant c'était une forme de dévalorisation et de peur inconsciente de m'attaquer à une difficulté. Mais le fait de visualiser l'interrupteur vers mon nouveau comportement a bien fonctionné. Dans l'ensemble, la Relation à l'Habitude a été la plus spectaculaire. »

Quand David m'avait contactée à propos de REPROG, il disait *« avoir un peu oublié comment nager et avoir besoin d'une bouée »*, mais depuis le programme, chaque fois que j'ai tenté d'avoir de ses nouvelles, j'ai ressenti son air trop occupé à vivre sa vie d'homme qui s'accomplit, d'un air de me dire : *« Tout va bien, je sais nager tout seul !! »*. Je n'avais pas réalisé tout de suite, mais quand j'ai fait le rapprochement, j'ai trouvé que c'était très parlant comme anecdote ! Ok David, c'est le principal et je m'en réjouis de tout cœur.

Vous aussi, vous savez nager tout seul, et si temporairement vous avez l'impression d'avoir oublié comment nager dans les eaux de votre vie, rappelez-vous l'excuse numéro 8 dont nous avons parlé… Et rappelez-vous qu'il y aura toujours quelqu'un ou quelque chose pour vous aider. Y compris quand, avec le temps, on a parfois l'impression qu'une vieille habitude, une ancienne peur, ou une pensée inconfortable refait surface… Ce n'est pas parce que « ça revient », mais plutôt parce que vous avez continué à déblayer votre cave intérieure, et que vous avez trouvé un paquet de plus à débarrasser. Alors, vous le débarrassez ou vous le poussez de côté pour plus tard ? C'est vous qui choisissez.

L'essentiel est de :

1/ Savoir ce que vous voulez,

2/ Demander à être aidé(e) - à quelqu'un, ou à vos anges, vos guides, ou même à l'univers,

3/ Ensuite, restez concentré ! Car les opportunités vont se présenter, et c'est à vous de les remarquer pour en bénéficier.

Selon Dr. Wayne Dyer, dans son chapitre sur comment changer de vieilles habitudes, *Quand vous étiez jeune, on vous a submergé de messages du type « Non, tu ne peux pas... tu n'es pas capable de... ». Vous les avez ensuite intériorisés pour en faire des Je ne peux pas... ne suis pas capable de..., que sont venues étayer de nombreuses excuses bien intentionnées. Vous avez intériorisé ces impossibilités, pour les avoir entendues mille fois.* (19) Puis il donne de nombreux exemples de phrases « toutes faites » que nous avons tous entendues depuis petit. Ces phrases récurrentes sont des « programmes » installés dans nos habitudes de pensée, et ce sont ces mêmes programmes qui influencent nos vies.

Sur le chemin de ma guérison personnelle, j'ai réalisé que toute pensée que je pense ainsi depuis longtemps est à changer. Bonne ou non n'est pas la question. Si même la formulation de la pensée n'a pas évolué avec le temps, c'est qu'elle devient une limite. Car dans tout processus d'ascension de conscience, chaque parcelle prend une nouvelle tournure. Wayne Dyer conclut en citant Lao Tseu puis en reformulant ainsi d'une façon qui résume plutôt bien la chose : *En langage moderne, arrêtez de vous plaindre et de vous justifier : vos excuses n'y survivront pas.* (24)

Il a tellement raison. Chaque fois que nous expliquons ou

justifions quelque chose, c'est une façon de justifier une excuse. Mais c'est aussi une façon de donner de la force à la limite qu'elle représente. Arrêtons de nous justifier…

J'ai intitulé ce chapitre « L'habitude ça s'entretient », parce que cela nous rappelle plusieurs aspects fondamentaux pour évaluer nos habitudes et nous assurer qu'elles jouent en notre faveur :

✓ C'est comme une voiture, il est bon d'en faire la révision régulièrement pour voir ce qui fonctionne ou ce qui aurait besoin d'être renouvelé. Cela inclut de vidanger parfois…ou de vider son sac, de vérifier les freins… ou ses peurs et résistances, ou encore de changer les filtres !

✓ Les habitudes qui nous sont bénéfiques n'ont pas plus de raison d'avoir la priorité que celles qui nous sont néfastes. A moins d'en avoir l'intention. Avez-vous cette intention ? Cette intention-là est la partie que nous devons entretenir, car elle est le carburant qui nous fait chérir nos habitudes bénéfiques.

✓ Comme nous prenons une douche régulièrement pour nous nettoyer, nous mangeons régulièrement pour nous nourrir, nous faisons un peu d'exercice pour nous dégourdir, nous buvons pour nous hydrater, eh bien nous devons aussi faire le tri dans nos habitudes régulièrement pour nous délester des vieilleries qui nous pèsent, chérir les habitudes qui nous font du bien, et ouvrir notre espace à de nouvelles habitudes.

✓ Comme j'ai répondu à David précédemment, [entretenir-les-habitudes-qui-nous-font-du-bien], c'est comme [charger-son-téléphone], si on ne le fait pas régulièrement, il ne faut pas s'étonner que l'habitude ne s'allume plus !

3 QUESTIONS POUR SAVOIR OU VOUS EN ETES

4.1/A ce stade de votre vie, vous pensez plutôt que :

a. Les habitudes font partie du naturel, ça ne se change pas facilement parce que ça reviendra toujours.

b. J'ai bien conscience que les habitudes se changent, mais je ne sais pas comment changer les miennes.

c. J'ai choisi certaines de mes habitudes, je les entretiens, et je fais de mon mieux pour en changer d'autres au fur et à mesure que je les identifie.

d. C'est tout récent pour moi d'avoir conscience que je peux vraiment changer, alors je tâtonne et apprends.

4.2/ Face à ce que vous aimeriez vraiment accomplir maintenant, quel est votre comportement principal ?

a. J'alterne entre les doutes et la confiance, c'est à la fois encourageant et démoralisant…selon les instants !

b. J'ai les idées claires sur ce qui me motive ou ce qui me décourage, et je focalise mon attention sur ce qui m'encourage à avancer. Du coup, ça progresse !

c. Je suis dans le brouillard, ça patauge et je sens que ça n'avance pas du tout. Et surtout, je me le dis !

d. Je viens de prendre la décision d'écrire tous mes doutes, mes peurs, mes craintes, et de les jeter à la poubelle. Je l'ai fait, et je fais maintenant le point sur ma cible.

4.3/ Face à quelque chose qui n'est pas dans vos habitudes et que vous aimeriez oser faire ?

a. Je n'y pense même pas, ça ne sert à rien.

b. Je fais le point sur l'intérêt pour moi, sur tout ce qui va en découler de bon, je « fais le plein et prends la route ».

c. Je bute sur ce qui m'en empêche, aucune idée de quoi, je sens bien que ça bloque… et je n'en fais rien.

d. Je prends le temps d'écouter ce qui me retient, d'apporter la lumière sur ma résistance à ce changement, je jette mes doutes à la poubelle et j'attendris mon esprit pour l'envisager quand même.

> *Souvenez-vous que le plus petit changement positif dans votre façon de penser peut déjouer le plus grand problème.* Louise L. Hay (95)

Chapitre 5

LE CHANGEMENT PRESERVE NOTRE ÉQUILIBRE

Question d'équilibre : changer d'appui/régulièrement

Tandis que je m'apprêtais à écrire ce chapitre, j'ai eu la chance de converser à propos de la Dentosophie, qui est un domaine que j'ai toujours eu à cœur depuis petite. Il s'agit de la sagesse des dents. Fin connaisseur, mon interlocuteur était le Dr Frédéric Tourtel, également auteur d'un excellent article sur le sujet intitulé *La Bouche, Miroir de l'Homme*, paru dans la revue Néosanté (25). Il m'expliquait que pour préserver l'équilibre global de notre corps, il est important de changer de côté régulièrement et d'utiliser les deux côtés de notre mâchoire de façon équivalente. Cela m'a interpelée.

Aviez-vous déjà envisagé que le changement soit en fait l'ingrédient subtil et primordial pour nous permettre de « conserver notre équilibre » ? C'est la première fois que je vois ça comme ça, mais ça explique pourquoi la relation au changement est une telle charnière de réussite !

Quand nous envisageons de changer de voiture par

exemple, ou de déménager, ce qui nous fait résister un peu, ce sont les habitudes que nous avons prises avec le temps… et qui sont devenues « confortables » parce qu'on les connait bien. Ce confort qui s'installe au fil du temps en « l'absence de changement » engourdit en fait notre aptitude au changement, et finit par brider notre système. Cela crée un appui un peu trop fort sur ces éléments « habituels » et ça rend le mouvement moins facile. L'échappatoire à cette contrainte se trouve dans le changement d'appui… S'appuyer sur le pied qui reste, pour avancer le pied du changement.

Lorsque l'on marche, par exemple, ou pour « changer » d'appui… Si on veut lever le pied droit, on a besoin d'être appuyé sur le pied gauche...pas vrai ? Ou sur autre chose à la rigueur, une béquille, une chaise, etc. C'est une question d'équilibre. De la même façon, si on reste appuyé trop longtemps sur le même pied, on finit par s'engourdir ! Alors que si l'on reste mobile et souple sur ses appuis, on est toujours opérationnel. D'une certaine façon, le changement permet donc effectivement de maintenir notre équilibre. Et si le changement fait partie des choses habituelles pour nous, cela devient encore plus facile.

<u>Petite démonstration rapide</u> :
Si je vous demande tout ce que vous aimeriez changer dans votre vie actuellement… C'est un peu déroutant, non ? Par où commencer, impossible de tout changer d'un coup…

Alors que ! Si je vous demande maintenant :
- Quelles sont trois choses dans votre vie que vous avez et que vous souhaitez conserver?
- Quelles sont trois moments dans vos journées que vous souhaitez préserver?
- Quelles sont trois choses que vous faites dans votre vie et que vous voulez continuer à faire?
- Quelles sont trois habitudes que vous avez et que vous aimez et qui vous font du bien?

Allez-y, jouez au moins le jeu de penser rapidement à vos réponses AVANT de poursuivre…

⇨ Et maintenant, quelle est une seule chose que vous souhaiteriez vraiment changer parmi tout le reste ?

Voyez-vous comme il est plus facile d'identifier une seule chose à changer quand on en a déjà douze à conserver ? Question d'équilibre : vous avez pris votre appui sur le pied de ce que vous souhaitez conserver, il est donc beaucoup plus facile de soulever le pied du changement !

Le changement, ça « s'apprend »

Vous connaissez peut-être le Dr. Joe Dispenza, chercheur, conférencier sur six continents, auteur best-seller au New York Times, qui a consacré sa vie à comprendre comment les gens peuvent recâbler leur cerveau et reconditionner leur corps pour apporter les changements durables qu'ils souhaitent. Il est un des leaders de la science du changement, expert du potentiel cerveau-esprit-humain et a aidé des milliers de personnes à travers le monde à se débarrasser de leurs mauvaises habitudes, de leurs dysfonctionnements, de leurs états chroniques et même de maladies mortelles, à travers des principes neurophysiologiques prouvés scientifiquement. Ses travaux sont extrêmement révélateurs et durant une interview qu'il a accordée au Hay House Summit 2022 « You can heal your life[9] », il nous rappelait que *à l'heure actuelle, plus que quoi que ce soit d'autre, ce que les gens devraient savoir est que des gens communs, à travers le monde, font ce qui est hors du commun.* (26)

Durant ses ateliers « How to become supernatural[10] », les gens changent ou guérissent de façon significative, par exemple de traumatismes cérébraux, d'anxiété ou de dépression, en direct avec les mesures qui sortent totalement des conventions, et les scans du cerveau qui montrent les circuits qui se mettent à jour, les hormones ou les gènes qui s'activent ou se

---

[9] Traduction : Vous pouvez guérir votre vie
[10] Traduction : Comment Devenir Supernaturel

désactivent, etc. Ce n'est plus de la science-fiction, ni même seulement de la science, c'est de la réalité !

Selon Dispenza : *Nous savons maintenant que pour que vous puissiez créer la réalité, ou pour changer un aspect de votre corps ou de votre santé, cela requiert une intention claire et une émotion élevée. Si vous mettez ces deux-là ensemble, vous allez changer votre état d'être.*

Puis il souligne un aspect essentiel que vous avez commencé à comprendre au chapitre précédent :

...si vous donnez aux gens des informations scientifiques solides, et qu'ils comprennent ces informations, ils vont créer de nouvelles connexions synaptiques dans leur cerveau, c'est ça l'apprentissage. Apprendre, c'est former de nouvelles connexions. [...] Mais ça reste de la philosophie, ça reste de la théorie, ça reste des données intellectuelles. Donc, si vous pouvez faire comprendre cette information aux gens, l'étape suivante est qu'ils doivent être capables de la répéter. Une fois qu'ils sont capables de la répéter, nous savons maintenant qu'ils commencent à l'intégrer dans leur cerveau. Ainsi, si l'apprentissage consiste à établir des connexions synaptiques, la mémorisation consiste à maintenir et à entretenir ces connexions.

En effet, pour qu'une information soit intégrée et conservée, on doit la revisiter et l'utiliser sinon le cerveau fait du ménage en quelques heures ou quelques jours, pour se débarrasser des connexions inutilisées ! Dr. Dispenza confirme que *la recherche montre que si vous apprenez des informations et que vous ne les revoyez pas, ne les révisez pas ou ne les répétez pas, ces circuits se désagrègent en quelques heures ou quelques jours.*

Donc si vous souhaitez développer une certaine compétence ou un domaine de votre vie, ou même changer une habitude(!), vous devez mettre le focus dessus et y penser à répétition. Sinon, les neurones correspondant seront balayés par les mécanismes naturels de votre cerveau. Une fois intégrées, les nouvelles informations vous servent de matière première pour commencer à penser différemment et, au fur et à mesure que vous construisez ce nouveau schéma de pensée et le répétez, vous activez et câblez de nouveaux circuits dans votre cerveau, en reflet de votre nouvelle capacité.

Pas si facile quand on a pris une habitude de longue date…pas vrai ? Par exemple pour une femme qui s'occupe de ses enfants et de « toute sa petite équipe » comme Shirley, vous pensez que c'est facile de changer de rythme et de reprendre une vie professionnelle ? Cela représente pour elle de transformer son quotidien habituel, et de créer une intention forte et des connexions neuronales qui lui feront « préférer » se mettre au travail que s'occuper des enfants. Dilemme à résoudre si une partie d'elle n'est pas d'accord…

Pour un homme, par exemple un entrepreneur qui, jusqu'à présent, pestait contre les pubs sur internet, et qui aujourd'hui aurait la capacité de gagner de l'argent avec une activité qu'il a créée gracieusement et qui plait beaucoup, pourquoi devrait-il se priver d'être récompensé pour ses efforts par la monétisation ? Parce qu'il a besoin pour ça de changer son habitude de dénigrer les pubs…sinon il devient ce qu'il détestait, donc il est en contradiction avec lui-même à ce stade. Cela peut générer beaucoup de frustration et d'inconfort tant qu'il n'en prend pas conscience.

Ou encore pour un gourmand comme Jean-Luc, qui adorait son habitude de manger quelques biscuits en dessert, ou quelques chips en apéro, croyez-vous que c'est facile de changer ça ? Oui et non… Ce n'est pas spontané, puisqu'il était habitué à cela, c'est-à-dire qu'il avait « appris » à manger des chips et des biscuits régulièrement. Mais bien sûr que c'est facile aussi car il lui suffit de réitérer son protocole d'apprentissage qui a très bien fonctionné la première fois, cette fois-ci en conscience de sa nouvelle cible. C'est comme si on ne savait pas faire, et qu'on devait « apprendre » le nouveau comportement, et donc 1/ prendre l'information, 2/ y penser pour créer les « neurones miroirs », puis 3/ la répéter pour l'intégrer et ainsi créer les connexions neuronales et 4/ avec un peu d'entrainement, une nouvelle habitude ! Formulé autrement, il s'agit simplement des quatre étapes de l'apprentissage… Jean-Luc a été étonné de constater avec un peu d'entrainement, comme les chips ne lui manquent pas, et les biscuits non plus. En revanche, sa santé en profite bien.

Moi c'est pour modifier ma façon de me brosser les dents que le changement m'avait le plus étonnée. Quand j'ai connu mon compagnon, j'avais été interpelée un jour en me brossant les dents à côté de lui, de le voir dans le miroir, paisiblement avec la main dans la poche. Tandis que moi j'étais toute crispée. J'ai alors décidé de me relaxer en me brossant les dents et de changer cette habitude. Plusieurs fois, je me suis fait la réflexion consciente en baissant ma main libre pour la glisser dans ma poche. Encore, encore et encore. Assez paisiblement car je n'avais pas de résistance particulière, juste une envie sincère d'y parvenir. Jusqu'au jour où j'ai soudain repris conscience de moi-même, en me voyant dans le miroir en train me brosser les dents avec la main dans la poche, alors que je n'y avais même pas pensé ! C'était validé. Tout changement est en fait un « apprentissage » de la nouvelle perspective. Maintenant je dois être créative quand je n'ai pas de poches !

Question d'apprentissage

Depuis les années 1990, diverses études ont observé des aspects de ce que l'on appelle la « neuroplasticité », c'est-à-dire la capacité des neurones à se créer ou se transformer selon leur environnement et les changements de notre organisme. Parmi ces recherches, je voudrais attirer votre attention sur deux aspects qui me paraissent essentiels pour souligner des phénomènes que j'ai par ailleurs observés au fil des années concernant notre relation au changement :

1/ Lorsque nous observons quelqu'un réaliser une action, cela stimule les mêmes groupes de neurones que si nous effectuons nous-mêmes l'action. Cela peut être pour déplacer un objet, jouer d'un instrument, etc. Ces cellules ont été nommées les « neurones miroirs ». D'abord observé chez les primates, cela a finalement été confirmé : *Le système des neurones miroirs est beaucoup plus étendu chez l'homme* (27). Cela favorise évidemment l'apprentissage car une fois les neurones stimulés, c'est comme si nous avions déjà commencé à apprendre l'action par nous-mêmes. Il semblerait que certains scientifiques italiens aient envisagé que cela puisse aussi être à l'origine de l'apprentissage du langage, ce qui parait pertinent puisque bébé, nous observons les autres en train de parler, et petit à petit nous développons spontanément la capacité de le faire nous-mêmes.

2/ Lorsque nous imaginons/visualisons faire quelque chose, cela développe les mêmes groupes de neurones et de notre biologie que si nous effectuons réellement la chose. Cela a été démontré pour l'apprentissage du piano (28), tandis que les personnes imaginent faire des entrainements réguliers ou les font réellement, ou encore pour des exercices de musculation qui développent également les muscles pendant que les sportifs « visualisent » leurs exercices depuis leur canapé, de façon similaire au développement durant les exercices réels (29).

Pourquoi je vous raconte tout ça ? Parce qu'au fil des années dans le domaine de l'accompagnement du changement, j'ai constaté que quand nous voulons changer quelque chose, quel que soit le résultat que nous voulons obtenir, il s'agit en fait <u>d'apprendre à obtenir ce nouveau résultat à la place de l'ancien</u>. Tout comme le démontrent ces études, il s'agit avant tout de développer les circuits neuronaux qui correspondent à ce que nous voulons être, accomplir, ou obtenir, pour pouvoir le devenir.

Cela confirme ce que j'avais pu observer, en particulier le fait qu'il ne sert à rien de « forcer » le changement, il faut plutôt commencer par y penser et l'imaginer, jusqu'à ce que les circuits neuronaux soient prêts. Et à partir de là, ça ouvre la voie et ça se met en place plus spontanément...

Parfois, nous ne sommes pas « prêts » au changement que nous espérons, et cela peut se manifester inconsciemment par un tas de circonstances ou de comportements contradictoires. Ce que certains appellent « l'auto-sabotage », même si selon moi, c'est simplement une Réaction Émotionnelle de Protection Inconsciente. Car cela nous « protège » du changement qui nous effraie ou qui nous pousse à braver une part de nous qui n'est pas en accord. Dans mon approche, je préfère alors aborder cette part de nous afin de la réconcilier, et profiter de la circonstance pour rassembler encore davantage les troupes de nos ressources personnelles. Sur le long terme, c'est beaucoup plus épanouissant et autonomisant.

Un exemple assez flagrant de cela s'est produit pour Patrice, lorsqu'il a suivi REPROG dans une version où nous avions les entretiens en direct chaque semaine, collectivement avec Jean-Luc. Sauf qu'à la Semaine 5, sur la Relation au Changement... Patrice n'est pas venu ! Mais où donc était-il passé ?

Il n'y a pas de hasard de la part du cerveau humain, c'est au contraire une puissante machine extrêmement sophistiquée, comme dirait Jean-Luc. Et si Patrice n'est pas venu ce jour-là, c'est parce qu'une part de lui n'était pas prête à changer, pas prête à réussir cette transformation significative qu'il espérait pourtant. Je l'ai recontacté, je lui en ai parlé, il m'a répondu selon ce qu'il en percevait et qu'il était toujours plein de volonté, simplement pris par le temps. Mais ce qui est ressorti de façon assez flagrante, c'est que face au changement de vie qu'il était en train d'envisager, s'accorder du temps à lui-même était moins facile que d'accorder du temps à autrui. Habitué à respecter ses engagements, il le faisait avec brio, sauf concernant cet engagement qu'il avait pris avec lui-même. Se laisser passer « après » tout le reste, était justement ce qui devait changer. Nous avons tenu bon, ensemble, pour l'accompagner avec douceur à se recréer de l'espace et du temps personnel, pour s'autoriser à ne plus être celui qu'il était avant, et à devenir cette nouvelle version de lui-même, qui se respecte, se sent respecté, et qui reconstruit sa vie avec une nouvelle compagne, et de bonnes relations avec ses enfants. Par la suite, Patrice m'a même étonné par l'ampleur des changements qu'il a réussi à mettre en place, à la hauteur d'une véritable estime de lui-même renouvelée, et bien ancrée. Lors de son bilan, il m'indiquait avoir doublé son chiffre d'affaire, tout en ayant pris une semaine de vacances par mois ! Ou encore d'avoir vraiment amélioré ses relations, à la fois professionnelles et personnelles, retrouvé sa place au cœur de sa vie, et un bel alignement personnel. Il ne m'avait même pas dit à quel point sa situation était déroutante quand il m'a contactée. Je l'ai découvert en recevant ce qui suit, que Patrice aimerait partager avec vous après quelques années, afin de vous donner une perspective supplémentaire sur cette approche du changement dans notre vie :

« « « Patrice

« A propos de Patrice »

C'est le hasard des rencontres, ou le mektoub oriental (selon vos interprétations personnelles), qui m'a permis de découvrir le programme REPROG, mis en place par Aline DALBIEZ, à un moment où j'avais besoin de retrouver mes repères, après une année particulièrement perturbante, durant laquelle je venais de perdre :

1. Un ami, décédé dans un accident de voiture où j'aurais dû être passager, si un imprévu ne m'avait pas retardé.
2. Mon frère ainé, fraichement retraité, emporté par un cancer en moins de six mois.
3. Mon cadre de vie habituel, suite à un divorce et un déménagement dans une nouvelle région.

L'idée d'une « reprogrammation en trois mois » pour aborder plus sereinement mon existence future avait de quoi susciter mon intérêt, même si au fond de moi je ne m'attendais pas à un réel bouleversement. J'avais déjà fait l'expérience de thérapeutes qui vous écoutent, bien calés au fond de leur fauteuil et vous prodiguent des analyses, des conseils pleins de bon sens, mais d'une banalité stérile... Alors même que nos vies s'écoulent au gré de nos envies, de nos sentiments et de nos impulsions, plus que par la logique.

Cela dit, avec REPROG, dès les premières séances, j'ai apprécié ce rdv quotidien. Vite impatient, de retrouver ce moment d'apaisement dans des journées bien remplies, à courir en permanence après le temps. Conseiller Financier indépendant, je m'efforce de gérer au mieux le capital de mes clients, dans un monde financier qui va toujours plus vite et où l'éphémère devient la norme, amplifiée par l'impact des réseaux sociaux plus que par les données comptables d'un bilan.

REPROG, c'est avant tout une autre considération, UN TEMPS POUR SOI. Une pause quotidienne qui fait du bien, dans la mesure où ce temps nous appartient. Avec Aline en chef d'orchestre, bienveillante, nous retrouvons nos priorités de vie et nous apprenons à mieux organiser nos journées, à la condition d'être prêt à accepter certains changements, alors même que la procrastination est tellement confortable.

Le petit papier écrit du matin du TO DO[11] s'ancre rapidement dans nos habitudes et donne le cap de la journée. Libre à nous, ensuite, de pousser le curseur aussi loin que nous le souhaitons.

Avec le recul, je m'aperçois à travers ce retour en arrière que REPROG a réussi à me poser.

Je travaille mieux : mon chiffre d'affaires, dans l'année qui a suivi ma transformation, a doublé alors que dans le même temps, je me suis accordé davantage de moments de détentes avec ma famille et mes amis. Je suis stimulé au quotidien dans mon travail, par la perspective de week-end programmés ou improvisés de trois ou quatre jours, tous les deux ou trois mois : véritables bouffés d'air pur revitalisantes (À chacun de trouver sa carotte pour mieux avancer).

Il est bien évident qu'il n'y a pas de recette miracle. Si ce n'est qu'avec la méthode REPROG, il est possible de progresser là où nous sommes réellement prêts à le faire. Nos capacités comme nos freins résident en nous et les portes ouvertes par « REPROG » forment des aiguillages que nous prenons ou non, influençant ainsi nos vies selon nos choix

---

[11]Anglicisme qui signifie : A FAIRE

personnels.

Saisissez votre chance, et Bon vent à tous ! C'est ce que je peux vous souhaiter, à vous qui envisagez de suivre ce programme dont les destinations, les finalités vous appartiennent. Nous avons tous en nous des capacités qui ne demandent qu'à être utilisées à bon escient. REPROG peut vous aider à les découvrir et au final à renforcer votre confiance en vous.

/ Patrice » » »

Quand on sait que Patrice avait fait mine de « résister au changement » arrivé à sa semaine 5 de REPROG sur la relation au changement… On s'aperçoit que c'est bien là où on résiste que se trouve la plus grande puissance au final. Les changements opérés par Patrice sont admirables, et sachant maintenant tout ce qu'il venait de perdre quand il m'a contactée, je suis d'autant plus admirative de la façon dont il a su se relever et reconstruire sa stabilité intérieure et sa puissance personnelle en si peu de temps. Merci et bravo Patrice pour ton exemple et ton partage.

Ce que le cerveau sait faire : tout, comme en travaux
Visualisez par exemple un carré comme celui-ci :

Maintenant, je vous invite à pointer (physiquement, réellement), votre doigt au centre de ce carré.

Est-ce fait ?
Ok, vous pouvez donc reposer votre main et maintenant, constatez par vous-même que pour pointer votre doigt vers ce

carré, vous n'avez pas réfléchi à quel muscle utiliser, ni quel mouvement spécifique donner à votre bras, ni même à quelle vitesse lever votre bras... N'est-ce pas ?!

Cela démontre plusieurs choses :

1. Votre cerveau sait exactement comment faire pour accomplir ce que vous souhaitez accomplir, dans cet exemple « pointer le carré avec votre doigt ».

2. Cela illustre également la différence entre le « Comment » et le « Pour quoi » puisque sans penser une seule seconde à comment y parvenir, vous avez réussi à visualiser le but et à l'atteindre.

3. Par ailleurs, lorsque vous étiez enfant, saviez-vous dès la naissance pointer un carré avec précision ainsi ? Pas du tout, et c'est en observant et en essayant et en vous trompant et en réajustant sans cesse qu'au bout d'un certain nombre de réajustements, vous avez internalisé cette compétence comme un acquis auquel vous n'avez plus besoin de penser.

4. Et qu'est-ce qui fait que lorsque vous étiez enfant, vous n'hésitiez pas une seule seconde avant d'essayer, quitte à ne pas réussir, et vous faisiez votre maximum pour essayer de marcher, de vous lever, etc. ? Parce que vous n'envisagiez pas une seule seconde les choses autrement. Mais depuis lors... au fil des expériences, des échecs, des humiliations, et de tous les mauvais souvenirs que vous avez éventuellement accumulés, vous avez parfois accepté une autre réalité, celle dans laquelle vous avez peur, vous doutez et vous manquez de confiance en vous.

5. Si vous n'avez pas levé le doigt, c'est dû à un programme (schéma de pensée) qui vous en a empêché, comme une petite voix qui vous a dit de ne pas le faire, par exemple :

   a. Par résistance, car vous n'avez pas que ça à faire non plus de lever le bras...

   b. Par croyance que vous n'avez pas besoin de le faire car cela ne changera rien pour vous... Ce qui est faux, mais vous ne le savez pas puisque vous êtes programmé à croire le contraire et donc à ne jamais voir ce que cela peut effectivement vous apporter.

c. Par flemme ? Cela peut correspondre à des programmes aussi, comme la dévalorisation (en se considérant trop bien pour faire quelque chose de si nul, c'est en fait soi-même que l'on trouve nul dans le fond), la peur de réussir, la peur d'échouer, le manque de confiance en sa capacité à savoir ce que l'on veut…

d. Par désobéissance, refus d'obéir, ou esprit de contradiction, qui vous contraint ici, alors que ce serait peut-être à votre avantage de faire l'exercice.

e. Etc.

On peut assez simplement résumer le fait que si on a envie d'autre chose (donc de changer quelque chose), normalement on y va, assez naturellement. Par exemple j'ai envie de changer de chaussures, je prends le temps de m'en occuper, et je le fais. Et si on veut s'abstraire de l'aspect financier, si j'ai envie de changer de coiffure, je me coiffe autrement le matin, c'est gratuit, et hop, c'est changé !

En revanche, si on en a envie, mais qu'on ne le fait pas… Soit c'est qu'on n'en a pas vraiment envie, soit que l'on ne croit pas pouvoir y arriver (pas les moyens ou pas les capacités), soit que quelque chose nous retient. Cette croyance, ou résistance, qui nous retient, est la prochaine étape à traiter. Notez les vôtres à ce stade car nous y reviendrons au chapitre suivant.

Autre cas de figure, vous voulez changer quelque chose, vous y aller, mais ça ne marche pas. Par exemple pour changer de voiture, vous mettez la vôtre en vente, mais ça ne se vend pas. Ce n'est pas votre passage à l'action qui a été bloqué, mais le résultat ou la progression du processus : c'est une forme de blocage aussi. Sauf que ce n'est pas directement lié à votre relation à l'action dans ce cas précis, et c'est votre « interprétation » de la situation qui vous dira ce qui bloque. Nous y reviendrons.

Tout cela représente cet « inconfort » dû au changement. J'ai été interpelée par ce phénomène lors de gros travaux à la maison. Par exemple pour ôter une cloison afin de réunir deux pièces principales. L'idée était d'agrandir l'espace, le volume, et donc d'être beaucoup mieux qu'auparavant. Alors on s'est lancés avec bonheur ! Mais une fois le mur démoli... Ce sont des tonnes de gravats étalés sur le sol qu'il faut déblayer, c'est long, c'est fatiguant. C'est aussi une épaisse poussière blanche qui dure et se dépose encore et encore, malgré les heures de balayage, « aspirage », et autres nettoyages...

Temporairement, c'était bien pire encore qu'avec une petite pièce, ou même deux ! Mais faut-il abandonner ou se dire que ça ne marche pas pour soi ? Bien sûr que non. Les gravats, la poussière, l'inconfort, représentent nos résistances, nos peurs, nos croyances, nos habitudes d'avant qui nous font hésiter...

Ce phénomène est essentiel à comprendre. C'est comme le cerveau qui va commencer à créer des « neurones miroirs », puis purger d'anciennes connexions qui ne sont plus nécessaires, et peut-être en mixer encore d'autres, etc. Temporairement, ça peut avoir l'air inconfortable ! Pour maîtriser notre relation au changement, nous avons besoin d'intégrer cette information, car une fois au cœur du changement, cela nous permet d'embrasser le processus et d'avancer au lieu de freiner, de faire demi-tour ou de rajouter des craintes ou de la résistance.

Êtes-vous bon en maths ?

Avez-vous conscience que d'après ce qu'auraient révélé certains de ses collègues, Einstein n'était relativement pas bon en Maths ? [...] *ayant souvent besoin de l'assistance de mathématiciens pour faire le "travail de détail" afin de développer ses idées.* (30) Est-ce que ça l'a empêché d'être considéré comme un génie et de réaliser de grandes œuvres hors du commun ? Non. Eh bien c'est pareil pour chacun d'entre nous. Comme vu plus haut avec Dispenza, Maltz et Dyer, en fait, commun ou non, nous pouvons tous faire des choses hors du commun, et c'est une force de pouvoir nous entraider pour y parvenir.

Lorsque je souligne que le cerveau peut « tout » faire, ce n'est pas une parole en l'air ni une généralité maladroite, c'est bel et bien parce que le cerveau est conçu pour pouvoir tout faire. Croyez-vous sérieusement qu'à la naissance ou durant la conception, le cerveau se construise en fonction de ce que vous allez faire de votre vie ? Ou de façon aléatoire ? Ou en fonction de la chance ou de la malchance ? Tout ça n'a pas de sens. Que l'on croit ou non au destin ou à un certain sens de la vie, le corps humain est conçu de façon « générique ». Sans parler des cas particuliers de pathologies ou de handicaps (qui correspondent à d'autres programmes plus complexes), pour la plupart, nous avons tous un corps conçu de la même façon, et en particulier, nous avons tous les mêmes organes et nous avons tous un cerveau qui doit être capable de nous servir quel que soit le chemin de vie que nous empruntons. C'est pour cela que le cerveau est conçu pour pouvoir tout faire et en particulier tout apprendre, notamment grâce aux « neurones miroirs » si nécessaire.

Dr. Maxwell Maltz, dans son premier chapitre de Psycho-cybernétique, intitulé *L'image de soi : votre clé pour vivre sans limites*, met l'accent sur ce point ainsi : *Ne tolérez pas une minute l'idée que l'absence d'un talent ou d'une capacité innée vous interdit toute réalisation. C'est un mensonge de premier ordre, une excuse de la plus triste espèce.* (31)

Par exemple, vous n'avez aucune notion en peinture et vous vous dites que c'est absurde de croire que vous pourriez peindre, alors vous pensez probablement que votre cerveau ne peut absolument pas peindre une belle toile... Or, ceci est faux. Justement.

Quelle est la première chose que fait votre cerveau dans une nouvelle situation ? Si vous étiez un bébé, votre cerveau vous dirait simplement d'essayer ! Sans poser aucune autre question. Et à force d'apprentissage, s'il le souhaite, le bébé y parvient. Or, si vous résistez à l'idée de peindre, cela montre déjà que vous avez un programme qui vous fait résister. Si ce programme vous dit que vous ne savez pas peindre, ok, ceci est une première information. Il vous faut savoir peindre. Et donc, quel est le problème ? Eh bien vous vous dites, par exemple, que vous ne sauriez même pas choisir entre les différents pinceaux ou les différents types de peinture qui existent. Nouvelle information ! Il existe différents types de pinceaux ou de peintures… Qu'y a-t-il d'autre qui vous fait croire que vous ne sauriez pas peindre une belle toile ? Vous n'avez aucune idée de comment peindre les perspectives ou les ombres… Nouvelle information ! Etc. Chacune de vos « objections » pour démontrer que vous ne savez pas faire est en fait l'écho de votre cerveau qui s'est déjà mis en route et qui vous dévoile progressivement tout ce dont il a besoin pour atteindre la cible. Il vous suffirait de lui donner progressivement toutes ces informations pour atteindre l'objectif. Tel le bébé qui ne réfléchit pas et va simplement chercher ce dont il a besoin.

Alors oui, évidemment, certains d'entre vous réagissent déjà en se disant « *Bon, ok, la peinture est un exemple facile, mais si je ne sais pas piloter un avion, je ne saurai jamais le faire !* » Et bien là aussi, c'est un programme qui tourne dans votre tête et qui ne cesse de vous répéter que vous ne pouvez pas et à chercher des exemples pour résister et démontrer que vous ne pouvez pas savoir tout faire. Face à cela, je m'interroge alors : quel est VOTRE intérêt à démontrer que vous ne pouvez pas savoir tout faire ?

Car dans le cas de piloter un avion, ou même de faire de la politique ou encore de gagner les jeux olympiques… le même principe s'applique. Quelle que soit la difficulté apparente ou l'ampleur de la tâche, votre cerveau EST CAPABLE DE LE FAIRE. Et il vous donne l'exacte procédure à suivre pour y parvenir.

Alors la question suivante est donc « Êtes-VOUS capable de tout faire ?! » et à cela, la réponse est évidente, mais temporairement bridée par votre schéma de programmes internes. Certaines personnes sont « programmées » pour avoir confiance en elles et d'autres non, certaines personnes sont « programmées » pour « être flemmardes » et d'autres « très engagées », certaines personnes sont programmées pour « tenir leurs engagements » et d'autres pour les manquer...

Tous vos comportements sont le résultat de vos programmes internes mais ces programmes ne sont qu'une sorte de vernis posé par-dessus, vous AVEZ TOUJOURS VOS CAPACITÉS DE POUVOIR FAIRE TOUT CE QUE VOUS VOULEZ, pour cela, il vous suffit de modifier les programmes qui vous en empêchent.

Maintenant, si ce n'est pas notre cerveau qui nous limite et qui fait que le changement n'est pas si facile, alors qu'est-ce ?

Question de point de vue : se connecter à « l'après »

Dans son livre *Biologie des Croyances*, Dr. Bruce Lipton relate différents exemples étourdissants des effets placebo et nocebo (les gens qui guérissent sans remède, grâce à leur croyance du remède, ou qui meurent sans maladie, en croyant être mourant) puis il ajoute que « *Nos croyances positives et négatives affectent non seulement notre santé, mais aussi les autres aspects de notre vie.* » Puis il cite Henry Ford qui disait que « *Si vous croyez pouvoir ou ne pas pouvoir... vous avez raison.* » (32)

Afin de permettre aux gens de prendre conscience de cette réalité, il leur propose le petit jeu suivant :

> Dans mes conférences, je propose aux personnes présentes deux jeux de lunettes de plastique filtrées, des rouges et des vertes. Je leur demande de choisir une couleur et de regarder un écran vide. Puis je les invite à me dire, en criant fort, si l'image que je projette sur l'écran leur inspire de l'amour ou de la peur. Celles qui portent des filtres « de croyances » rouges voient l'image d'une maison invitante, la « Maison de l'amour », ainsi que des fleurs, un ciel ensoleillé et le message « Je vis dans l'amour ». Celles qui portent les filtres verts voient un ciel menaçant, des chauves-souris, des serpents, un fantôme rôdant autour d'une maison sombre et lugubre, ainsi que le message « Je vis dans la peur ». Je m'amuse toujours de voir comment l'auditoire réagit à la confusion entre les gens qui crient « Je vis dans l'amour » et les autres, qui crient « Je vis dans la peur », en réaction à la même image.
>
> Puis je convie chacun à changer de couleur de lunettes.

L'idée est de montrer que vous pouvez choisir ce que vous voyez. Vous avez la possibilité de voir la vie en rose, d'avoir des croyances qui aideront votre corps à grandir, ou de choisir des filtres sombres qui noircissent tout et rendent votre corps et votre esprit vulnérables à la maladie. Vous pouvez vivre dans la peur ou dans l'amour ; le choix vous appartient ! Toutefois, je peux vous assurer que si vous choisissez de voir le monde avec amour, votre corps se développera et sera en santé. Si, au contraire, vous choisissez de croire que vous vivez dans un monde sombre où règne la peur, votre santé sera compromise, car vous vous enfermerez dans une attitude de défense physiologique. (32)

Ce simple choix peut représenter un changement de paradigme pour chacun d'entre nous, c'est pour ça que ce choix n'est pas toujours facile. Mais ce que l'on sait maintenant, c'est que pour y parvenir, il nous suffit « d'apprendre ».

Afin de compléter ce tour d'horizon de la relation au changement, j'ai posé la question suivante aux « Reprogueurs » (comme les appelle Philippe :-) et j'ai eu deux réponses qui résument très bien :

D'après vous, quel est le plus important à retenir à propos de la relation au changement ?

Alice: « *De mon point de vue, c'est la décision de mettre en place le changement. Tant qu'on ne prend pas vraiment conscience de ce que l'on veut changer, vraiment et pourquoi, ça ne marche pas.* »

Shirley: « *De mon côté, ce serait la répétition qui suit la prise de conscience et le désir de changement. La répétition qui va permettre à un autre comportement de prendre place.* »

Superbe résumé ! :) J'ajouterais personnellement de « viser le bon objectif ». Sinon le changement n'actionnera pas les bons rouages. Par exemple, chercher à « pardonner » n'est pas forcément le bon objectif, quand ce que l'on veut réellement c'est « comprendre ». En effet, par définition, si pardonner revient à « renoncer à punir, à se venger », cela n'apporte aucun élément de « compréhension ». Donc soyons précis dans ce que nous voulons, et ne croyons pas que « ça ne marche pas » lorsqu' en fait, nous avions pris une fausse direction.

J'ai vécu ce paradoxe lorsque j'ai voulu changer mes lunettes de vue. Mon objectif final était de ne plus en avoir besoin, mais en attendant, je voulais en changer, et pour cela, j'avais besoin d'aller chez l'ophtalmologue. Pourtant, les mois passaient et je n'y parvenais pas ! Parce que mon être entier n'avait aucune envie d'aller chez l'ophtalmo. J'avais l'impression que je risquais de tomber chez un « bon petit soldat » des croyances limitées sur la santé, et que ça ne me plairait pas du tout. Donc une part de moi y résistait complètement. Pour aller dans le même sens, mon intuition me disait de suivre les recommandations d'une amie, mais elle me disait chercher dans ses contacts et ne le faisait jamais. Puis, tandis que je me réalignais avec mon souhait d'y arriver, je relançais mon amie, et quand on en a reparlé, on a réalisé qu'il s'agissait finalement d'une « mauvaise adresse » à éviter !

Pour parvenir à obtenir ce rdv, il a fallu que je recentre mon système de visée, et mon cerveau sur le bon objectif. Pour cela, j'ai donc fait quelques recherches pour trouver un style de lunettes qui me mettait en JOIE, j'en ai fait une photo avec moi, et je l'ai mise en fond d'écran sur mon téléphone. Cela m'a permis de concentrer mon attention dessus, et sur un aspect du parcours, voir sur l'objectif AU FINAL, qui me mettait en joie. Cela m'a permis d'avoir la soudaine inspiration de demander un contact à une autre connaissance, et hop, l'ophtalmo ainsi « trouvée » était géniale, tout à fait alignée avec mon initiative de santé, et j'avais avancé d'une étape.

Changement important… Je n'étais pas encore tout à fait prête, donc les étapes suivantes ont pris encore du temps, mais fine observatrice que je suis, je pouvais constater toutes les facettes de moi qui s'alignaient les unes après les autres au fur et à mesure que je gardais cet objectif en tête, et que je faisais le nécessaire pour modifier mes programmes correspondants.

Il faut se lancer à chaque étape, étape par étape, en se connectant progressivement et de plus en plus à la version de nous qui a abouti. C'est une façon de faire connaissance avec l'inconnu en compensant « l'absence d'information » sur ce qui se présentera ensuite.

Se connecter à « l'après » et s'y sentir bien, dans notre entièreté, est un passage obligé. Si ce n'est pas spontané, c'est qu'il y a une résistance, une croyance, une pensée, une limite ou peut-être une peur, en tout cas un programme à changer.

Là où la magie opère : il n'y a pas de plan B.

A ce stade vous en savez davantage sur ce que vous voulez ou ne voulez plus, vous avez conscience que vos priorités vont devoir le refléter efficacement, vous avez commencé à faire le tri dans vos peurs et rassemblé vos points de confiance, et vous avez pris conscience de vos habitudes de pensée qui sont pour ou contr-adictoires (qui disent le contraire!) à ce que vous voulez.

Votre conclusion devrait être qu'il n'y a pas de plan B. C'est tout. UN SEUL PLAN, une seule option, celle que vous voulez VRAIMENT, celle du changement.

Cela signifiera potentiellement :

- ✓ réajuster votre cible au fur et à mesure que vous vous réalignez avec votre vérité intérieure,
- ✓ transformer vos habitudes passées qui allaient à l'encontre de vous-même et donc de ce que vous voulez maintenant,
- ✓ modifier vos croyances pour poursuivre le chemin au-delà des éventuels obstacles,
- ✓ vous libérer de vos R.E.P.I.s (*Réactions Emotionnelles de Protection Inconscientes*) (4),
- ✓ poursuivre la route de votre plus grande version de vous-même.

Prêt ?

Mesurez alors à combien sur une échelle de 0 à 10, vous vous sentez capable de réussir ? _____

Si vous n'êtes pas à 10/10, vous avez deux parades assez simples à ce stade :

1/ Que serait la cible (éventuellement intermédiaire) pour que vous vous en sentiez capable à 10 ?

_____

_____

2/ Ou que pourriez-vous faire pour gagner 1 point ?

_____

_____

Au chapitre suivant, nous allons mettre des mots sur tout ça et vous faire apercevoir la puissance qui est à votre disposition à chaque instant, dans ce monde en perpétuel changement.

3 QUESTIONS POUR SAVOIR OU VOUS EN ETES

5.1/ Concernant ce que vous voulez :

a. J'ai les idées claires sur ce que je veux conserver, modifier, ou ajouter à mon être et à ma vie, à … / 10.

b. J'ai conscience que ce sont les petits détails du quotidien qui font la différence parce que si les détails du quotidien sont bloqués, ça m'empêche d'avancer.

c. Je sens que je suis sur un chemin d'apprentissage et que l'état actuel des choses n'est pas figé et va pouvoir changer, même au-delà de ce que je peux croire et concevoir actuellement.

d. On dirait que j'oscille un peu… Parfois je sais, parfois je doute, ou encore je tourne en rond, ce n'est pas simple.

5.2/ Face au changement que vous envisagez :

a. J'alterne entre la vision de mon but et l'exploration des cas où ça ne fonctionnerait pas. J'essaie d'optimiser un plan B.

b. Je suis conscient que je ne suis pas encore sûr de tout, mais je sais que je veux y parvenir et je m'y connecte régulièrement.

c. J'ai vraiment tendance à retomber dans mes anciennes pensées et anciens comportements. C'est plus fort que moi.

d. Dans le fond je n'y crois pas. Les doutes me prouvent chaque jour qu'ils ont raison, à travers les autres ou les circonstances.

5.3/ Chaque fois que vous pensez au changement que vous souhaitez devenir ou accomplir :

a. Je ressens une joie profonde qui remplit tout mon corps, mon cœur, mon esprit, et je ressens de la joie grandissante.

b. J'ai peur parce que je sens que c'est comme sauter dans le vide et je ne sais pas ce qui m'attend !

c. J'ai conscience du précipice entre l'avant et l'après, et je focalise sur mon but pour me sentir bien, être inspiré, et savoir où je vais et ce qui m'attend.

d. Je sens que quelque chose me retient. Chaque fois que je fais un pas en avant, j'ai l'impression de faire un pas en arrière.

> *C'est dans l'inconnu que la création peut commencer.* Dr. Joe Dispenza (26)

Chapitre 6

LES CLES DE NOTRE EXPERIENCE

Si je vous dis :
« *Il n'y a qu'une vie pour chacun d'entre nous* »,
vous l'entendez probablement sous la forme « On n'a qu'une vie ! ». Ce qui, soit dit en passant, peut être discutable, selon ce que l'on en sait ou croit sur la réincarnation. Mais là n'est pas la question.

Si maintenant je vous indique la citation complète d'Euripide, qui introduit le deuxième secret, dans *Les dix secrets du succès et de la paix intérieure* de Dr. Wayne Dyer (33) :

« *Il n'y a qu'une vie pour chacun d'entre nous : la nôtre.* »

Deux petits mots supplémentaires y changent tout le sens ! En effet, il ne s'agit plus d'une réflexion dans le temps vers l'avant, mais plutôt dans l'espace, en largeur. Il n'y a qu'une vie pour nous, parmi toutes les autres vies en cours actuellement. C'est important comme différence, vous êtes d'accord ?

Les mots « peuvent »
Pour une récente interview sur *Le Pouvoir des Mots au Service*

des Entrepreneurs, que vous retrouverez en Replay sur mon site internet (34), Antoine Charlet, superbe entrepreneur de cœur, m'a étonnée par la qualité de son questionnement et les réponses que cela a fait émerger. Il m'a posé cette simple première question : « *Comment sait-on que les mots ont un pouvoir ?* ». Je me suis aperçue que ce qui fait que les mots ont un « pouvoir », c'est qu'ils « peuvent » quelque chose, et donc qu'ils ont un « effet ».

Comme nous l'avons aperçu avec la citation d'Euripide, j'ai abordé d'autres exemples et illustrations encore plus impactants de ces effets avec Antoine dans l'interview.

Par exemple, si vous recevez un appel téléphonique pour vous dire que vous êtes une personne hors du commun et que quelqu'un d'important veut vous rencontrer... Vous vous sentirez sûrement flatté, ou intimidé. Vous allez peut-être en parler autour de vous, choisir de vous habiller différemment ce jour-là, sourire davantage, ou au contraire vous terrer dans vos inquiétudes à savoir ce que vous pourrez dire ou non lors de cette entrevue. Toutes ces réactions vont dépendre de la façon dont vous êtes « programmé » face à ce panel de circonstances. Mais ce qui est intéressant, c'est de constater que les mots que vous avez entendus ont eu un impact potentiellement considérable sur l'ensemble de votre être.

De la même façon, si on vous rappelle le lendemain pour vous dire que c'était une erreur, et que vous n'êtes pas la personne souhaitée... Ouch, vous allez peut-être vous sentir misérable, face à une injustice, ou au contraire libéré de ce fardeau d'une rencontre intimidante, etc.

Dans les deux cas, les mots ont eu un impact, un effet, alors que RIEN n'a jamais changé dans les faits en dehors de vous, au contact des mots en question.

La chance de l'inconnu

On ne se rend pas forcément compte du fait que lorsque la médecine n'a pas de solution à proposer et OSE le reconnaître, cela ouvre la porte des nouvelles possibilités. En effet, lorsque face à la douleur et aux difficultés de santé, j'ai dû me résigner à faire des examens approfondis, j'ai eu la CHANCE que les résultats fassent dire au médecin qu'il n'y avait « pas de problème ». C'était dur parce que sans problème, comment trouver une solution… ? Mais c'était une chance parce que le système de la maladie n'avait rien à me « vendre », donc j'étais ~~obligée~~ libre de m'en aller et de me débrouiller autrement. Ce que j'ai fait. C'est là que j'ai construit REPROG.

Un des outils incontournables à ce jour, que chacun de nous devrait connaître s'appellent en anglais : le *Tapping*. Il s'agit d'une méthode de tapotement de certains points d'acuponcture, en même temps que l'on focalise notre attention à travers les mots qui expriment notre difficulté, ou notre émotion. Lorsque bien utilisée, cette technique peut faire des miracles en quelques instants.

Selon Nick Ortner, qui est une référence grand public de qualité dans le domaine aux Etats-Unis et dans le monde, connu pour avoir créé *la Tapping Solution* (35), il s'agit d'un changement de paradigme en ce qui concerne le corps et la santé par exemple. Car au lieu de se demander « *qu'est-ce qui ne va pas avec mon corps ?* » quand une douleur ou un dysfonctionnement se présente, il s'agit désormais de se demander « *Qu'est-ce que mon corps essaie de me dire ?* ». (36)

Ce qui va peut-être repousser encore plus les limites de votre esprit, c'est d'envisager que cela est vrai aussi pour notre vie, à savoir au lieu de se demander « *qu'est-ce qui ne vas pas avec moi, ou dans ma vie ?* », ou encore « *quand est-ce que la situation va changer ?* » il s'agit désormais de se demander « *Qu'est-ce que ma vie ou mes circonstances essaient de me faire comprendre ?* ».

Un exemple que Nick Ortner raconte pour illustrer cette idée est un cas récurrent finalement : une mère célibataire, Mandy, souffrait de douleurs sporadiques que les docteurs ne pouvaient expliquer, concluant que ce n'était que « dans sa tête ». Cette femme était très frustrée et ne voulait pas terminer sa vie sous médication. Elle a utilisé les techniques de Tapping avec Nick, permettant d'abord de réduire sa douleur de 8/10 à 5/10. Puis il lui a demandé quelle émotion se cachait derrière sa douleur. Elle a répondu que c'était de la colère. Ils ont alors focalisé quelques minutes sur la libération de cette colère grâce au Tapping. Une fois la colère libérée… La douleur s'était évaporée. Cela paraissait miraculeux pour elle !

Qu'est-ce qui n'allait pas avec son corps ? Rien. Au contraire, la communication était active… Elle n'y était simplement pas réceptive jusqu'à ce jour et cet exercice de Tapping qui lui a permis de se libérer de ces émotions qui lui pesaient. (36)

Trop beau pour être vrai ? Alors vous pourriez relire le chapitre 5. Car si vous souhaitez bénéficier des réalités du monde d'aujourd'hui, il vous faut ouvrir votre esprit à de nouvelles possibilités. Tout cela est réel. J'en ai bénéficié moi-même à de nombreuses reprises, et j'ai été témoin de transformations spectaculaires aussi en accompagnant mes clients ou amis. Souvent en seulement quelques minutes !

De nombreux autres exemples sont rapportés par des praticiens, y compris en étant observés aussi par électro-encéphalogramme (EEG) permettant d'enregistrer l'activité électrique du cerveau avec des détecteurs ou électrodes fixés à la tête et reliés à un ordinateur. Dans son livre *Mind to Matter*[12] (37), Dr. Dawson Church, dont les recherches de pointe ont été publiées dans des journaux prestigieux, et qui est également auteur du livre *The Genie in Your Genes*[13] ayant marqué un tournant dans notre compréhension du lien entre les émotions et la génétique, nous raconte l'exemple d'une femme, elle-même docteur et impuissante face à un diagnostic de fibromyalgie. En direct devant tous les participants à l'atelier, simplement en mettant des mots sur ses frustrations et ses douleurs, afin de pouvoir tapoter pour les libérer, elle a vu ses émotions et ses douleurs disparaître. Elle envisageait soudain d'accepter une offre d'emploi qui jusque-là lui paraissait au-delà de ses possibilités. Son mari était ravi.

Dawson Church commente ainsi : *Alors que ses progrès*

---

[12] Traduction : De l'esprit à la Matière
[13] Traduction : Le Génie dans vos Gènes

psychologiques étaient profonds, son fonctionnement physiologique, tel qu'il ressortait de son EEG, montrait des changements cérébraux en temps réel. Elle ne vivait pas seulement un changement psychologique ; la façon dont son cerveau organisait les informations changeait également.

C'est plus qu'un simple changement de l'esprit. Il s'agit d'un changement dans le cerveau lui-même, car de nouveaux faisceaux de neurones se connectent entre eux. (38)

Ces techniques sont stupéfiantes mais doivent être précisément utilisées pour être efficaces. Sinon, c'est comme essayer d'écrire avec un stylo sans avoir sorti la mine… Ça ne fonctionnerait pas et il n'y a pas besoin de s'en frustrer, il faut simplement s'en servir correctement.

Selon Church : *Nous pouvons prendre nos réseaux cérébraux dysfonctionnels et les modifier avec notre esprit.* (39)

J'ai vécu moi-même un exemple qui m'a vraiment bouleversée, à une période où j'avais justement décidé de relever un défi de Tapping avec Dawson Church, pour lequel il était question de 7min par jour, pendant 21 jours. J'ai fait un travail personnel d'introspection assez profond à cette période, et tandis que j'étais allongée, en train de me relaxer, j'ai focalisé sur un sentiment qui me « persécutait » de longue date : le sentiment de « *ne pas être assez* ».

Pour comprendre cet exemple, je vais faire référence à un principe de Kinésiologie, que vous connaissez peut-être, selon lequel, les muscles du corps sont « forts » ou « faibles » selon l'état de notre champ vibratoire. Avec un peu d'entrainement, on peut le ressentir assez spontanément, mais cela peut être très subtil. Si je grossis le trait pour vous expliquer, c'est comme si les muscles étaient puissants et capables, comme quand vous êtes boosté à bloc par une victoire ou quelque chose qui vous réjouit, ou au contraire, les muscles faibles, comme si vous n'alliez jamais y arriver, ou que vous aviez trop forcé, et que vous seriez tenté de déprimer dans votre canapé, parce que perdant d'avance ou trop fatigué pour bouger.

Lorsque j'ai abordé ce schéma de pensée en disant à haute voix : « *Je ne suis pas assez* », j'ai été stupéfaite de soudain ressentir que mon corps se sentait puissant ! Alors que si je me disais « *Je suis assez*», mon corps devenait faible. Ce qui voulait dire que, globalement, mon corps se sentait mieux en entretenant un état de pensée dans lequel je n'étais jamais assez. C'était un horrible constat en soi, mais j'étais surexcitée par le fait de l'avoir identifié. Car une telle inversion est tout à fait reprogrammable, du moment que l'on en a conscience ! J'ai utilisé une technique pour rééquilibrer cette inversion psycho-énergétique, et j'ai enfin pu retrouver une dynamique positive en me libérant de ce fardeau de longue date.

Les clés informationnelles de notre dialogue intérieur

Je vous raconte tout cela pour souligner le fait que les mots sont les clés qui nous donnent accès au dialogue avec notre intérieur et avec notre vie toute entière. C'est un outil extrêmement précieux et puissant dont nous devons prendre en compte la valeur et les impacts. Il n'est pas anodin de rabâcher à un enfant par exemple « *Toi, de toute façon, tu as toujours mal quelque part* », ou encore de plaisanter auprès de vos amis en disant de votre conjoint que *« la plupart du temps, il ne sert à rien ! »*. C'est comme si vous jetiez des sorts en permanence, pas au sens magique du terme comme si vous étiez un sorcier ou une sorcière, mais simplement comme si vous étiez un être humain qui utilise son pouvoir de communiquer sa présence et d'exprimer une volonté.

En dénigrant ce pouvoir que vous avez, ce n'est pas le pouvoir qui s'en trouve diminué, c'est surtout votre estime de vous-même. Non seulement cela ne vous rend pas service, mais ça n'enlève rien à l'effet des mots que vous utilisez.

Dans le documentaire *La Matrice Vivante*, réalisé par Greg Becker et Harry Massey, sorti en 2009 (29), Lynne McTaggart, journaliste scientifique distinguée par un prix spécial Walden pour avoir été une « championne du changement », souligne que *la médecine informationnelle, la médecine qui utilise l'information et change l'information perturbée, sera la médecine du futur*. Elle fait également référence au Tapping en disant : *Un des exemples les plus remarquables de l'efficacité et des effets instantanés de la médecine informationnelle dont j'ai entendu parler récemment, était lié à un système appelé « Thérapie par les champs de pensée », qui est une « Psychologie énergétique » qui est supposée soigner et modifier les pensées négatives autour de nous.* Puis elle relate la façon dont ces techniques ont été utilisées en ex-Yougoslavie par exemple, pour aider les survivants à se libérer du traumatisme. (40)

Ce qui est très important c'est de constater que nous avons accès à notre champ de pensée, EN METTANT DES MOTS DESSUS. C'est une façon extrêmement simple et abordable par chacun, pour « élucider » ses pensées et pouvoir modifier son champ de pensée. C'est ce qui permet les étonnants résultats obtenus lors des journées « *Venez avec vos challenges, Repartez avec vos solutions* » que nous organisons pour ALINEON® (14), parce que nous permettons aux participants de comprendre et d'explorer leur propre « carte mentale ». Concernant le challenge de leur choix, ils peuvent ainsi accéder à cette « information perturbée » dont parle Lynn McTaggart, et la ré-informer, pour reprogrammer leur champ de pensée, ré-harmoniser leur fonctionnement, et voir apparaitre la solution.

Quand j'ai écrit mon livre intitulé *Le Pouvoir des Mots : Un secret du succès relationnel* (1), je ne me doutais pas que j'allais aboutir à de telles recherches sur la reprogrammation de soi, mais ce que j'ai compris au fil du temps, c'est que les mots sont comme des clés qui nous donnent accès à l'information dont nous avons besoin pour avancer ou modifier le système. N'allez pas croire que vos pensées sont claires comme vous les pensez… <u>Tant que vous n'avez pas mis des mots dessus, vous n'avez pas la main !</u>

Pour agrémenter ces effets des mots et de ce qu'ils nous permettent, après avoir lu le Chapitre 1 pour valider sa contribution, Marie a voulu ajouter quelque chose. Il me semble que cela vient compléter ce tour d'horizon d'une façon intéressante, presque un an après son REPROG. Vous y retrouverez sa fougue, son enthousiasme pour la vie qu'elle a su raviver à l'âge de 55 ans, et ses références à la science, car elle aussi a le goût de la recherche. J'en profite pour souligner que son enthousiasme passionné n'est pas dû à sa jeunesse d'âge, mais bien à sa capacité à avoir repris sa vie en mains et donc à sa jeunesse d'esprit et d'amour pour la vie.

« « « *Marie*
Le principe de la vie au centre

1- Effet REPROG

Nous traversons une drôle d'époque qui semble être le chaos, alors il est indispensable de revenir à l'essentiel. André Malraux l'a si bien dit, le 21ème siècle sera spirituel ou pas !

Par la force des choses, après avoir traversé les intempéries de la vie : la peur, la solitude, le manque d'amour, les critiques, il nous arrive encore d'avoir l'espoir et de renaitre de nos cendres.

La vie nous met à rudes épreuves pour apprendre à nous renforcer et à lâcher ce qui ne nous convient pas. Et à chaque cycle de notre parcours, nous laissons tomber nos egos pour devenir aussi fort que le bambou.

Ni l'argent, ni notre entourage, ne peuvent nous aider dans la traversée du désert. Seul debout majestueusement, parcours après parcours, nous nous redressons tel un roseau à condition d'avoir les bons outils, de faire les bonnes rencontres.

Oui, à travers la nuit sombre de l'âme, souvent une étincelle de lumière qui n'est autre que notre ingéniosité de créativité nous pousse à sortir de l'incertitude et de l'inconnu pour aller explorer les alentours. Et par l'essence même de notre être profond, la vie nous conduit souvent au contour d'un carrefour pour rencontrer ce dont nous avons besoin ; c'est ce que nous appelons souvent la « synchronicité ».

Tel le phénix, nous renaissons de nos cendres.

Quand j'y pense… Moi qui croyais tout savoir, de ce qui

était bon pour moi : faire les stages de développement personnel à outrance, penser qu'avoir des diplômes et des amis hauts placés était source de réussite… C'est ce que ma famille, mon entourage, la société m'avaient fait croire.

Voulez-vous connaitre la quintessence du bonheur ? Cela ne dépend que de vous ! Laissez-vous guidez par votre ressenti et laissez-vous emportez par l'un des outils que j'ai expérimenté qui n'est autre que REPROG et qui m'a donné le goût de me mettre à écrire, à chanter, à explorer, à conter.

Grâce à REPROG, j'ai appris à travers cette méthode de reprogrammation à déposer les masques et à maitriser mon égo afin de diminuer l'intensité de son babillage. Au contact de cette vie trépidante de notre société, cela peut revenir au galop mais l'essentiel, grâce aux différentes clés proposées dans le programme, c'est que je suis devenue une observatrice avec des indicateurs émotionnels qui me rappellent à l'ordre pour laisser la vie jaillir au centre de mon être.

Je me suis reconnue et je m'émerveille à découvrir combien j'aime jouer. Du rôle sérieux qui m'a été donnée malgré moi, à cause d'une éducation stricte et castratrice, je suis passée au lâcher prise au point que souvent ma fille me rappelle que je suis une adulte, c'est tellement rigolo ! Qui a dit que la vie était figée et sérieuse ? Pourquoi ne pas y donner la couleur que nous aimons ? Pourquoi ne pas prendre la décision que la vie est un jeu ? Et que c'est à nous de déterminer le rôle que nous voulons jouer même si nous avons notre rôle social par moment…

2- Comment je définis le programme REPROG ?

Mon expérience de développement personnel me permet de dire que REPROG est outil S.M.A.R.T. répondant à notre époque parce qu'il est Spécifique, Mesurable, Atteignable, adaptable, Réalisable par tout un chacun, en fonction de là où il en est. Et bien sûr avec une durée dans le Temps : 3 mois.

C'est un outil qui permet de mettre la vie au centre. Je vous fais un schéma de ce que signifie pour moi de mettre la vie au centre.

Avez-vous en tête le schéma de l'encéphalogramme ?

- La phase montante correspond à la partie de la vitalité : nos agitations, nos pulsions,
- Le point : le seuil pour passer à la partie descendante c'est le seuil de vitalité,
- La descendante correspond à la partie de régression : notre phase de repos, relaxation, le calme…

C'est la même alternance quand nous sommes dans la phase d'éveil et de repos. C'est la même chose que le jour et la nuit, le beau temps ou le mauvais temps, le printemps et l'automne, l'hiver et l'été.

Avez-vous en tête le schéma de l'infini que nous apprenons en mathématique ?

C'est le plus ou moins l'infini, l'état de la polarité. Nous fonctionnons comme cela, l'émotion basse ou haute. Nous fonctionnons en bipolarité, la vie fonctionne en bipolarité.

Les expériences que nous explorons nous conduisent constamment de l'état de vitalité à l'état de régression. Le passage entre les deux, c'est le centre de la vie – qui permet l'équilibre et là où chacun de nous puise ses forces, se recharge et se nourrit – c'est de ce point que nous parle le poète RUMI :
« Par-delà les idées du bien et du mal,
Il y a un champ. Je t'y retrouverai. » Jalal Al-Din Rûmi

Certains outils, prière, méditation nous conduisent à ce point de la vie au centre. Et c'est là que se produit notre évolution.

Souvent nous passons trop vite d'un état de vitalité à un état de régression, ce qui crée nos déséquilibres, ou bien nous restons coincés dans les états hauts ou bas ce qui fait que nous sommes déséquilibrés aussi.

Comprendre que la vie est un cycle et que c'est le principe de centre qui est notre force, c'est génial. Alors explorons les outils qui nous permettent de nous centrer pour créer un monde d'équilibre et non d'excès. C'est cela la vie durable.

Trop souvent, quand nous sommes pris dans le tourbillon de la vie, nous pensons que nous sommes juste un être de chair mais nous sommes plus que cela puisque notre corps est fait de 80% d'eau depuis que nous sommes un foetus. Nos émotions sont des énergies en actions, notre corps est entouré d'un champ magnétique, et chaque partie de notre corps vibre à des fréquences différentes. Alors si nous sommes faits d'énergie donc d'électrons et de protons, pourquoi ne pas commencer à soigner notre champ énergétique par les outils qui nous sont proposés et qui nous font grandir ?

L'outil REPROG nous permet justement de mesurer notre évolution grâce à des indicateurs et des suites logiques pour retrouver notre principe de la vie au centre.

/ *Marie* » » »

Marie a souligné un aspect fondamental de la vie, celui de vivre en étant centré, c'est-à-dire aligné avec soi-même. Rester centré sur sa vérité personnelle permet vraiment une vie plus fluide et épanouissante, on peut mieux interagir, rester plus serein, et vivre une vie qui nous correspond vraiment au lieu d'avoir toujours un arrière-goût d'être à côté de ses pompes. Cela me fait penser à une approche de méditation du Dr. Wayne Dyer, *Getting in the gap* (41), qui consiste à concentrer notre attention « entre les mots », dans l'espace qui réside « entre les pensées »... pour nous entrainer à canaliser notre présence dans ce centre dont parle Marie, pour vivre en étant « centré ».

Quand tout le groupe qui incluait Marie a fini REPROG Printemps 2021, ayant tous les témoignages à recueillir plus ou moins en même temps, j'ai été interpelée par un de leur commentaire qui revenait pour chacun et exprimé de façon très similaire. Ils insistaient sur le fait que le programme leur avait permis de se retrouver, de se recentrer sur qui ils sont vraiment, sur la personne qu'ils ont envie d'être et d'exprimer, d'être vrai, et d'être vraiment eux-mêmes. J'ai trouvé cela formidable bien sûr, et j'ai été touchée parce que dans le fond, cela fait effectivement partie de ce que je souhaite au monde. Pour que chacun aille bien, et que le monde aille mieux. C'est d'ailleurs un bon rappel que l'on retrouve dans le slogan ALINEON® : « *Si tout le monde va bien, le monde va mieux*® ».

Le pouvoir de mettre des mots dessus

Les exigences des autres valent-elles de se déboiter un genou? C'était en Avril 2019, tandis que je pratiquais mes « Cinq Tibétains ». En changeant de position, mon genou a failli se déboiter – littéralement ! Après un instant de surprise, de peur, puis de retour au calme, mon réflexe a été de penser en m'adressant à mon corps :

« *Mais enfin, pourquoi me permets-tu un mouvement qui peut être destructif pour toi ?!* »

Face à cette question, j'ai souri… Car c'est une question que je me posais à moi-même en fait. Cela m'a fait penser à toutes ces fois où je me « pliais en quatre » pour répondre à des volontés extérieures. J'ai donc pris la décision d'arrêter de me permettre des « mouvements » qui seraient destructifs pour moi. Peut-être que j'allais y arriver tout de suite à 100%. Peut-être que j'allais encore avoir quelques tentatives ratées. Peu importe. Mon but était clair. Le changement était défini – et en cours.

Savez-vous « trancher » facilement? Pendant de nombreuses années, tandis que je coupais des fruits ou des légumes, je sentais comme une maladresse de ma part. Il me fallait forcer mon geste, être très vigilante. Je me sentais extrêmement loin des chefs que l'on peut voir émincer des légumes à toute vitesse. Mon geste était saccadé, lent et compliqué à effectuer.

Mais, dans la même période où mon genou m'a remise à ma place, j'ai été étonnée car du jour au lendemain, mon geste est devenu fluide. Je suis restée admirative devant ma main qui coupait les légumes à toute vitesse, de façon régulière, facile, efficace, et sans effort ! Connaissant le pouvoir des mots et ses effets, je me suis alors demandé comment je pourrais décrire ce phénomène, et je me suis dit : « *Tiens, on dirait que j'arrive à trancher beaucoup plus facilement.* » Face à cette description, j'ai presque éclaté de rire. Car en effet, durant l'année précédente en particulier, un de mes objectifs personnels était de prendre des décisions plus facilement et rapidement, sans tergiverser ni étudier « toutes » les possibilités et leurs intérêts respectifs. Ce qui me permettait désormais de « trancher » beaucoup plus facilement face à toute situation. Pour le plus grand bonheur de mon partenaire, d'ailleurs :-). J'ai été amusée de constater ce parallèle fascinant, et cela m'inspire à être encore plus attentive à ce genre de détails du quotidien. Ceci est une illustration du « champ de pensée » que j'ai mentionné précédemment. Cette notion de « trancher » se décline sous toutes ses formes dans la pratique, il s'agit d'une énergie, d'une vibration, et le mot permet d'en faire la lecture.

Cette habitude ultra-utile changera votre vie. C'est une évidence maintenant : votre corps, votre expérience, votre existence… tout ce qui touche à votre monde physique est un écho de votre intérieur. Vous pouvez faire le choix de « vivre avec », ou au contraire de prendre conscience, à chaque fois que quelque chose vous est inconfortable, de ce qu'il est temps pour vous de transformer dans votre façon d'être. Je vous souhaite sincèrement d'avoir compris ce message. Et de penser à « mettre des mots dessus » pour obtenir l'information contenue dans votre inconfort, quel qu'il soit.

Dans la semaine 6 de REPROG, les participants sont invités à expérimenter par eux-mêmes ce que j'appelle la « Transmotation » (« Transmoting » en Anglais). J'espère pouvoir écrire un livre dédiée à cette approche afin de permettre à chacun d'en bénéficier, avec de nombreux exemples de transformations rapides. Il s'agit d'une approche de transmutation des énergies et des champs de pensée, grâce à la transformation par les mots. Cela revient à reprogrammer le système de pensée (informationnel) comme on reprogramme un système informatique. L'ordinateur ne se demande pas si ça va fonctionner, il se laisse faire quand un développeur modifie les lignes de code, et le système exécute le nouveau programme. Cela fonctionne de la même façon pour notre cerveau. Les exemples réels sont flagrants.

Quelques effets rapides du pouvoir des mots

Un jour, après deux mois de programme, Philippe m'a contactée : « *Bonjour Aline. Je suis un peu dans le cirage. Ça ne doit pas être bien méchant. Mais j'aurais vraiment besoin de ton expertise. Pour m'aider à me blinder......*

Sans te commander peux-tu m'accorder quelques instants de ton précieux temps ? »

Vous n'imaginez probablement pas toute l'information qui est disponible dans ces quelques phrases au sujet de ce qui préoccupe Philippe. Il y a d'abord sa relation au temps qui est très présente, et très importante (problématique ?) à ses yeux. Pas étonnant qu'il contribue dans ce livre au Chapitre 2 sur la relation au Temps ! Merci Philippe. Ensuite il veut se « blinder », mais bien évidemment, c'est quelque chose qui sera complètement inutile lorsque la problématique sera libérée. Ça lui coûte un peu de me demander de l'aide, attendez, c'est normal, un gaillard comme lui, avec de hautes fonctions militaires... C'est lui qui commande d'ordinaire, la preuve, il s'en excuse ! Mais dans le fond, c'est vrai pour chacun d'entre nous, vous savez pourquoi ? Parce que l'on a tous une personnalité sociale, et vous savez ce qui nous permet d'avoir une personnalité sociale ? Notre ego. Je suis partisante de nous réconcilier avec notre ego au lieu de chercher à nous en protéger ou nous en débarrasser. Sans l'ego, on ne peut pas interagir, donc c'est un bien des plus précieux.

Lors de cet échange, avec Philippe, nous n'avons même pas utilisé de « technique » du tout, si ce n'est de lui permettre de mettre des mots sur ses inquiétudes et sur la résolution de son état. Il me disait avoir été surpris que REPROG lui ait « *déclenché ça* ». Des rêves qui le réveillaient en sueur, où il voyait les visages des gens. « *Ai-je fouillé trop loin ? Je me suis fait peur* », me disait-il. « *Reprog m'a fait rentrer en moi et rencontrer mon ego, revivre les stress post-traumatiques de militaires. Ca ressort en rêves de rentrer en avion avec les copains en boîte* ». Au début, Philippe me parlait à demi-mots, c'était presque difficile d'être sûre de savoir de quoi on parlait au juste. Je l'ai accompagné progressivement à mettre des mots sur ce qu'il vivait. « *Le plus marquant c'est l'image. Toujours la même image. A côté du hublot. Qu'est-ce que je vais dire aux familles ? Presque quand je te parle, j'ai l'odeur. Y'a une heure, je lui donnais des ordres. Est-ce que j'ai donné les bons ordres ? J'ai faibli. Je suis face au mur de la réalité, ils ne sont plus là.* » Ca faisait partie du « jeu », ils le savaient tous, mais ça fait mal tant que ce n'est pas résolu. Philippe avait enfoui cela profondément en lui, se barricadant toute sa vie pour rester fort. Je ne lui avais pas dit ce jour-là, mais il parlait beaucoup et très fort. Je faisais de mon mieux pour m'exprimer face à la puissance de son ego justement, de sa personnalité à ce stade de sa vie.

J'ai été interpelée un mois plus tard, lors de la semaine 12, quand il indiquait que ses proches le trouvaient « *plus calme et plus apaisé dans son comportement, plus décontracté dans les dialogues, plus ouvert, plus à l'écoute* », et que lui-même constatait les améliorations dont nous avons parlé au Chapitre 2. Sur mes propres notes de l'appel suivant que j'avais eu avec Philippe en fin de programme, je retrouve « *Beaucoup plus calme. Voix posée, douce. Rien à voir avec le précédent appel !* »

Et Philippe alors, quand on a tourné sa vidéo de témoignage, il n'en revenait pas lui-même de me répéter : « *Ma famille, mes proches, ont été surpris ! Je ne braille plus comme un putois. Quel bourricot j'ai été toutes ces années !* »

Ce que j'ai expliqué à Philippe pour le rassurer sur le processus du programme, c'est qu'au fil des semaines, à force de construire sa version-de-lui-idéale, le programme fait ressortir ce qui s'y oppose. C'est justement là que « la magie opère ». En l'occurrence, on peut facilement imaginer que ses mauvais souvenirs de la guerre, enfouis derrière ses barricades, l'obligeaient à parler fort pour s'entendre lui-même au-delà du brouhaha intérieur de ses émotions non résolues qui continuaient à « brailler » en lui. Le fait de laisser émerger ce qu'il avait enfoui, de l'accueillir et de s'en purger, lui a permis de retrouver sa tranquillité intérieure, émotionnelle et donc relationnelle. Le danger n'est plus. Les barricades et l'émotion non plus. C'était sa façon à lui d'avoir fait face. Chacun la sienne.

Ce que je n'ai pas encore dit à Philippe, mais qu'il découvrira en lisant ce chapitre, c'est qu'il peut désormais accéder à sa créativité dans toute sa splendeur s'il le souhaite. En particulier, même s'il a toujours cherché à « filer droit », à « rester dans le rang », à être « carré de chez carré », et que sa carrière s'y prêtait également, maintenant qu'il passe à la suite, il est libre d'écrire à l'envers s'il le souhaite, sans avoir peur du « cadre », parce que c'est lui qui définit le cadre désormais. C'est le principe-même de « l'auto-nomie » (par définition), dans laquelle on définit ses propres règles. Nous retrouverons peut-être des nouvelles de Philippe dans quelques temps !

Dans le cas de Philippe, il a suffi de mettre des mots dessus pour apaiser et rééquilibrer son système, il avait déjà fait le travail de fond au fil du programme. Nous avons simplement purgé l'information perturbée qui remontait à la surface. D'autres fois, il y a une résistance ou une bonne raison.

Par exemple, quand j'ai eu l'occasion de faire un voyage vers Cancun, au Mexique, je me suis mise à ressentir de la peur de façon très intense au fur et à mesure que le voyage approchait. C'était horrible. Alors un jour, je me suis installée dans le but d'utiliser une technique de libération de la peur que je connaissais. La première étape était d'écrire la liste de mes peurs. Sur le coup je me suis entendue penser que je n'avais pas besoin de le faire, pour gagner du temps et passer directement à la suite. Mais je sais que « zapper » les étapes préparatoires est une forme d'esquive parce que c'est le plus important alors je me suis reprise en prenant une feuille et un stylo. Et là, je suis restée scotchée. Rien. Aucune idée de ce qui me faisait peur, cela n'avait aucun sens. J'ai donc insisté car comme je vous le répète souvent : **tant que c'est dans notre tête, ce n'est pas utilisable, nous devons mettre des mots dessus !**

Puis quelque chose me vient... J'avais peur de... « *vivre quelque chose d'horrible et de ne pas être capable de m'en remettre.* » Quoi ? Quel rapport avec Cancun ? Aucun, mesdames et messieurs, c'est justement l'idée ! Le fait de mettre des mots dessus m'a permis d'identifier le schéma de pensée qui me posait problème face à ce voyage à Cancun, et j'ai pu traiter cette peur qui n'avait rien à voir EN APPARENCE. Car le principe c'est que justement dans mon champ de pensée, les deux étaient liés. Par quoi et comment, à la rigueur, peu importe. L'important est que j'ai pu me libérer de cette peur et profiter d'un voyage à Cancun particulièrement transformateur.

Ça me fait penser à Alice aussi, une autre participante qui ne supportait plus sa maison et son intérieur. Elle voulait sortir, et surtout changer de maison, sans y parvenir ! Elle me disait « *On a pris cette maison en horreur. C'est pas la maison en elle-même, c'est l'environnement* ». Elle ajoutait que c'était « *étouffant, on ne supporte plus d'être là, le bruit, la maison, on n'y est plus bien du tout.* » Mais tout cela était mélangé avec le besoin de « *contrôler tous les risques* », d'être « *épuisée et de ne pas arriver à remonter* », elle allait jusqu'à dire « *cette année d'enfermement m'a tuée, plus de vie sociale, peur de ressortir à nouveau, après avoir été enfermés pendant tant de mois, c'est un stress pour ressortir.* » A cela s'ajoutait un « *besoin d'approbation de l'autorité* », qui lui dirait « *c'est bon, c'est ce qu'il faut faire* ». Tout cela en vrac dans son brouillard intérieur.

Pour Alice, le cœur du nœud n'était pas la maison, pourtant c'est bien là qu'elle percevait son blocage. Nous avons utilisé un seul point, soit d'inversion psycho-énergétique, soit le point douloureux. Nous avons progressivement libéré ses différents stress, qui étaient clairement un cocktail de ce qu'elle ne se sentait plus bien à l'intérieur d'elle-même, coincée dans tous ces tourments. La maison n'était qu'une projection.

A la fin de la séance de libération (qui fait partie du processus de reprogrammation quand quelque chose résiste), elle me disait se sentir « *plus confiante* », « *fatiguée, mais comme quand tu viens de courir, pas la même fatigue qu'avant, une fatigue positive* », son inconfort à la maison était « *moins fort que tout à l'heure, impression que je m'en fous un peu* », concernant son besoin d'approbation « *en fait, je ne sais pas, peut-être que je n'en ai plus besoin. Non, je ne me sens pas limitée en fait. Je suis libre, je peux décider.* », avec même un certain étonnement de sa part en réalisant qu'elle avait « *l'impression qu'il y a un poids qui part, je n'ai plus mal au dos. J'avais mal au bas du dos. Je me sens un peu vide, mais je sens que je n'ai plus mal au bas du dos. C'est parti. L'estomac, ça va. Là je me sens plus détendue, plus relâchée.* » Quelques mots, un point et quelques minutes... Vous voyez bien que le fait de mettre des mots dessus est essentiel pour savoir d'où on part et quand on est arrivé.

Un autre exemple avant le vôtre ? Shirley a eu un passage difficile, elle aussi. « *Ça résiste. Ces doutes et ces peurs. Peur de ne pas y arriver, de ne pas être ou faire ce qu'il faut, de ne pas voir quoi faire, de ne pas saisir l'opportunité. Peur de ne pas être à la hauteur. Doute que ça puisse m'arriver à moi, que tout mon top5 puisse se produire.* »

Nous avons utilisé une technique de libération psycho-énergétique efficace quand ça résiste justement... que j'avais apprise lors d'un sommet sur le Tapping. Il suffit de quelques minutes, puis je demande à Shirley « *Alors, tu te sens comment ?* » Elle me répond tranquillement que « *Je me sens émotionnée (par la démarche). La douleur du point est devenue plus sensible en disant les phrases. Je ne peux pas dire que je me sens libérée mais je sens le point très présent.* » Puis soudain, elle poursuit en me disant que « *ça m'a fait penser à l'enfant que j'ai été. J'ai essayé de faire de mon mieux avec ce que j'avais en main, avec les cartes qui étaient les miennes, avec ce que m'a donné la vie, pour répondre à ce qu'on attendait de moi* ».

Ce qui est fascinant, c'est la précision et la rapidité avec laquelle, ce que j'appelle « la carte mentale » de nos schémas de pensées se révèle à nous. En ayant libéré la surface de ses peurs et ses doutes, nous avons permis à Shirley de voir ce qui était coincé dessous. Nous avons alors focalisé le travail sur cet élément de son enfance qui avait pu refaire surface. (Pas besoin de le chercher pendant des années ! L'approche de reprogrammation REPROG et mettre des mots dessus permet justement de faire émerger l'information utile.

Après quatre itérations de rééquilibrage de l'inversion psychologique, Shirley me disait être « *étonnée du décalage entre ce que je pense, ce que je dis et ce qui est. Je pense que c'était nécessaire pour rayonner ma lumière. Il y avait deux couches : le dessus voulait ça, le dessous ne pouvait pas voir l'intérêt. Je me sens bien, en transition.* »

Et vous, alors ? Vous mettez des mots dessus maintenant ? Qu'est-ce qui vous gêne actuellement ? (le plus, disons). Et ne faites pas le coup du flemmard ou du fuyard qui répond par un seul mot, comme par exemple : « *Incertitude* ». Parce que cela n'est pas suffisamment précis pour que votre cerveau sache quoi en faire. Est-ce que « *vous ressentez de l'incertitude* » ? Non, « *c'est plutôt la situation qui est incertaine* ». Ah, ok, et donc face à cette situation incertaine, que ressentez-vous ? Disons… « *Un doute* ». Ok, donc « *vous ressentez un doute face à la situation incertaine* » ? Oui, « *c'est bien ça, et je pense que c'est lié à différentes actualités.* ». Donc : « *vous ressentez [un doute] face à la situation incertaine [que vous pensez être liée à] l'actualité* ». Oui.

Bon, à partir de là, qu'aimeriez-vous ressentir à la place ? Peut-être : « *vous sentir [confiant] face à la situation incertaine, [quelles que soient] les actualités ?* ». En effet, là votre cerveau commence à comprendre par lui-même, parce qu'il a désormais les idées claires, vous aussi ! Mettez des mots dessus, PAR ECRIT OU A HAUTE VOIX, MAIS HORS DE VOTRE TETE.

La réalité des affirmations

Vous avez peut-être entendu parler des affirmations positives, mais avez-vous conscience de l'ampleur de vos affirmations tout court ? C'est tout au long de la journée que nous faisons des affirmations, et le principe des affirmations positives, c'est de prendre l'habitude d'affirmer des choses positives au lieu de se « pourrir » la vie par négligence dans notre façon d'utiliser notre parole.

Dans son livre *D'accord avec ton corps*, Louise Hay nous dit : « *Prenez quelques instants pour écouter les mots que vous utilisez. Si vous vous surprenez à dire la même chose trois fois, notez-le. C'est devenu une habitude, pour vous. Au bout d'une semaine, relisez la liste que vous avez faite et observez en quoi vos propos correspondent à votre expérience. Soyez prêt à changer de langage et de pensée, et observez comment votre vie se transformera. Pour contrôler votre vie, contrôlez les mots et les pensées que vous choisissez. Vous êtes le seul à penser dans votre tête.* » (42)

Oh comme elle a raison ! Je me suis toujours amusée du fait que nous pouvons même « parler dans notre tête ». C'est un phénomène que je trouve assez surprenant. Il est impossible que cela soit inutile, ou sans effet. Bien sûr que nos pensées ont un effet. Il est désormais plus que démontré que nos pensées affectent nos champs vibratoires, électromagnétiques, et même notre biologie, notre santé, notre humeur, nos circonstances, etc.

Alors ?! Oserez-vous constater la correspondance entre ce que vous « dites » et ce que vous « vivez » ?

Dans son livre *Risky is the new safe*[14], Randy Gage, auteur best-seller au New York Times considéré comme un expert éminent dans le monde au sujet de la prospérité et du succès, aborde le *Paradoxe de l'Ironie*. Il souligne que *c'est ironique que beaucoup de gens détestent la discipline parce que la discipline crée la liberté.* Un peu plus loin, il ajoute : *Car ceci est certain : si vous voulez atteindre un haut niveau de réussite, il y a beaucoup de choses que vous devrez éliminer de votre vie.* (43) Il semble savoir de quoi il parle

---

[14] Traduction : Le risque est la nouvelle sécurité

puisqu'il a su reprendre sa vie en main, après avoir connu la prison étant adolescent, les addictions, et avoir frôlé la faillite, il a fait le nécessaire pour finalement devenir multimillionnaire.

Gage poursuit : *Il s'agit de faire des choix, de fixer des priorités et de décider de ce qui est vraiment important pour atteindre votre but dans la vie. Et la chose qui entre vraiment en jeu ici est votre énergie. Le secret pour maîtriser votre ego est d'utiliser la maîtrise de soi pour transformer l'énergie en un objectif souhaité.*

Les gens se plaignent souvent de leur niveau d'énergie, comme s'il leur avait été accordé ou refusé par une source extérieure mystique. Mais, bien sûr, vous avez le contrôle de votre énergie. Les personnes qui réussissent ne trouvent pas d'énergie. Ils savent très bien qu'elle est créée intérieurement.

Votre énergie et votre vitalité sont le résultat des choix que vous faites.

Louise Hay a très bien compris ce dont parle Randy Gage, cela au fil de sa vie. C'est à 58 ans qu'elle a créé ce qui est devenu *Hay House,* une des plus grosses maisons d'édition aux Etats-Unis et dans le monde. Louise Hay est une référence incontournable en ce qui concerne l'usage de la parole et des mots pour façonner notre vie, notre bien-être, et notre bonheur au quotidien.

Si vous avez compris le principe kinésiologique du corps qui se sent fort quand il est en présence d'une énergie qui abonde dans le sens de son champ vibratoire, alors vous comprendrez ici que le fait d'utiliser des mots qui abondent dans le sens de ce que nous voulons sera porteur d'énergie ! A moins qu'un programme vous en empêche… Si vous commencez à vous dire des choses positives et qu'à l'inverse, vous vous sentez mal, ridicule, que vous trouvez que ça sonne faux, etc., c'est que votre « programmation » actuelle va à l'encontre de ce que vous voulez. Et vous voudriez rester comme ça toute votre vie ?! Autant s'en rendre compte et corriger, vous ne croyez pas ? C'est le principe de la reprogrammation de soi. Arrêter de subir nos schémas par défaut et « recâbler » nos neurones et nos fonctionnements pour que notre parcours de vie soit fluide et satisfaisant.

Randy Gage précise qu'***On ajoute en soustrayant.*** *Le*

processus est à la fois physique et mental. Vous augmentez votre énergie en vous abstenant d'être complaisant. Et vous améliorez votre harmonie et votre raisonnement en évitant les distractions et les pertes de temps comme l'inquiétude, la jalousie et l'envie. (43)

Dans *Vous pouvez changer votre vie !* (44), Louise Hay nous dit que « *Tandis que vous pensez et parlez, vous créez vos futures expériences. Faites très attention à la façon dont vous parlez de votre prospérité.* » Elle nous propose plutôt de reprendre la main à chaque instant en construisant notre champ de pensée au fur et à mesure. Par exemple en nous suggérant d'identifier une affirmation positive concernant le domaine qui nous est difficile et de la répéter chaque fois que la situation nous vient à l'esprit. Par exemple : *JE SUIS EN SÉCURITÉ DANS L'UNIVERS ET TOUTE LA VIE M'AIME ET ME SOUTIENT.*

Une autre suggestion de Wayne Dyer que j'aime beaucoup nous dit : *JE NE PEUX PAS ÉCHOUER SI JE FAIS CONFIANCE À LA SAGESSE QUI M'A CRÉÉ.* (45)

L'ostéopathie de l'esprit

Un jour, mon compagnon se demandait comment un ostéopathe peut nous remettre d'aplomb sans que le corps soit constamment en déséquilibre. Une ostéopathe lui expliquait que pour pouvoir débloquer un blocage, elle devait progressivement aligner tout un ensemble de micro-mécanismes du corps, afin de générer un « passage » qui permet de libérer le blocage. Une fois libéré, elle retire le « passage » afin que le corps conserve son état rééquilibré. Parfois, nous prenons une mauvaise position et nous forçons un geste. Quand ça fait mal ou que ça se coince, c'est en quelque sorte que nous avons « sans le vouloir » créé un passage et que notre geste nous a fait compromettre notre équilibre. Je dis « sans le vouloir » parce que ce n'est jamais un hasard, c'est ici aussi notre champ de pensée qui correspondait à la blessure ou au blocage, et qui a permis le passage. Si c'est récurrent, c'est un programme (donc une habitude).

Pour les connaisseurs ou pour voir les choses autrement, cela revient à aligner toutes les goupilles dans un cylindre de serrure, ce qui est le rôle de la clé ; une fois toutes les goupilles alignées au bon endroit, ça tourne très facilement. Et quand on retire la clé, ça re-bloque tout le système, ce qui verrouille le cylindre et donc la serrure.

Comme l'ostéopathie qui trouve une position ou configuration dans laquelle « hop, ça passe », ou encore la clé dans le cylindre de serrure, les affirmations ont ce rôle dans notre esprit pour permettre nos expériences de vie.

Si par exemple vous choisissez de vous dire « JE M'AIME ET JE M'APPROUVE », au début ça peut vous paraître étrange, mais si vous jouez le jeu et persistez à vous le répéter régulièrement, cela progressivement alignera toutes les goupilles de votre esprit afin que votre champ de pensée se charge de cette nouvelle information, et puisse manifester cette expérience dans votre réalité.

Parfois cela nous parait hors de portée. Il faut d'abord commencer par la clé qui nous est accessible. Le plus important est de trouver les mots qui nous font du bien, qui ouvrent notre cœur, qui génèrent un état de puissance kinésiologique. Quelque chose qui vous fait presque sourire parce que vous sentez que votre cœur est content. Ensuite, vous serez inspiré à d'autres clés, qui vous paraîtront progressivement plus abordables.

Si vraiment vous n'arrivez à rien, c'est qu'un programme vous en empêche. Rappelez-vous que ce sont des *Réactions Émotionnelles de Protection Inconscientes* (4). Ces phénomènes tentent par tous les moyens de vous protéger ! Comme quand je ne pouvais pas me dire que j'étais « assez » parce que ça allait à l'encontre de ma programmation et affaiblissait mon être.

Quand une personne passe son temps par exemple à dire « *si seulement je pouvais avoir un sommeil réparateur, je pourrais aller mieux* », cela persiste à entretenir son champ de pensée et donc sa biologie, ses hormones, et les réactions de son corps, dans un climat où le sommeil manque et n'est pas réparateur. Il est donc question, quand on s'entend dire ce genre de chose, de transmuter cette information en quelque chose comme : *JE PENSE QUE MON SOMMEIL EST DE PLUS EN PLUS RÉPARATEUR*. A chaque fois que la personne pense alors à parler de son sommeil, il n'y a qu'une seule option (vous vous rappelez qu'il n'y a pas de plan B pour celui qui est décidé à changer) : répéter l'affirmation positive.

Une autre affirmation que j'affectionne beaucoup et qui me vient de Louise Hay est : TOUT CE QUI M'ARRIVE DANS MA VIE EST PARFAIT. JE SUIS TOUJOURS PROFONDEMENT SATISFAIT. (46)

Dans *Talk Like TED*, Carmine Gallo fait référence à une présentation de Matthieu Ricard, qui serait l'homme le plus heureux au monde. *En 2004, Matthieu Ricard a quitté temporairement le monastère Shechen de Katmandou pour enseigner les habitudes du bonheur à un public de TED à Monterney, en Californie.*

Selon Ricard, le bonheur est un « profond sentiment de sérénité et d'épanouissement ». [...] Scientifiquement, il est incroyablement heureux. Ricard s'est porté volontaire pour une étude à l'Université du Wisconsin, à Madison. Les chercheurs ont placé 256 petites électrodes sur le cuir chevelu de Ricard pour mesurer ses ondes cérébrales. L'étude a été menée sur des centaines de personnes qui pratiquent la méditation. Elles ont été notées sur une échelle de bonheur. Ricard n'a pas seulement obtenu un score supérieur à la moyenne ; les chercheurs n'ont rien trouvé de tel dans la littérature neuroscientifique. Les scanners cérébraux ont révélé « une activité excessive dans le cône préfrontal gauche de son cerveau par rapport à son homologue droit, ce qui lui confère une capacité de bonheur anormalement élevée et une propension réduite à la négativité ». (47)

Comme Ricard, nous choisissons quelles parties de notre cerveau nous développons, à travers nos choix de vie au quotidien. <u>Nous n'avons pas une vie à remplir, nous SOMMES la vie qui s'exprime à chaque instant.</u>

Notre responsabilité est de connaître et prendre soin des

clés de notre esprit, au lieu de les laisser trainer ou même de les perdre et de nous retrouver « à la rue ».

Je vous lance quelques petits défis à ce stade, parce que c'est la moitié du parcours, vous allez ensuite basculer dans la relation à Autrui, c'est-à-dire dans votre façon de vous présenter au monde extérieur, alors vous avez d'abord des choix à faire… Qui donc avez-vous envie d'être à ce stade et à partir de maintenant ? Cela ne veut pas dire que ce sera immédiat ou spontané, cela peut vous demander un peu de concentration, de discipline, et de temps (comme on l'a vu à la fin du chapitre 5), mais si vous ne le faites pas, n'aurez-vous pas perdu encore plus en passant à côté ?

Trop de gens font trop confiance à leur peur (44)

Selon Ricard dans un post de son blog du 11 Novembre 2012, « *Tout le monde peut trouver le bonheur à condition de le chercher là où il se trouve. C'est en développant la sagesse et l'amour altruiste qu'il est possible, peu à peu, de se débarrasser de tous nos poisons mentaux - la malveillance, le désir, la confusion mentale, l'orgueil, la jalousie - et de progresser vers un bonheur authentique.* » (48)

J'ai été interpelée par sa formulation qui rejoint celle de Randy Gage qui suggérait d'éviter *les distractions et les pertes de temps comme l'inquiétude, la jalousie et l'envie.* (43)

Les mots qu'ils emploient nous permettent de nous comprendre et d'identifier de façon spécifique ce qui nous anime et ce dont nous ne voulons plus, afin de vivre selon ce que nous voulons vraiment.

Ces mots nous permettent d'identifier ce que l'on veut ou non, ce que l'on doit changer ou non. Ce sont des clés qui alignent ou désalignent les goupilles de la vie et nous ouvrent les portes du bonheur ou au contraire, les portes de l'enfer.

Trop de gens font trop confiance à leur peur. Ricard et Gage en viennent à la même conclusion, tout comme Louise Hay et tant d'autres. **Certains mots sont à sortir de nos vies et donc de notre vocabulaire au quotidien.**

Les mots sont comme les goupilles du cylindre de vos

serrures. Il faut les aligner, certaines dans un sens, d'autres dans l'autre pour que la clé tourne et que la porte s'ouvre.

<u>Mise en pratique</u> : le cylindre des 4 différences.

Je vous invite d'abord à identifier 3 goupilles positives, c'est-à-dire trois éléments de la version-de-vous-qui-a-déjà-passé-votre-cap-actuel, au-delà du changement réussi :

1/ Choisissez un thème sur lequel vous souhaitez améliorer ou modifier quelque chose dans votre vie actuellement. Trouvez quelque chose de précis. Pensez au Chapitre 0.

2/ Projetez-vous mentalement vers un avenir idéal. Demandez-vous ce que la version idéale de vous-même qui a réussi penserait exactement, pensez-y, allez chercher une connexion à cette version de vous idéale, et demandez-vous quel est le mot qui décrit le mieux la différence qui existe avec vous et vos pensées actuelles. Quelque chose d'illustratif, d'imagé, qui fait quelque chose dans votre cœur quand vous y pensez.

Ne vous arrêtez pas au premier mot qui vous vient s'il ne fait rien dans votre cœur et dans votre être. Demandez encore intérieurement. Par exemple si je pense à repousser les limites du corps et de l'esprit humain, je peux penser à la FOI, mais je sens intérieurement, dans mon champ de pensée, que c'est trop théorique ou controversé, trop questionné, etc. Alors je cherche encore, et j'ai finalement le mot TRANSCENDANCE qui me vient à l'esprit. Ah, tiens, ça sonne un peu plus fort, cela m'intrigue et ouvre quelque chose dans mon champ de perception, je suis à l'écoute. Je vais chercher la définition, et Wikipédia m'indique que *Le terme transcendance indique l'idée de dépassement ou de franchissement. C'est le caractère de ce qui est transcendant, c'est-à-dire qui est au-delà du perceptible et des possibilités de l'intelligible.* (49) C'est exactement ça. Normal que je le ressente vibrer dans mon champ.

Une fois le mot identifié, répétez-le intérieurement et connectez-vous plus profondément encore à votre projection idéale, replongez ensuite dans votre enquête et identifiez deux autres différences, à l'aide de deux autres mots qui vous font quelque chose dans le cœur et dans l'esprit, des mots qui allument une lumière intérieure et vous fait du bien. Si vous n'y parvenez pas, poursuivez, allez dormir dessus, soyez à l'écoute car à tout moment un mot peut surgir dans votre esprit et vous connecter. Et sinon, demandez de l'aide !

3/ Identifiez maintenant une goupille dans l'autre sens, c'est-à-dire un aspect de vous-même aujourd'hui qui ne correspond pas à votre projection idéale et donc qui va disparaitre. Trouvez un mot que vous utilisez souvent et qui représente cette facette de vous dont vous ne voulez plus... Et faites le choix de supprimer ce mot de votre vocabulaire. Arrêtez d'en parler, de le dire et même d'y penser. Trouvez un mot de remplacement, un opposé positif, pour être sûr que la place soit déjà prise... et que vous n'y reviendrez pas.

3 goupilles positives (à ajouter) + 1 goupille (à modifier), c'est une petite serrure, ne soyez pas étonné si ça n'ouvre pas toutes les portes de votre esprit à ce stade. Vous avez probablement bien d'autres serrures ici et là, mais c'est un bon début.

Si on veut repousser les limites de notre esprit, on doit ouvrir des portes, tomber des murs, ôter des barricades et abaisser des barrières. Ce n'est pas toujours facile de faire tout ça en même temps et encore moins tout seul. Alors à moins de faire appel à REPROG ou à un groupe d'amis qui s'y connaissent bien pour venir vous donner un coup de main, comme dirait une parole positive et bienveillante qui m'a beaucoup plu quand je l'ai entendue :

« *C'est un pas-sage à la foi.* »

Alors, c'est à vous : oserez-vous jouer à un petit jeu si simple ou resterez-vous dans vos programmes du passé ?

3 QUESTIONS POUR SAVOIR OU VOUS EN ETES

6.1/Concernant ce que vous voulez maintenant...

a. J'ai les idées claires sur mon intention, je sais pourquoi je veux ça, et je m'y encourage à chaque fois que j'y pense.

b. Non, c'est vrai que j'ai du mal à m'y encourager, je pense souvent à ce qui peut ne pas fonctionner, et j'en parle...

c. J'ai conscience que ma parole est comme un compagnon à mes côtés, qui débroussaille le chemin pour moi, alors je m'efforce de rester clair sur la direction en parlant positif.

d. Je ne sais pas, j'ai du mal, ça patauge, je ne suis pas sûr d'avoir raison de persister ou s'il vaut mieux que je laisse tomber. Faire attention à ma parole, et puis quoi encore ?!

6.2/ Au fur et à mesure du chemin...

a. J'identifie ce qui me bloque, ce qui me gêne, je l'exprime sur papier ou à voix haute, et j'en profite pour comprendre d'où ça vient afin de m'en libérer.

b. Je me retrouve toujours bloqué sur un truc ou sur un autre, le fais des hauts et des bas, et c'est vraiment fatiguant.

c. Je me sens en harmonie avec mon envie, j'avance paisiblement et je m'amuse à exprimer ce qui me met en joie.

d. Pas besoin de faire attention à quoi que ce soit, je passe en force.

6.3/ Concernant le pouvoir des mots...

a. J'ai conscience que les mots sont des ressources essentielles parce qu'elles activent des parties de mon cerveau et de mon champ de pensées, mais je n'ai pas vraiment de pouvoir.

b. Je ne sais pas trop, je suis un peu sceptique, les mots ne sont que des mots après tout.

c. J'ai bien compris le principe de la carte mentale, et que ce que je dis me programme à chaque instant donc je me sens responsable de mes propres choix et de mes circonstances et j'y travaille au quotidien.

d. Non mais sérieusement, ne soyons pas dupes, les mots n'ont pas autant de pouvoir !

> *L'acceptation totale de soi est une prise de pouvoir. Cela signifie permettre aux autres de vous voir comme ils le souhaitent, sans être offensé.* Deepak Chopra

Chapitre 7

MAIN DANS LA MAIN, NOUS ALLONS VERS DEMAIN

Le paradis, l'enfer et le Maître

Permettez-moi de commencer ce chapitre avec une petite histoire que j'ai découverte grâce à Nick Ortner dont j'ai parlé précédemment, et que je trouve essentielle à ce stade :

Un jour, un samouraï est venu voir Maître Hakuin.

« *Maître, dites-moi, le paradis et l'enfer existent-ils vraiment ?* », demanda-t-il.

Hakuin est resté silencieux pendant un long moment avant de demander à l'homme : « *Qui es-tu ?* »

« *Je suis un samurai combattant à l'épée et un membre de la garde personnelle de l'empereur* » répondit l'homme.

« *Tu es un samouraï ?* » déclara le maître. « *Quel genre d'empereur t'aurait comme garde ? Tu ressembles plus à un mendiant !* »

« *Quoi ?!* » répondit le samouraï. Son visage rougissait de colère, tandis que sa main se dirigeait vers son sabre.

« *Oho !* » répondit Hakuin. « *Alors vous avez un sabre, n'est-ce pas ? Je parie qu'il est bien trop émoussé pour me couper la tête.* »

Incapable de contenir sa colère plus longtemps, le samouraï

dégaina son sabre et se prépara à frapper.

« *Ça, c'est l'enfer* » s'exclama rapidement Hakuin.

Comprenant la leçon et la gravité du risque qu'il avait pris, le samouraï baissa son sabre et s'inclina.

« *Maintenant* », explique Hakuin, « *Ça, c'est le paradis.* »

***

Je trouve cette histoire extrêmement représentative de ce que sont nos relations les uns avec les autres. La sagesse est à notre disposition, et nous n'arrivons pas toujours à la contacter lorsque nous sommes épris par nos émotions, tout comme l'était le samouraï avant qu'il ne comprenne la suggestion du Maître.

Pour illustrer par un exemple concret, j'emprunte une partie de l'histoire d'une autre participante à cette grande aventure humaine. Une femme hors du commun, à la fois par sa puissance de guerrière, et sa douceur extraordinaire. Quand je l'ai recontactée pour sa contribution au livre, elle a vraiment su me répondre d'une façon extrêmement respectueuse qu'elle était indisponible à ce moment-là. J'étais presque embêtée parce que je voulais moi aussi honorer le respect qu'elle m'accordait alors je me sentais poussée à faire attention à son temps, à ses besoins, etc. Elle m'a répondu d'une façon qui disait : « *Attends* », avec une profonde bienveillance. Mes propres programmes passés m'ont fait hésiter un peu, me demandant si elle voulait vraiment que je la relance plus tard ou non… Je n'ai pas succombé au passé bien sûr, j'ai opté pour l'assurance et la confiance, et je l'ai relancée. Nous avons ri ensemble lorsque nous nous sommes rappelées pour faire le point. Je lui ai fait part de ma gratitude pour son enthousiasme qui était frais, neuf, intact, même si elle avait demandé à repousser l'échéance. Elle se réjouissait d'avoir réussi à se respecter, tout en restant respectueuse.

Avant le programme, on l'appelait Blandine. Maintenant, elle préfère s'appeler Herbynice. Et lors d'un appel de groupe que nous avions fait tous ensemble après les trois mois de programme, elle nous avait raconté ceci, avec son joli accent québécois :

« « « *Blandine*

J'aimerais partager une petite anecdote avec vous. Avant REPROG, un peu comme Philippe, je m'embarquais dans des situations un peu délicates. Par exemple, quand quelqu'un me disait quelque chose et que ça m'énervait, je ne disais rien. Je ruminais dans mon coin, et deux jours après, je me disais : « *Ah, j'aurais dû dire ça, j'aurais dû dire ça, j'aurais dû faire ça…* »

Puis là, finalement, l'autre jour, après avoir terminé REPROG, nous étions avec un groupe d'adultes, et je faisais une blague à mon conjoint Stéphane. A ce moment-là, quelqu'un intervient : un monsieur, qui s'interpose et qui nous dit que son ami Jean-Louis est vexé parce que j'ai fait une remarque par rapport aux hommes… Il réagissait de façon un petit peu macho, en disant : « *wow, c'est quoi, cette remarque ?!* »

Et là, en rigolant, sans réfléchir, c'est venu automatiquement, j'ai dit : « *Ah mais non, t'en fais pas, je parle à mon mari, c'est juste une blague qu'on fait entre nous.* » Puis là, il me dit : « *Bin oui, mais j'ai entendu…* » Alors je le regarde et lui réponds spontanément : « *Eh bien, tu n'avais qu'à pas écouter !* »

Le truc, c'est que j'ai réussi à répondre, et en plaisantant. Moi, je me sentais bien. Je n'avais pas de vengeance ou de rancœur envers cette personne. Je me suis exprimée avec détachement, vraiment pour taquiner.

Bon après, lui, il l'a mal pris, c'est son affaire. Mais moi, je suis fière de moi, de pouvoir dire que j'ai fait ça et avec une main de maître. C'est bien passé, tranquille. Je me suis sentie tellement bien ! Et je me suis dit : « *wow, c'est vraiment extraordinaire.* » Ça a été automatique, je n'ai pas eu à réfléchir à comment je faisais avant, ni de me demander comment faire autrement. Ça s'est fait automatiquement. C'est seulement deux jours après que je me suis rendue compte, cette fois-ci de mon succès : « *Ah ouais, c'est venu tout seul, quoi !* »
/ *Blandine* » » »

141

Tout comme Blandine auparavant, nous sommes si nombreux à mal vivre certaines situations relationnelles lorsque nous y sommes programmés ou que nous n'avons pas conscience de ces phénomènes et de la façon dont l'interaction humaine fonctionne.

Ce qu'il faut savoir, c'est qu'avant de commencer son REPROG, quand j'ai demandé à Blandine de résumer ce qu'elle souhaitait le plus obtenir en une seule phrase, elle m'avait dit : « *Je veux me connecter avec moi-même, avoir de la clarté d'esprit et pouvoir répondre aux situations avec plus d'aisance.* » C'est exactement ce qu'elle était venue chercher, et qu'elle est devenue ! Entendre chaque fois de nouveaux exemples et confirmations que l'on peut vraiment réinitialiser nos schémas de fonctionnement afin de vivre plus sereinement n'importe quelle situation, me fait chaud au cœur, et j'espère qu'à vous aussi. Parce que oui… Si un programme comme REPROG permet de le faire, cela signifie surtout que C'EST POSSIBLE !

Faire connaissance avec la création

En ayant joué le jeu de focaliser sur l'un de vos objectifs au fil de votre lecture, à ce stade, vous sentez probablement que quelque chose de nouveau a commencé à se mettre en place. Peut-être timidement toutefois, avec de petits soubresauts des anciens comportements qui s'immiscent encore dans la conversation de vos pensées par moments.

Par exemple, je le remarque en me brossant les dents, parce que depuis quelques temps, je fais attention à ne plus faire des cercles comme on m'avait dit de le faire étant petite, mais je m'efforce de brosser délicatement de la gencive vers la dent. Et de temps en temps, sous la pression ou pour faire vite, j'ai un réflexe d'avant qui revient et me pousse à faire des cercles ! Mais je me ressaisis immédiatement en disant NON (ou « *Silence !* ») à « l'ancien » et en me reconnectant au « nouveau ». C'est le principe et la force du *Sensei*[15] *intérieur*, comme nous

---

[15] Sensei, est un terme japonais désignant « *celui qui était là avant moi, qui est garant du savoir et de l'expérience d'une technique ou d'un savoir-faire* », ou de manière plus condensée un maître qui donne son enseignement à un élève.

l'avions baptisé avec mon compagnon, après avoir apprécié le jeu d'acteur de William Zabka dans la série *Cobra Kaï,* adaptée de *Karaté Kid* (50). Le *Sensei intérieur,* c'est celui qui sait, celui qui guide, celui qui était là avant tout et qui a la connaissance véritable... Il « est » au-delà des habitudes que nous avons développées, car il était déjà à l'origine...

Pour vos objectifs à vous, c'est pareil, vous avez parfois envie d'aller vite, ou d'agir par réflexe, sans être présent dans ce que vous dites ou faites. C'est un peu comme quand nous conduisons en pensant à autre chose et que l'on finit quand même par arriver au bon endroit. Ça, c'est lorsque nous avons déjà l'habitude d'y aller... Mais dans ce que vous essayez de transformer actuellement, tant que votre nouveau fonctionnement n'est pas spontanément naturel comme pour Blandine désormais, eh bien il vous faut rester conscient de ce que vous dites ou faites. Rester présent dans chaque moment, dans chaque détail, et éventuellement faire appel à votre *Sensei intérieur* si quoi que ce soit venait vous dérouter.

Vis-à-vis de ce que vous souhaitez voir évoluer dans votre vie, pensez-vous sincèrement que vos relations resteront inchangées ? Si vous avancez dans la vie, selon le principe de l'harmonie, c'est-à-dire avec l'intention d'une vie harmonieuse, vous allez spontanément faire évoluer vos relations au fur et à mesure que vous évoluez, y compris votre relation à vous-même.

Quand vous changez..., votre champ de pensées change, donc votre état vibratoire également, et donc la façon dont vous interagissez aussi. Si les personnes autour de vous évoluent d'une façon qui reste en harmonie avec vous, ou que vous arrivez à vous ré-harmoniser au fur et à mesure, vous pourrez continuer le chemin côte-à-côte avec grand bonheur. Mais ne soyons pas surpris quand parfois les chemins divergent et nous éloignent, surtout si l'on ne prend pas soin de chérir nos relations !

Si vous ne connaissez pas le principe de l'Harmonie, et comment l'utiliser à votre avantage pour vivre sereinement et efficacement, je vous recommande le sujet de *La Chronique Alineon* dans lequel je détaille ce fonctionnement et la façon dont on peut le mettre à profit. Il s'intitule : *Maximisez votre énergie grâce au principe de l'Harmonie.* (51)

L'important à retenir ici, c'est qu'en chérissant ce que vous appréciez, c'est-à-dire en y portant attention et en y consacrant du soin, vous chargez votre propre champ de pensées et d'énergie avec cette appréciation pour ce que vous chérissez. Par phénomène naturel de l'harmonie, vous allez spontanément être attirant pour ce qui vous inspirera davantage de la même appréciation, et vous serez naturellement repoussant pour tout ce qui irait à l'encontre de ça. Donc c'est une formidable façon de choisir nos relations (ou plutôt de les laisser se choisir elles-mêmes), en nous concentrant sur « la vie au centre » dont nous avons parlé avec Marie précédemment, et en chargeant ce centre de nous-mêmes, avec ce que nous chérissons.

Selon Les Giblin, dans son livre *How to have confidence and power in dealing with people*[16],

L'une des principales raisons pour lesquelles tant de personnes manquent de confiance dans leurs relations avec les autres est qu'elles ne comprennent pas à quoi elles ont affaire. Nous sommes toujours incertains de nous-mêmes et nous manquons de confiance lorsque nous avons affaire à l'inconnu. Observez un mécanicien qui essaie de réparer le moteur d'une automobile étrange qu'il ne comprend pas. Il hésite. Chacun de ses mouvements montre un manque de confiance. Regardez ensuite un maître mécanicien, qui comprend le moteur sur lequel il travaille. Ses moindres gestes sont empreints de confiance. Il en va de même pour tout ce que nous traitons. Plus nous en savons sur le sujet, plus nous aurons confiance pour le traiter. (52)

C'est vrai qu'après avoir longtemps souffert et fini par étudier les relations humaines pendant des années et synthétiser mes recherches dans mon livre sur le succès relationnel, je me sens bien plus sereine face à toute situation

---

[16] Visiblement traduit en français : *Développez votre confiance et votre puissance avec les gens*

relationnelle. Même quand parfois les gens me disent « *ouh... là, ce n'est pas gagné* », je sais que dans le fond en fait si, parce que connaissant bien les mécanismes, je sais que ça peut fonctionner. Je me sens davantage comme le maître mécanicien qui se sent en confiance pour aborder la question, que comme celui qui ne connait pas le sujet. Ce livre a d'ailleurs été une des graines qui se sont transformées en REPROG, et qui ont inspiré la structure du programme permettant d'explorer à la fois le thème de chaque semaine, à la fois votre propre fonctionnement actuel, et en même temps de clarifier ce que vous aimeriez vraiment maintenant. La relation à autrui est un des paramètres essentiels de la vie, parfois c'est celle-là qui bloque, même si elle n'en a pas l'air, et c'est d'ailleurs aussi grâce à la suggestion de David et d'autres personnes de mon entourage à cette époque que j'avais fini par en écrire un livre.

Maintenant, comme nous le rappelle Joe Dispenza, *l'inconnu est là où la création commence,* donc ce que vous voulez connaître maintenant, ce n'est pas tant l'autre, mais plutôt vous-même et ce que vous voulez vraiment insuffler dans vos nouvelles interactions. Vous voulez savoir qui vous avez envie d'être et éventuellement d'obtenir en retour car cela vous guidera vers les « bonnes » pensées et les « bonnes » personnes, c'est à dire celles qui vous correspondent bien, dont les fréquences sont en harmonie avec les vôtres et avec ce que vous voulez. En étant bien clair et centré sur ce que vous voulez être, cela vous harmonise également à plus petite échelle fractale, c'est-à-dire y compris avec les aspects des autres qui vous correspondent. Une personne peut ne pas être en harmonie totale avec vous mais en votre présence ne manifester que la part d'elle qui vous correspond. Et ce, par phénomène naturel du fonctionnement humain !

Se croire être le seul concerné, est le plus égoïste

Maintenant que vous êtes centré sur vous-même et ce que vous voulez vraiment, le chemin se clarifie. Vous connaissez peut-être le film d'animation sorti en 2019, réalisé par Robert

Fernandez, *Le Voyage du Pèlerin,* qui est tiré d'un petit livre écrit il y a plusieurs centaines d'années, et qui au-delà de toute référence religieuse, est une métaphore de la vie absolument extraordinaire. (53)

En re-visionnant ce film récemment, mon compagnon et moi avons été interpelés par un message qui revient souvent et qui nous dit que : « *le chemin c'est tout droit* », et finalement, tant que l'on reste centré avec soi-même et sur ce que l'on veut, on s'aperçoit qu'en effet, le chemin est toujours tout droit. Pas besoin de tergiverser, si nous savons ce que nous voulons, à partir du moment où nous entamons le chemin, eh bien c'est tout droit ! Alors comment y arriver ? Un autre message important nous rappelle qu'une fois lancés sur notre chemin, il y aura toujours quelqu'un pour nous aider, mais pas forcément de la façon dont nous le pensions jusqu'à présent. Par exemple le berger leur dit « *Je vais vous donner une carte, elle indique le chemin à suivre.* », puis il les regarde intensément et il ajoute : « *Prenez garde au séducteur, ne dormez pas sur le terroir enchanté, et faites en sorte de toujours bien garder en vue la lumière de la cité céleste.* » Le voyageur, qui justement souhaite rejoindre cette cité céleste, répond en observant les alentours : « *Nous ferons comme vous dites mon bon berger, mais pourriez-vous nous dire si nous nous trouvons sur le bon chemin ?* » En se retournant, il réalise avec étonnement que le berger a disparu, et considère n'avoir aucune réponse à sa question. Son compagnon ajoute : « *N'avait-il pas parlé d'une carte ?* » Pourtant, ils avaient toutes les réponses et reçu toute l'aide qu'ils pouvaient espérer, mais cela n'avait pas la forme qu'ils auraient pensé, alors ils se considéraient démunis. Or, si le berger avait pensé qu'ils n'étaient pas sur le bon chemin, il en aurait fait mention. Par ailleurs, il leur a bien donné la carte, mais elle était composée, non pas d'une feuille et d'un dessin, mais bien de quelques indications essentielles afin de rester sur le droit chemin. Car nous voyons par la suite qu'ils se laissent séduire par le fameux séducteur qui les déroute de leur chemin... et qu'à la place, s'ils avaient respecté leur vérité personnelle en gardant bien en vue la lumière de leur objectif, ils auraient à la fois suivi les indications de la « carte » et à la fois évité les tourments de l'obscurité vers laquelle le séducteur les a conduits.

C'est une conclusion à laquelle Jean-Luc est arrivé également parce qu'il s'est aperçu que le chemin peut inclure des étapes nécessaires, y compris afin de clarifier l'objectif lui-même, afin d'éviter de se tromper de cible, ou encore afin de grandir.

En effet, il y a de ça quelques années, Jean-Luc voulait une belle voiture américaine, il était persuadé depuis longtemps de vouloir une Mustang. Mais quand un jour il s'est laissé guidé par les suggestions de la vie, il s'est retrouvé en road trip aux Etats-Unis, et « malheureusement », la Mustang était indisponible à la location. Quelle tristesse pour Jean-Luc ! Lui qui misait tous ses espoirs à l'époque sur ces quelques semaines de voyage pour conduire la voiture de ses rêves... Oh comme il a pu pester contre la vie ou se demander si tout était contre lui... Mais ce qu'il ignorait encore, c'est qu'il se trompait de cible. En remplacement, il a donc dû choisir entre une Challenger et une Charger... Après quelques essayages, il a opté pour la Challenger, et a embarqué pour deux semaines de road trip, en s'assurant toutefois de passer la troisième semaine en Mustang, grâce à un changement de véhicule à une étape du parcours où la Mustang était disponible.

Quelle a été sa surprise lorsqu'il a récupéré la Mustang – la voiture « de ses rêves » !! – après avoir passé deux semaines en Challenger ? C'était un cauchemar... La Mustang avait perdu tout son intérêt et semblait vraiment inconfortable en comparaison aux deux semaines de rêve américain qu'il venait de vivre.

Une fois sa cible recentrée, et lui-même réaligné avec le véritable objectif qui allait pouvoir le rendre heureux, il lui a fallu réaliser que sa relation à autrui allait profondément être impactée. C'est au fil de son REPROG qu'il a approfondi sa (re)programmation personnelle pour finalement s'autoriser à accomplir ce qu'il voulait, non seulement conduire la voiture de ses rêves, mais aussi conduire sa vie.

Après ça, tout s'est mis en place à une vitesse incroyable, Jean-Luc a pu faire ses recherches, vérifier ce dont il avait besoin et même profiter d'un autre voyage aux US pour aller essayer les cuirs et les couleurs chez un concessionnaire. Dans le mois qui a suivi, l'impossible est arrivé, il a trouvé la parfaite voiture disponible en Europe qui correspondait à ses critères.

Après avoir finalement accompli son rêve, Jean-Luc a réalisé que du fait qu'il conduise cette énorme voiture américaine dans les rues françaises, l'impact était immense. Chaque personne qui voyait la voiture était en fait influencée. Parfois il s'agissait d'un enfant qui voyait la voiture de ses rêves, parfois c'était un ego qui se braquait de jalousie, parfois c'était un cœur qui s'émerveillait devant la puissance de l'engin. Cela générait des rencontres, des discussions, des réflexions et même créait des amitiés. Ainsi, la vie de toutes ces personnes était influencée par le fait que Jean-Luc ait réussi à obtenir cette voiture. Il ne s'agissait pas que de lui-même, mais aussi de tous ceux qui croisaient son chemin, et de tous ses proches aussi, qui étaient confrontés à leur propre succès, ou à leurs propres espoirs refoulés. Faire face à toutes ces réactions sereinement nécessitait également que Jean-Luc soit prêt à en assumer les impacts. Recevoir le regard des autres, parfois altéré par les apparences, faisait aussi partie de cette aventure et n'était pas toujours facile.

Tout cela, pour rester dans une cohérence harmonieuse et parfaite, requiert non seulement d'être en harmonie avec soi-même et son envie, mais aussi en harmonie avec autrui dans le cadre de notre objectif.

Quel que soit le changement ou l'objectif que vous espérez, il serait bien égoïste de croire que vous êtes le seul concerné. En pratique, ce n'est pas le fait d'avoir un objectif personnel et de concentrer toute son attention dessus qui est égoïste, mais bien de croire que les autres ne sont pas concernés. Car consciemment ou non, c'est très loin d'être le cas. C'est ce que Jean-Luc a réalisé quand il a finalement réussi à accomplir ce dont il rêvait. C'est la même histoire pour avoir quitté son CDI et finalement vivre au quotidien la liberté dont il rêvait. Tous ceux qui sont confrontés à cette idée sont impactés. Que pensent-ils, ou surtout que disent-ils à Jean-Luc ? Il est essentiel pour réussir à accomplir un objectif, d'être capable de rester celui ou celle qui a réussi, y compris face à autrui !

Est-ce que cela veut dire que l'on réussit ensemble ? En quelque sorte oui, car comme en a conclu Jean-Luc : « *Autrui, c'est le miroir de soi pour nous aider à grandir.* ».

Les autres ont été d'une aide précieuse pour aider Jean-Luc à reprogrammer sa relation à l'estime de soi, que nous approfondirons dans le chapitre suivant. Chaque fois qu'il conduisait sa voiture américaine, il était « celui qui est regardé », et vous croyez que c'était facile pour lui ? Au début pas du tout, c'est avec le temps qu'il s'est fait à cette idée. Et ce qui est « amusant », c'est de réaliser que nos objectifs ou ce que nous voulons vraiment réaliser, est généralement le plus efficace pour nous faire parcourir le chemin d'évolution dont nous avons le plus besoin. Pour Jean-Luc, c'était d'oser être celui qui a la classe, la grosse voiture, et les lunettes de soleil de star de cinéma. Il ne le souhaitait pas spécialement, mais c'était le meilleur chemin pour lui montrer la voie de l'estime de soi.

On croit parfois que l'autre se met « en travers de notre chemin », mais en fait, c'est plutôt que l'autre « fait partie du chemin » !

Une autre participante a fait cette expérience, quand elle a fait REPROG pour la 2e fois. Elle avait de nouveaux objectifs, et notamment le souhait de partager cette aventure avec son mari qui avait accepté de faire le voyage REPROG avec elle. Il s'agit d'Alice, et nous allons voir ce qu'elle en a conclu, elle aussi.

S'affirmer ou la plus gentille façon de s'exprimer

Arrivée à la fin de son programme, Alice m'a fait savoir que quelque chose la chiffonnait. Alors je lui ai proposé de le résoudre avant de clôturer son programme, de façon à ne pas « valider » un programme inconfortable, mais au contraire de le rendre cohérent avant de « l'intégrer ».

Voici ce qu'elle m'a dit : *« Cela concerne ma façon d'interagir avec mon entourage. J'avais décidé de ne plus faire ou dire ce dont je ne voulais plus. De ne plus faire semblant. Sauf que maintenant je ne mets plus aucun filtre quand je parle aux autres. C'est très direct et bien sûr, ça ne passe pas. »*

Nous avons donc abordé la libération de sa problématique, tout d'abord en faisant du ménage dans son « brouhaha » intérieur, car il était inutile de passer une heure à parlementer de ce qui n'allait pas, je voulais vraiment l'emmener droit à l'essentiel. Après quelques minutes de rééquilibrage psycho-énergétique, elle me disait que ça l'avait détendue physiquement, *« Comme quand tu as porté quelque chose de lourd et que tu le poses. T'étais en tension et tu poses. Quand on lâche, ça fait du bien. »*

Ensuite, elle m'a expliqué un peu plus sa problématique, et ses propos ne concernaient presque que son mari, et n'étaient pas vraiment centrés sur elle. Sauf que c'est la même chose, vous vous rappelez ? L'autre est le miroir de soi pour nous aider à grandir, comme l'a dit Jean-Luc. C'est bien de cette façon que nous avons abordé la libération d'Alice. Elle me disait vivre *« comme une déception car pendant REPROG, notre relation a été bien meilleure, et puis il a dit stop. Il a fini par dire : « OK c'est génial mais non, je n'ai pas besoin. Je suis très bien comme je suis et c'est bon. » Il m'a dit qu'il avait accepté de faire REPROG pour partager avec moi et qu'il ne ressentait pas le besoin de changer sa façon de réagir aux situations qui se présentent. Je le trouve stressé, vraiment à cran à cause de cela. »*

La « question magique » que j'ai alors posée à Alice, était :

Quelle partie de toi, ou à quel moment, toi, tu as refusé de faire le pas et d'accepter le changement ?

A partir de là, nous avons entamé la résolution. Alice a pris conscience du fait qu'elle avait été l'initiatrice d'un immense changement pour son couple en souhaitant changer de maison, et qu'au lieu d'embrasser ce rôle, son attention était complètement obnubilée par le comportement de son mari qui, inconsciemment, lui montrait tout ce dont elle avait besoin pour dépasser ce qui la bouleversait véritablement.

Elle s'est aperçue qu'elle voulait réapprendre à RÉUSSIR ENSEMBLE, et qu'elle pouvait utiliser ses compétences d'intelligence collective et de travail en équipe pour la réussite de l'équipe qu'elle chérit tant, la sienne, celle de son couple.

Nous avons abordé quelques conclusions essentielles avec Alice que je vous partage ici comme un trésor :

1/ S'exprimer ne doit pas servir d'exutoire à toute la frustration accumulée. Sinon, c'est comme le mec qui fait tomber un truc par terre et qui se met à pester alors qu'il resterait silencieux si personne n'était là pour l'écouter.

Antidote pour préserver et chérir ses relations : se trouver un exutoire et ne pas accumuler de frustration.

2/ S'affirmer encore plus ne signifie pas d'en rajouter sur tout ce que l'on n'aime pas. Au contraire, s'affirmer encore plus veut dire impressionner davantage par notre présence à travers ce que l'on est, ce que l'on aime, et ce que l'on souhaite vraiment. S'affirmer encore plus signifie affirmer ce que l'on AIME, ce qui nous plait, ce qui nous rend heureux.

Antidote pour préserver et chérir ses relations : affirmer aussi ce que l'on apprécie de l'autre.

3/ Vis-à-vis de votre conjoint ou de la personne que vous chérissez, voyez ensemble ce qui va mieux et ce qui est précieux. L'illusion que l'autre n'est pas bien, ou n'agit pas ou ne comprend pas, disparait quand on se ré-harmonise et que l'on envisage de RÉUSSIR la vie ENSEMBLE au lieu des uns contre les autres.

Antidote pour préserver et chérir ses relations : quand l'autre fait un effort ou un effet, s'il a fait à manger par exemple, au lieu de trouver qu'il y a trop de sel, ou pas assez de poivre, soyons conscients que l'autre est comme nous dans le fond, il veut nous plaire. S'il échoue, cela peut être dur pour lui. Il est bon et sain de prendre soin les uns des autres. D'autant plus si l'autre est sous pression, d'autant plus s'il est à cran. Surtout que ce n'est peut-être qu'une perception en miroir de notre propre pression, de notre propre stress, tandis que l'autre vit sur une autre planète. Donc quoi qu'il en soit, chacun mérite la plus haute estime, et le meilleur respect.

C'est ainsi que nous avons conclu cet appel avec Alice, en résumant sa prise de position par la question :

« Quelle serait la plus gentille façon d'exprimer ce que j'ai à dire ? »

Depuis que j'ai écrit *Le Pouvoir des Mots, Un secret du succès relationnel* (1), et que j'observe les effets sur tout un chacun, je suis émue par les résultats étonnants que nous pouvons obtenir dans nos relations à autrui. C'est vraiment surprenant.

Alice m'a confirmé encore une fois quand elle m'a recontactée trois jours plus tard en me disant :

« Bonsoir Aline, je veux partager un truc fou qui est arrivé ce midi. Quand nous avons échangé toutes les deux, un des domaines que nous avions identifiés était la création de l'équipe Philippe-Alice et comment chacun pouvait soutenir l'autre dans sa volonté à se développer et se focaliser ensemble sur les objectifs communs. J'avais préparé mon speech pour engager avec Philippe sur ces sujets. Ce midi à table, tout à coup, Philippe a commencé à partager sur ses objectifs de développement sans même que je lui parle. On a pu échanger sur le sujet sans que j'aie eu à faire quoi que ce soit. C'est complètement dingue, il m'a suffi de poser mon intention et les choses se sont faites d'elles-mêmes. C'est incroyable et encourageant. Je ne pensais pas à cela quand tu m'as dit que je serais étonnée du résultat. Je suis très-très contente. Merci pour tout. »

Quand j'ai demandé à Alice si elle voulait contribuer à ce livre, elle m'a demandé de vous préciser quelque chose qu'elle a également compris à cette période. Il s'agit du fait que chacun est sur son propre chemin, et n'a pas forcément le même parcours que soi, ni les étapes que nous aurions imaginées. Elle me disait : «*Quand on se lance dans une démarche de changement, n'attendons rien de l'autre* ».

C'est également quelque chose que j'ai compris quand ma mère est décédée. Je me demandais intérieurement « *Mais pourquoi ? Pourquoi elle, pourquoi ainsi ? Pourquoi maintenant ?* », et instantanément, j'ai les paroles d'une chanson qui me sont venues en tête, disant « *Chacun son chemin, chacun sa route... passe le message à ton voisin.* » J'ai été interpelée par une sensation vraiment claire qui me disait de ne pas juger la façon dont ma mère avait décidé de terminer sa vie, de ne pas juger les circonstances ou les choix qu'elle a faits qui l'ont menée à ces circonstances. Au contraire, de me concentrer sur le fait d'honorer ce que j'ai aimé de notre interaction durant toute notre vie partagée. Ce qui est également essentiel à garder à l'esprit dans nos relations avec ceux qui sont en vie, vous ne croyez pas ?

Alice m'a donc demandé de bien insister, et notamment pour ceux qui envisageraient de suivre REPROG en couple, en même temps ou non d'ailleurs, ou même entre amis, de ne pas se juger l'un l'autre, et de ne pas comparer nos façons de faire si ce n'est seulement pour les apprécier.

Chacun progresse sur son propre parcours, on n'a pas le même cheminement, y compris en couple. Ne pas imposer son parcours ou attendre que l'autre ait le même parcours que nous, ni croire que l'on doit avoir le même chemin que les autres. Chacun son chemin, et chacun son REPROG. En termes de reprogrammation de soi, tout dépend du code de départ, donc inutile de se comparer...

Vous pouvez changer les autres

En faisant référence à l'exemple professionnel et un collègue qui nous pose difficulté, dans son livre *Vous pouvez changer votre vie*, Louise Hay nous suggère l'affirmation suivante :

« *J'AI DE TRES BONS RAPPORTS AVEC TOUT LE MONDE DANS MON MILIEU DU TRAVAIL, Y COMPRIS (...). Chaque fois que cette personne vous viendra à l'esprit, répétez cette affirmation. Vous serez surpris des changements qui apparaitront. Il y a toujours une solution, même si ça peut paraitre impossible sur le moment. Parlez et laissez l'Univers trouver comment changer les choses.* » (54)

Comme Alice vous l'a confirmé précédemment, les résultats peuvent être vraiment surprenants quand on fait le travail soi-même de changer notre état d'esprit. Cela permet le résultat auquel jusque-là nous résistions par notre état d'esprit conflictuel et « contradictoire » (qui disait le contraire).

Le plus extraordinaire, c'est que l'autre peut changer radicalement d'attitude. Tandis qu'au départ il semblait jouer contre nous, au final, il nous sera un allié précieux pour nous encourager à réussir ce que nous souhaitons.

Dans son livre *How to have confidence and power in dealing with people*[17], Les Giblin poursuit en nous rappelant :

N'oubliez pas qu'il suffit d'une petite étincelle pour déclencher une énorme explosion. Et les petites choses que vous faites ou dites peuvent provoquer une réaction en chaîne qui devient atomique. (55)

Mais soyons bien conscient que cela est vrai dans les deux sens ! Nous avons donc le pouvoir de déclencher des réactions en chaîne positives ou négatives.

Cela prend juste une étincelle pour faire exploser une bombe, et tous nos mots peuvent jouer le rôle de l'étincelle, mais si les composés de la bombe n'étaient pas réunis cela n'aurait aucun effet.

Nous avons donc la responsabilité de 1/ nous libérer des programmes qui nous rendent explosifs comme une bombe vulnérable à la moindre étincelle, afin de ne pas être passivement soumis à ces aléas, et 2/ être conscients que chacune de nos interactions peut avoir cet effet-là sur les autres, et qu'au lieu de les juger, nous ferions mieux de les chérir, les apprécier et les encourager.

Après avoir changé d'état d'esprit vis-à-vis de son couple, Alice a mis en pratique aussi son nouvel apprentissage dans son contexte professionnel. Elle nous a raconté lors du débrief

---

[17] Visiblement traduit en français : *Développez votre confiance et votre puissance avec les gens*

de groupe peu de temps après, avoir eu son entretien semestriel avec son chef... Ne soyez pas surpris qu'elle parle de « Arnold », que vous découvrirez au chapitre 11...

« « « *Alice*

On avait discuté avec Aline parce que ces derniers temps, j'avais vraiment d'énormes difficultés avec « Arnold » dans la relation à autrui, parce que l'un de mes objectifs était de m'affirmer plus. Mais j'en étais arrivée à m'affirmer de façon assez percutante, et assez agressive où je ne mettais plus du tout de filtres, donc je m'affirmais et forcément en face, j'avais l'Arnold de l'autre qui apparaissait et bien sûr Philippe mon mari en a profité aussi beaucoup.

En discutant avec Aline, elle m'avait dit que peut-être en termes d'affirmation, au lieu d'affirmer ce qui ne va pas, je pouvais affirmer ce que je veux, ce qui me plait le plus, ce qui me rend heureuse et dont j'ai envie. Et là, y'a quelques jours, j'ai eu ma « mid-year review », la revue avec mon manager en milieu d'année, et je m'étais préparée avec cet état d'esprit, en essayant de bien définir quels étaient mes indicateurs de satisfaction au boulot, qu'est-ce qui me faisait plaisir. J'ai regardé ce que je faisais aujourd'hui, et j'ai évalué en me disant « *bin ça.. pff, ça.. pff, et ça.. pff... mais qu'est-ce que je veux ?* ». J'ai bien défini ce que je voulais et en fait, la revue des performances, eh bien je l'ai conduite comme ça, en parlant plutôt de ce que j'avais envie de faire. Ce qui m'a permis de mentionner aussi ce que je n'aimais pas faire, mais ça s'est super bien passé. Le résultat obtenu est au-dessus de mes attentes. Mon manager m'a proposé de travailler ensemble afin de mieux clarifier ce qui me plairait de faire.

J'ai constaté que cela marchait vraiment et j'essaie maintenant d'appliquer cette technique dans chacune de mes relations à autrui en m'affirmant sur ce que j'aime plutôt que sur ce qui ne me convient pas. Par exemple, avec Philippe, je lui dis : « *Mon chéri, j'aime bien aller marcher en montagne, ou faire du sport.* » plutôt que de dire « *Oh là-là, je n'ai pas envie – encore – de rester à la maison !* » C'est vraiment ça et j'ai observé la différence pendant mon entretien annuel. Donc là, c'est vraiment un plus pour moi, je continue à m'affirmer mais dans le bon sens.

Alice » » »

Alice a découvert qu'en changeant sa façon de s'affirmer, son interaction avec autrui s'en trouve nettement améliorée. Et je voudrais vous permettre de réaliser à quel point ça peut aller plus loin !

Par exemple, quand j'en suis arrivée à l'écriture du chapitre 5 de ce livre, vous n'imaginez probablement pas à quel point ma propre relation au changement s'est trouvée bousculée. Sur les recommandations du Dr. Tourtel, Dentosophe à qui j'avais osé lancer un appel à l'aide, j'ai commencé à faire 3 séances de relaxation par jour. C'était ma « dernière » carte, car je me sentais vraiment déstabilisée par tout ce que j'avais vécu à cette période bouleversante, à la fois moralement, physiquement, et émotionnellement. Fidèle au modèle qui fonctionne… après avoir fait le point, pris le temps, et clarifié mon équilibre peur/confiance, il me fallait changer une habitude ! J'ai donc entamé le processus. Mais vous croyez que c'était facile ? Oui et non… Après deux jours, mon compagnon me sollicite pour un rendez-vous concernant sa belle voiture à changer. Je m'étais engagée auprès de lui, même si j'avais émis mes réserves sur la faisabilité du planning. Arrivé à l'heure du départ, je devais faire mon 2e relax. J'étais face au perpétuel dilemme : dois-je faire mon relax, au prix de reporter ou décliner le rendez-vous ? Ou dois-je laisser tomber, aller au rendez-vous et faire mon relax plus tard ? Bien sûr, mon habitude habituelle était de passer après. Chargée de cette hésitation, je dis à mon homme : « *Je suis censée faire mon relax.* », à quoi il me répond d'un air culpabilisant : « *Non, là on n'a pas le temps, on va être en retard, on doit y aller, tu peux le faire après, non ?* ».

En allant me brosser les dents, j'ai fait le point intérieurement. En sachant que ce sur quoi je travaillais était une partie vraiment essentielle de ma vie entière, j'ai réalisé que si cette simple décision de respecter ma volonté et mon protocole était la clé de ma réussite, je ne pouvais pas passer à côté. Alors en revenant, j'ai paisiblement dit à mon compagnon d'une voix douce, calme et posée : « *Je vais faire mon relax.* », à quoi cette fois il a répondu : « *Dans ce cas, j'y vais tout seul.* » J'ai dit : « *D'accord.* »

Pendant que je faisais mon relax, j'ai finalement entendu mon compagnon passer un coup de fil pour vérifier s'il était possible de décaler le rendez-vous de 15 minutes sans poser de difficulté. Bien sûr c'était possible, et nous avons donc pu aller ensemble au rendez-vous. Lequel rdv a finalement duré tout l'après-midi, et j'avais la chance de profiter d'avoir fait mon relax du midi avant de partir !

Mais ce n'est pas ça le plus formidable. Ce qui m'a le plus étonnée est arrivé ensuite. Le lendemain matin, il s'est mis à me dire « *Tu mérites ta bonne santé, tu le sais, ça ?!* » Dans ma tête je me disais *« Mhh… à 90%.* » Puis il ajoute « *C'est vrai, tu fais tout ce qu'il faut, comme il faut, tu fais de l'exercice, tu manges bien, tu y crois, tu fais de la gratitude, tu bénis ton repas, etc. Tu fais tout bien, tu mérites ta bonne santé. C'est important de le savoir !* » Son insistance était très étonnante car inhabituelle, et cela venait vraiment en réponse à la prise de position claire et inhabituelle que j'avais osé assumer la veille. J'ai pu réaliser que mon ressenti à 90% était en fait le « *tu y crois* », mais de l'extérieur, lui était en train de me donner une information précieuse. Le fait que je fasse mon relax et tout le reste et que je m'y tienne montrait précisément que j'y crois, car si je n'y croyais pas, je ne le ferais pas. C'était un merveilleux feedback de la vie qui me disait que « *Ça y est, tout est là ! Il n'y a rien à ajouter* ».

Concernant les relax, au début j'avais peur de mon partenaire car je le connaissais dans son attitude où mes relax n'avaient pas vraiment d'intérêt à ses yeux et donc étaient un peu superflus, voire même contraignants. Mais après ça, c'est lui-même qui s'est mis à me suggérer de faire mon relax avant telle ou telle autre activité. Quand j'ai eu pris une vraie décision…, d'ancien opposant il est devenu mon allié !

L'aventure au petit déj' a continué dans les jours suivants, d'ailleurs grâce à ces 3 relax par jours qui me permettent d'avoir un recul paisible et serein sur les circonstances de la vie. Un jour, j'ai pris conscience que « *je peux être avec les autres et m'occuper de moi* », c'était complètement nouveau comme sensation. Au petit déj' suivant, il avait pris un couteau qui coupait mal et il galérait avec sa pomme qui a fini par terre. Ça l'a bien sûr énervé et il s'est mis à bougonner. D'ordinaire, vous n'imaginez pas à quel point j'aurais été affectée par son mécontentement, car je le percevais fort et désagréable, et je me sentais incapable d'être à côté de lui en colère sans me sentir impactée. Mais cette fois-là, au bout d'un moment, je lui ai lancé : « *Oh, mais c'est bientôt fini, oui ?!* » et nous avons ri ! Je ne m'étais pas du tout sentie atteinte par sa colère, c'était plutôt comme du « *Bla bla bla bla bla* » de bruit de fond.

Au fil des jours et des chapitres, j'ai réussi à valider le fait que je ne veux plus fonctionner avec le doute. C'est vrai, ça fait partie de l'objectif que je m'étais fixé en entamant ce livre, et je suis agréablement surprise de voir à quel point ce parcours au fil des chapitres et des partages des participants me booste moi aussi. Arrivé à un autre petit déj' cette semaine, je raconte un truc à mon partenaire qui sortait un peu de son champ de croyance, et il me dit « *Oh, j'en doute* ». D'ordinaire, j'aurais bondi pour tenter de lui expliquer davantage afin de lui faire comprendre l'intérêt d'y croire, mais là, pas du tout. L'air de rien en ouvrant le frigo, je lui ai répondu : « *Doute… si tu aimes le doute.* » Et il a ri, et tellement adoré mon détachement qui le laissait libre face à son choix de douter, que nous ne nous souvenons même plus de quoi il était question !

La morale de tout ça, c'est que l'autre peut sembler « contre » nous, quand on essaie d'aborder un nouveau changement ou un nouvel accomplissement, mais c'est simplement, comme le disait Jean-Luc d'ailleurs, en miroir de nos propres limites ou points de résistance.

Estelle Vereeck, docteur en chirurgie dentaire, dans *Le dictionnaire du langage de vos dents* mentionne, elle aussi, ce phénomène quand elle dit :

Chacun trouve le thérapeute qui lui correspond. Se faire soigner par tel ou tel praticien résulte d'un choix, inconscient mais délibéré. La manière dont un patient se sent traité par le praticien reflète la manière dont il se traite lui-même. Le dentiste pressé qui ne l'écoute pas montre à la personne le peu de temps et d'attention qu'elle s'accorde. La personne qui ne veut pas voir un problème s'arrange pour rencontrer un dentiste qui ne le détecte pas. Des personnes accusent leur dentiste de les avoir « massacrées » sans se rendre compte que c'est leur désir inconscient de s'autodétruire qui les a placées dans cette situation. La torture du dentiste n'est que le miroir des tourments qu'on s'inflige à soi-même. (56)

Encore une fois récemment, j'ai pu constater ce phénomène, justement à propos de mes dents. Au fur et à mesure que j'ai reconstruit ma confiance et ma croyance, même les rencontres et les dentistes ont changé de discours. Le premier, que j'avais choisi pendant que j'étais terrifiée à l'idée de m'être abimé une dent, m'a effectivement dit qu'il faudrait la réparer. Le suivant, que j'ai vu après avoir travaillé sur ma réassurance, était plus modéré, ne voulant pas se prononcer, mais mentionnait le fait que je m'étais « fragilisée sous la pression ». Le troisième, que j'avais choisi plus tard en pleine possession de ma détermination, m'a dit que mes dents allaient vraiment bien, et seulement face à mon insistance pour vérifier s'il n'y avait pas un souci, elle acceptait d'intervenir lors d'un prochain rdv. Mais entre-temps, ayant validé mon choix d'arrêter de douter... Je l'ai recontactée pour annuler le rdv et elle m'a répondu que c'était en effet « *une décision sage et cohérente* » ! Quelques mois plus tard, cela se confirme bien.

Les autres ont l'air d'être indépendants de notre volonté, mais ce qui ne l'est pas, c'est notre-perception-des-autres. Nous ne percevons rien d'autre que notre-perception-des-autres. Et le fait est que lorsque NOUS changeons, notre-perception-des-autres change, et donc la-seule-chose-que-nous-percevons-des-autres change. Donc, de notre point de vue, les autres changent effectivement.

Dans notre relation à autrui, ce qu'il faut garder à l'esprit, c'est que nous sommes chargés de ce que nous sommes.

L'autre ne fait que réagir à cela, par phénomène d'harmonie ou d'opposition.

Lorsque nous sommes chargés en dualité par exemple, avec un peu de pour et un peu de contre, nous sommes comme un aimant qui voudrait attirer et repousser en même temps. Ce n'est pas possible ! Enfin si, puisque tout est possible, mais dans ce cas, ça fait du surplace, ça génère des conflits, parfois des ententes, parfois des oppositions, et ça s'enlise comme dans des sables mouvants. Or, ce que l'on veut, ce n'est pas s'enliser sur place mais aller vers du mieux. Donc ce que l'on veut, c'est se charger d'une seule polarité, celle de ce que l'on souhaite vraiment, celle qui croit que l'on va y arriver, celle qui va dans la direction de notre choix. Alors vous saisissez ? A partir de là, tout le monde autour de nous, s'aligne et s'harmonise dans le sens que nous avons décidé. Y compris les amis, les proches, les dentistes ou toute autre personne avec laquelle nous interagissons.

Considérer autrui comme soi-même

Comme on l'a vu avec Emerson au Chapitre 3, la grandeur se trouve dans notre capacité à faire face à autrui tout en restant celui/celle que l'on veut vraiment être. Ce que l'on perçoit des autres n'est que ce que nous sommes, et si ça nous surprend c'est simplement que nous n'en étions pas conscients. C'est donc un miroir très efficace pour se regarder en face et voir ce que nous apprécions et ce que nous aimerions changer. Non pas chez l'autre donc, mais chez soi-même, puisque le reflet dans le miroir s'en trouvera naturellement modifié.

A ce stade, vous devriez avoir senti des changements dans votre perception des autres, sinon c'est que vous n'écoutez rien de ce que vous lisez. Voyez ainsi si vous êtes motivé à faire bouger les choses dans votre esprit :

1. Selon vous, quel est le point commun entre toutes vos relations ? _____
2. Quels sont 3 éléments les plus importants qui vous ont interpelés dans ce chapitre ? Choisissez le plus

surprenant à vos yeux, et allez le raconter et l'expliquer à quelqu'un de votre entourage qui selon vous en a le plus besoin. Comment a-t-il/elle réagit ? _____

_____

_____

3. Et votre succès, le jugerez-vous comme vous jugez les autres ? Vous avez donc compris qu'il est temps pour vous d'utiliser votre énergie à « apprécier » plutôt qu'à « juger ». Ainsi, vous vous préparez à « apprécier » votre succès plutôt qu'à le « juger ».

Pour faire honneur au thème, j'ai décidé de laisser le mot de la fin à autrui. Voici ce qu'ils m'ont répondu quand arrivé à la fin de ce chapitre, plus d'un an après leur programme, je leur ai demandé : « *Qu'aimeriez-vous vraiment retenir de votre REPROG concernant la relation à autrui? Qu'est-ce qui a été pour vous le plus important ou le plus précieux?* »

Shirley : Je dirais de façon générale une meilleure approche, dans le sens où j'essaie de ne plus interpréter ce qui est dit ou fait. Je fais en sorte de toujours penser que ce sont mes alliés. Même si ça n'a pas l'air, ils sont là pour m'aider et en échange je trouve toujours quelque chose à dire où à faire qui tombe à pic. Donc pour résumer je dirais que c'est plus fluide, agréable et solidaire.

Philippe : Personnellement je n'avais pas réellement pris conscience que ma relation à autrui était mauvaise et ne me faisait que du tort. Le REPROG m'a permis d'inverser la vapeur et notamment après avoir saisi l'importance du pouvoir des mots.

Marie : Pour ma part, ma relation avec autrui me sert de baromètre, ça m'aide beaucoup aujourd'hui à savoir où je suis : si je suis dans la résistance, le lâcher-prise, le don, le recevoir. En ce moment c'est : Est-ce que je suis prête à accepter l'autre tel qu'il est, sans filtre. C'est un vrai challenge❤.

3 QUESTIONS POUR SAVOIR OU VOUS EN ETES

7.1/Êtes-vous prêt(e) à réussir ?

a. Euh… Ça dépend, est-ce que je dois penser autrement pour ça ?

b. Bien sûr que je suis prêt(e) ! Je n'attends que ça !!!

c. Pas sûr… Parfois je sens que oui, d'autres fois je ne sais plus.

d. J'ai tendance à changer d'objectif ou de priorité, je n'arrive pas à me fixer, à rester focus et à être vraiment à pleine puissance dans une seule et claire direction.

7.2/ A quel point prenez-vous soin de vos relations comme d'un trésor ?

a. Bof, pas sûr que ce soit vraiment un trésor, je préfèrerais un sac de billets, un ticket pour le tour du monde, une belle maison ou même un bol de santé !

b. Bien sûr que c'est précieux, même si parfois ça pique, c'est aussi important que de prendre soin de soi-même.

c. Je ne sais pas si j'y parviens, je n'y pense pas vraiment, je me laisse porter, peu importe les circonstances ou conséquences.

d. Non mais sérieusement ? Les autres ne sont vraiment pas un cadeau, je ne vois pas pourquoi ce serait à moi d'en prendre soin.

7.3/ Selon vous, quel est le point commun entre toutes vos relations ?

a. Je crains que toutes mes relations ne soient trop _____, ou pas assez_____, ou toujours_____, Ou jamais_____.

b. Aucune idée ! Je m'en fous un peu, les relations ne sont pas le plus important.

c. Trop déçu par les gens… J'ai capitulé.

d. C'est le personnage principal de l'histoire bien sûr, comme dans le film de ma vie, où tous les autres sont là pour moi.

> *Dieu est le pouvoir engendré et amplifié par votre*
> *propre activité de pensée.*
> Baird T. Spalding, La Vie des Maîtres (73)

Chapitre 8

LA CONSCIENCE QUI OBSERVE

A votre avis, DANS LA PRATIQUE, que signifie « avoir une bonne estime de soi » ? Voici de quoi vous faire changer d'avis...

Tout est dans le regard

La valeur n'a pas attendu qu'on la regarde pour être là. Elle est là tout simplement depuis que nous sommes là. En revanche c'est notre choix d'observateur qui détermine la façon dont nous estimons, la façon dont nous valorisons, et dont nous apprécions.

Quel est donc votre choix le plus fréquent lorsque vous pensez à vous-même ou à quelqu'un d'autre, que vous regardez ou que vous écoutez ? Avez-vous tendance à (vous) valoriser, ou à (vous) dévaloriser ? C'est bien simple, il n'y a que l'un ou l'autre. Eventuellement le choix du centre, qui ne juge même pas et n'en pense rien, mais cela incite à simplement méditer paisiblement – en sachant la valeur de toute chose – ce qui est encore au-delà sur le chemin. Dans un premier temps, c'est bien trop risqué de se croire dans cet équilibre subtil, alors que ce n'est qu'une fuite pour éviter de connaître sa propre valeur.

Liza Lapira est une actrice américaine qui a plusieurs fois attiré mon attention car elle joue des rôles de jeunes femmes qui sont vraies, authentiques, sans fausse modestie, sans pudeur inutile. Elle rayonne joyeusement et quelles que soient ses circonstances, elle semble apprécier sa vie. Un exemple récent se trouve dans la série TV *The Equalizer* (57) où elle joue le rôle de *Melody*. A un moment où elle rendait service à son amie, celle-ci lui demande : « *Tu sais pourquoi je t'aime?* » et *Melody* répond sans hésitation et avec un grand sourire : « *Parce que je suis futée, loyale et on se marre bien avec moi* ☺ ». Même mon compagnon me disait l'autre jour : « *Je l'aime bien, elle, parce qu'elle n'est pas plus que ce qu'elle prétend être mais elle est dégourdie.* »

Avez-vous cette capacité à savoir pourquoi les gens vous aiment ? Non pas avec orgueil ni par vanité, mais simplement parce que vous avez conscience de votre valeur, de vos qualités, et de ce qui est appréciable chez vous.

Avoir une bonne estime de soi est essentiel pour que nos actions portent des fruits qui auront de la valeur à nos yeux. Puisque si nous nous efforçons de faire tout un tas de choses alors que nous pensons ne pas mériter notre propre appréciation, pour quelle raison ce que nous produisons aurait davantage de clémence à nos yeux ?

Avoir une « bonne » estime de soi n'est peut-être même pas le bon terme, il s'agit plutôt d'avoir une « saine » estime de soi. C'est-à-dire d'avoir une *saine* façon de se regarder soi-même, et de *penser sainement* à propos de soi-même, ce qui par ailleurs nous maintient en bonne santé, y compris physique !

Dans *Pouvoir Contre Force*, Dr. David R. Hawkins nous dit :

« *Quand le mental est dominé par une vision négative du monde, la conséquence directe est une représentation de minuscules changements dans la circulation d'énergie vers les divers organes corporels. Le champ subtil de la physiologie est affecté dans toutes ses fonctions complexes* » (58)

Vous imaginez bien que le corps ne se dit pas « *ah tiens, c'est négatif alors je me fais du mal* » tandis qu'il se dirait « *ah, tiens, c'est positif, alors je ne fais rien* ». Bien sûr que non. L'effet a lieu dans les deux cas, et simplement il a un impact négatif quand notre vision du monde est négative, ou un impact positif quand notre vision du monde est positive.

Vous doutez peut-être encore du pouvoir des affirmations positives, mais pourtant, Hawkins nous démontre aussi par les apports de la science de la dynamique non linéaire que « *la répétition d'une très légère variation sur une certaine durée provoque un changement progressif de structure.* » (58), alors vous comprenez maintenant qu'en faisant le tout petit effort quotidien de vous répéter une phrase positive dans votre esprit durant un temps *certain*, cela peut effectivement provoquer un changement significatif dans la *structure* de vos pensées.

Maintenant c'est vous qui êtes au centre de votre vie

Quel genre de « centre » êtes-vous à ce stade ? Et de quoi auriez-vous besoin pour être le meilleur centre possible de votre vie ? La personnalité la plus formidable, intriguante, inspirante, amusante, charmante, aimable et bienveillante, ou tout ce que vous voulez d'autre, dans le film de votre vie.

Quand elle a commencé REPROG, Marie était vraiment gênée face à autrui. Elle avait même omis de faire une petite vidéo d'introduction que j'avais invité chaque participant à envoyer au groupe. Il s'agissait d'une courte vidéo d'une minute, pour partager trois détails qui permettaient de faire connaissance, simplement en racontant les trois éléments qu'ils avaient définis dans leur lancement de programme. Mais Marie n'a jamais fait cette vidéo d'introduction…

Sa difficulté à se présenter au monde était telle que même son prénom n'était pas clair. Mais désormais c'est un détail qui l'amuse et sur lequel elle plaisante généreusement. Lors de la réunion de groupe à la fin du programme, où nous célébrions ensemble les accomplissements des uns et des autres, elle nous faisait part de ses ressentis, en déclarant qu'on aurait pu l'appeler « *Désirée* » :

« *C'est venu dans ma tête comme ça, parce que je me fais désirer ces derniers temps au lieu de précipiter les choses comme j'avais l'habitude de le faire. Même si je dis que je serai à l'heure, que je vais être à l'heure, il y a parfois des petits problèmes techniques alors sur le coup, je me suis dit que j'allais plutôt m'appeler Désirée.* ☺

Sinon, par le passé, je prenais souvent des formations que je ne terminais pas. Mais là, avec le groupe, il y avait cette dynamique qui me faisait me demander « Est-ce que je vais terminer ? Et serais-je la dernière ou pas ? » Lorsque le programme a touché à sa fin, je me suis rendue compte que j'étais dans les premiers et même la première à terminer la formation. Alors que d'habitude, quand je prends des formations, je ne termine pas. Et là, même si j'ai pris mon temps, j'ai terminé le programme. Et je suis très-très contente de l'avoir fait. »

Marie est effectivement arrivée en tête cette fois-là, et ce n'est pas du tout pour se comparer les uns aux autres, mais simplement une réussite personnelle pour elle. Tandis qu'au début de son programme, pour s'exprimer en public ou en vidéo, c'était quelque chose de difficile malgré le soutien du groupe ou mes indications, après seulement trois mois de reprogrammation et de libération de ses blocages (sans même une intervention particulière), elle était désormais très à l'aise. Marie est formidable, et c'est un plaisir de pouvoir échanger avec elle, et qu'elle nous partage davantage d'elle-même. Quand elle a ajouté : *« Merci à tout le monde d'être là et de m'avoir accompagnée également malgré tout. »,* le groupe s'est agité de concert car ce n'était pas *« malgré tout »* mais plutôt *« avec grand plaisir de faire le chemin avec toi et tous ensemble. »*

C'est la même chose pour vous. Quel que soit ce que vous pensez de vous-même, c'est probablement loin de la vérité, car vous êtes une personne formidable, et si (parfois) vous en pensez différemment, c'est simplement qu'un programme erroné vous en empêche. Ce n'est pas un défaut, c'est simplement que ça a été utile ou cohérent à un moment donné, mais que ce n'est plus nécessaire. N'allons pas nous laisser hypnotiser par les résidus du perfide serpent *Triste Sire* qui nous fait faire des choses qui ne sont pas nécessaires… Il est temps maintenant de nous concentrer sur l'ESSENTIEL.

Par la suite, Marie ajoutait : « *Oui j'ai terminé la formation, peut-être, mais comme dirait Alice, c'est juste le début d'une grande aventure. J'ai eu un élan pour le faire et je m'aperçois finalement qu'il y a autre chose à terminer, donc tous les jours je construis des nouvelles choses.* »

Effectivement, ce n'est que le début, y compris pour vous qui lisez ce livre et qui avez entamé ou qui poursuivez votre propre chemin de reprogrammation. Ce qui est extraordinaire et vraiment important, et qui devrait être en cours pour vous aussi, c'est que ce soit vous qui soyez au centre de votre vie. Je ne sais pas si vous le ressentez déjà mais c'est quelque chose de vraiment important, non pas pour être égocentrique ou je ne sais quoi qui pourrait être jugeable mais pour le fait d'être aligné dans ses chaussures et d'être au centre de sa vie. **Parce que finalement dans votre vie à vous, la personne la plus importante, c'est vous.** Les participants m'ont entendue le dire tout au long du programme, et c'est tellement vrai. Puisque si on vous enlève de votre vie, votre vie n'existe plus du tout. Donc le personnage principal, c'est vous.

C'est comme dans un film, où le personnage principal, le héros de l'histoire, est le plus important. Ou l'héroïne, la plus importante ! Donc on veut la préserver, on veut qu'elle aille bien, on veut que ça se passe bien, on veut que ça se termine toujours bien, quels que soient les aléas. On veut qu'il y ait de temps en temps des rebondissements, parce que c'est marrant, ou stimulant, intriguant, parce que c'est tout ça… Mais globalement, c'est le personnage principal qui est au centre de l'histoire et ça, c'est vraiment important pour faire un bon film.

Donc si votre objectif ou quoi que ce soit d'autre, prend plus de place dans votre vie que vous, c'est que vous n'êtes pas dans le bon film ! De la même façon, si vous espérez être la star dans la vie de quelqu'un d'autre, c'est que vous n'avez pas encore compris la vie de qui vous souhaitez vivre : la vôtre.

Le plus important, c'est vous. Quels que soient les objectifs, quelle que soit la nature des objectifs – que vous ayez envie d'atteindre un but, de créer quelque chose, de construire un succès, ou même de réaliser une mission particulière – l'élément et l'ingrédient principal c'est vous finalement. Puisque la mission, quelle que soit la mission, c'est vous qui allez la mener. D'autant plus que la façon de choisir la mission dépend de qui nous sommes nous-mêmes, puisque nous allons choisir la mission et la mener en fonction de ce qui nous plait, en fonction de ce qui nous fait vibrer, et du coup, pour savoir ce qui nous fait vibrer, eh bien il faut savoir quelle est notre fréquence à nous. Pour savoir où est-ce que ça vibre et comment ça vibre et sentir ce petit quelque chose qui fait « cui-cui », comme des oiseaux dans le cœur qui chante.

Un jour, quand j'étais adolescente, j'ai eu la chance que mes parents aient invité un ami à la maison. Il était un grand chirurgien renommé, avec suffisamment d'ego et d'orgueil pour tenir tête aux plus grandes instances. Cela lui a valu quelques difficultés, mais je pense que nous bénéficions tous aujourd'hui des retombées positives de ses efforts démesurés. A lui, comme à d'autres évidemment, car c'est un effort collectif, dans lequel chacun fait avec ce qu'il/elle est.

Cet ami avait la particularité de penser qu'il fallait manger *« sept olives vertes, ni plus ni moins, juste sept olives vertes, pas noires, sept olives vertes, pour le cerveau, c'est le meilleur »*. Je n'ai jamais vraiment su pourquoi, mais c'était amusant. Une autre chose qu'il m'a dite et qui par contre a vraiment influencé ma vie, c'est quand je lui ai parlé du garçon qui me plaisait à l'époque et pour lequel je me demandais si j'avais raison ou si je ferais mieux de passer mon chemin et de me concentrer sur mes études. Sa réponse a été vraiment surprenante. D'abord il m'a demandé mon âge je crois, en précisant que j'avais largement le temps de réussir, et puis il m'a dit, et même écrit sur un petit mot avec un mini Snoopy qu'il m'avait offert :

« Va là où chante ton cœur ! »

Donc grossomodo, après une bonne vingtaine d'années de vérifications, par moi-même et auprès de tous les gens que j'ai croisés et qui m'ont dit avoir un certain « dialogue » avec leur intuition ou leur guidance intérieure, je crois que la réponse est là. Pour savoir si on est aligné avec soi-même, c'est simple : en écoutant votre cœur, est-ce que vous le sentez chanter ?

Même si on travaille sur un objectif que l'on n'a pas encore atteint, s'il est en bon alignement, quand on pense à réussir, ça chante, ça ouvre, ça fait du bien, ça fait sourire en y pensant. Et chaque fois que l'on se demande si on doit faire tel ou tel choix, la réponse devrait se trouver dans l'air que chante notre cœur. Si c'est un air triste, c'est qu'il y a du *Triste Sire* dans les parages qui tente de nous hypnotiser... Si c'est un air joyeux qui fait du bien et qui donne de l'entrain, alors c'est que notre corps et notre être tout entier ont envie d'y aller !

Semer des graines saines : des graines ego-logiques

Randy Gage, dans *RISKY is the New SAFE*, utilise une formule que je trouve très explicite et c'est la première fois que je vois quelqu'un la mentionner ainsi. Il nous dit : (59)

La formule de manifestation de la prospérité est simple :
1. Plantez des graines avec une programmation positive
2. Arrosez avec répétition
3. Récolter

Comprendre ici la prospérité au sens large, car par définition, cela inclut *la bonne santé, la situation favorable, l'état d'abondance, l'augmentation des richesses* (ou des résultats), *l'heureux développement,* etc. (60) Gage lui-même précise que « *la prospérité ne consiste pas vraiment à atteindre le succès, mais à vivre une vie réussie.* » (61)

Nous avons vu en effet que la vision du monde positive est essentielle pour avoir un impact positif. Nous avons vu aussi que la répétition permet de provoquer un changement de structure. Nous avons compris maintenant que la récolte ne peut se faire que si la graine fournit la floraison que nous espérions. Alors comment obtenir les résultats de notre choix ?

Il s'agit de :
- ✓ planter une graine
- ✓ **avec une programmation positive**
- ✓ CONCERNANT CE QUE L'ON SOUHAITE.

Autrement dit, quand on plante une graine – ce qui équivaut dans la pratique à poser une action, passer un coup de fil, postuler pour un job, se lancer dans un projet, etc. – la programmation, c'est-à-dire l'état d'esprit dans lequel c'est fait, va programmer la nature du résultat. Si vous pensez être « bon à rien » en vous lançant dans un projet, vous pouvez être sûr de croiser les rebondissements nécessaires à changer de point de vue avant de réussir. Si vous pensez au meilleur en focalisant sur votre objectif, et que réussir requiert que votre estime de vous-même s'améliore, c'est aussi ce que vous serez invité à faire sur le chemin.

Randy Gage poursuit en ajoutant : *L'ego de tout le monde change tous les jours. Le vôtre subit toujours des changements pour mieux ou pire du fait de la nature de vos pensées. [...]*

Vous arriverez à la profonde révélation [...]. Que les pensées auxquelles vous donnez la priorité façonneront votre caractère, créeront vos circonstances et détermineront votre destin ultime. (59)

Certains pensent qu'il faut se défaire de son ego, s'en débarrasser, ou le faire taire. Mais est-ce vraiment ce que vous voulez penser de ce que vous allez accomplir ? Voulez-vous atteindre votre but pour ensuite vous en débarrasser ou le faire taire ? Pour quelle raison votre ego - qui vous permet d'être et d'agir dans cette vie incarnée - devrait être à débarrasser, tandis que ce qu'il vous permet d'accomplir serait à chérir ?

Il faut choisir. Non pas entre le but ou l'ego, mais entre débarrasser ou chérir.

C'est justement bien au contraire en l'écoutant et en l'honorant, que notre ego peut s'exprimer d'une façon saine et équilibrée. L'ego, c'est quoi ?

- Selon Le Robert, c'est *le sujet pensant, le moi*. (62)
- Selon Larousse, c'est le *nom donné au moi conçu comme "sujet personnel"*. (63)
- Selon Wikipédia, *l'ego désigne la représentation et la conscience que l'on a de soi-même*. (64)
- Selon le Wiktionnaire de la langue française, c'est là que ça se précise: *Représentation et conscience que l'on a de soi-même, en tant qu'individu séparé des autres, voire unique au monde, cherchant à être valorisé*. (65)

Au-delà du début, c'est simple et neutre : « *Représentation et conscience que l'on a de soi-même en tant qu'individu séparé des autres* », c'est assez précis, et cela confirme sa nécessité pour œuvrer, car nous avons besoin d'agir en tant qu'individu, en tant que soi, nous ne sommes pas là pour agir en tant que quelqu'un d'autre, sinon ça devient un peu paranormal... Vous ne voulez pas réussir votre vie en tant que votre belle-sœur ou votre meilleur ami, si ? Bien sûr que non, vous voulez réussir votre vie en tant que vous-même. Le héros de votre vie, vous avez compris.

Sauf qu'ensuite, ça se corse, parce que « *voire unique au monde, cherchant à être valorisé* », cela sous-entend ou présuppose qu'il ne l'est pas. C'est justement là que l'ego pose des difficultés, quand il requiert un réajustement de quelque chose qui n'est pas juste. En tant que personnage central et principal de notre vie, si nous ne nous sentons pas valorisé, ou que nous ne nous sentons pas unique au monde, c'est que nous n'avons rien compris au film.

Alors que quand nous savons que nous sommes uniques au monde, et que nous savons que nous avons de la valeur, et que justement nous la voyons et l'apprécions, nous n'avons aucun besoin de chercher à être valorisés, et notre ego est heureux.

Randy Gage poursuit par une idée qu'il n'est pas le seul à expliquer : *Votre plus grand bien doit constituer le fondement de votre système de valeurs. Faire votre vie, par vos propres moyens, selon vos propres normes, et pour votre propre plaisir. Tout ce qui est moins que cela vous est nuisible. Et tout ce qui est nuisible à l'individu est en fait nuisible à la société dans son ensemble.*

[...] Quand vous considérez que servir et aider les autres est plus important que de vous aider vous-même. C'est un signe certain d'une faible estime de soi, de problèmes de valorisation et de virus mentaux nuisibles [...] (66)

On retrouve en effet cette approche chez Les Giblin, dans *How to Have Confidence and Power in Dealing with People*. Bien qu'il ne cite pas ses sources, il affirmait déjà dans les années 1950 : *Les psychologues, les criminologues, les pasteurs et maintenant même les médecins nous disent que la plupart des problèmes et de la misère dans ce monde sont causés par des gens malheureux. Ils nous disent qu'en vous rendant malheureux et frustré, vous faites aux autres le plus grand tort que vous puissiez imaginer.* (67)

Pas étonnant qu'être heureux ait le vent en poupe depuis toutes ces années, puisque c'est essentiel au bonheur collectif.

Quand Jean-Luc a fait REPROG, il a finalement réussi à acquérir la voiture de ses rêves. Tout d'abord en réajustant sa cible, comme on l'a vu précédemment, puis ensuite en se réajustant lui-même. En effet, pour récupérer la voiture, il lui a fallu parcourir plusieurs centaines de kilomètres pour aller la chercher. Mais c'est sur le voyage du retour, qu'il a été le plus surpris de ce que ce nouvel achat allait générer en lui. Voici ce qu'il m'a raconté à propos de la première fois qu'il s'est arrêté sur une aire d'autoroute :

« « « Jean-Luc

Jour J : départ pour le nord de l'Allemagne ! J'avais enfin trouvé la voiture de mes rêves et tous les critères correspondaient parfaitement. J'étais aux anges.

J'ai sauté dans un avion, et je suis parti la chercher en territoire étranger, dans une langue que je ne maîtrisais pas du tout. Je me sentais partir vers l'inconnu, avec comme seul point de connexion un concessionnaire allemand censé parler Anglais, qui devait passer me récupérer à l'aéroport.

Il est finalement arrivé avec un peu de retard, histoire de me faire stresser un peu :)… Une fois retournés à la concession et les papiers signés, j'ai enfin pu repartir le cœur plus léger et satisfait de mon achat. Mais c'est en redescendant en voiture par l'autoroute que j'ai été confronté à ma prochaine étape, à laquelle je ne m'attendais pas du tout. Après une régalade à rouler sans limitation de vitesse sur les autoroutes allemandes, voilà que j'arrivais en France. Après quelques centaines de kilomètres, il a évidemment fallu faire le plein. « *Ok prochaine station, je m'arrête.* » C'est alors qu'une sorte de Corvette a commencé à me chauffer pour faire la course, mais je n'étais pas là pour ça.

La prochaine aire arrivait, je me rabattais sur la droite pour sortir, voyant que mon acolyte en Corvette me suivait vers la station essence. Sans savoir pourquoi, je commençais à être gêné de cette situation. Finalement je me suis arrêté devant la pompe, et je suis sorti de la voiture pour faire mon plein. Je pouvais voir le gars en Corvette qui m'observait de loin, l'air de dire « *Qui t'es, toi ? Et qu'est-ce que c'est que cette voiture ?* » Evidemment, c'est ce que je projetais moi-même et peut-être pas du tout ce qu'il pensait lui. Je n'aimais pas cette sensation de me sentir jugé. Je n'avais pas acheté cette voiture pour faire un concours de coqs ni faire la course, je l'avais juste achetée pour me faire plaisir. Je commençais à me demander d'où venait ce sentiment désagréable de compétition qui n'avait rien à faire là.

Ensuite, tout en tentant d'ignorer ce gars, je suis allé me garer devant la boutique pour payer mon essence. Là, il y avait un groupe de gens, environ 6 personnes, qui discutaient sur la droite, et qui évidemment se sont tous retournés pour regarder ma voiture quand je suis arrivé. A ce moment-là, à mon grand étonnement, je n'aimais pas ça non plus et je n'ai pas pu me lever de mon siège… Je me suis rendu compte que je n'osais pas me montrer. Je n'osais même pas sortir de la voiture ! Parce que je n'avais pas acheté cette voiture pour être regardé ni pour me la raconter, mais pour me faire plaisir. J'ai dû attendre que le groupe parte, pour finalement pouvoir sortir de la voiture… Fort heureusement, ils sont partis vite !

Je suis allé payer, et je suis reparti en me disant que je n'avais pas prévu ça, mais que j'allais devoir travailler la façon dont je percevais le regard des autres parce que cette situation allait désormais se reproduire régulièrement.

Ce qui m'empêchait de sortir de la voiture, c'était vraiment le regard des autres, ou en tout cas mon propre regard à travers les autres. J'étais gêné du fait qu'ils pouvaient me juger, et je ne me sentais pas à l'aise avec le fait d'être le centre de l'attention.

Par la suite, il m'a donc fallu réajuster mon propre regard sur moi dans cette situation, et pour y parvenir :

1. j'ai appris à être à la hauteur de ma grosse voiture rouge américaine,

2. j'ai appris à me défaire de ce que pensent les autres, en bien ou en mal,

3. je me suis focalisé sur le fait que je voulais me faire plaisir à moi et non me sentir jugé ou en compétition avec les autres, donc je me suis focalisé sur le plaisir.

Aujourd'hui, après 6 ans, j'apprécie encore énormément cette voiture et j'apprécie de voir les étoiles dans les yeux des gens quand ils la voient. J'aime les discussions que cela peut engendrer quand je sors de la voiture. Je ne suis plus gêné de me montrer. Mon travail sur moi avec cette alliée d'exception est ainsi terminé, pouvant laisser place à une nouvelle aventure, qui sait... très prochainement.

/ Jean-Luc » » »

Semer des graines « saines » implique que tout ce qui fleurira de ces graines sera sain et bénéfique. Cette situation était certes inconfortable sur le moment pour Jean-Luc, mais ce qui en a découlé dans sa démarche personnelle était évidemment très bénéfique.

Parfois nous avons l'impression que la vie ou les circonstances nous persécutent, mais *si notre interprétation nous fait nous sentir mal, c'est que ce n'est pas la bonne interprétation.* La vie a toujours de belles choses à nous offrir, simplement cela peut être biaisé par nos propres perceptions. Et cela peut avoir un goût amer le temps de nous réajuster à ce que nous voulons vraiment, ou à notre plus haute version de nous-mêmes.

Les Giblin précise des choses essentielles concernant l'estime de soi notamment le fait que *Grâce au travail des psychologues cliniciens qui ont étudié des cas de personnes réelles (et non théoriques), nous savons maintenant, sans aucun doute, que la personne égocentrique et égoïste ne souffre pas d'une trop grande estime d'elle-même, mais d'une trop faible estime.* (68)

Si les gens qui font du mal, se sentaient dignes de faire le bien, croyez-vous sincèrement qu'ils persisteraient à faire du mal ? Vous avez raison : relisez-donc cette question encore une fois…

Personnellement, j'observe que les gens qui se sentent dignes du meilleur veulent et font le meilleur autour d'eux. Si leurs convictions ne correspondent pas aux vôtres, c'est un autre sujet. Mais simplement d'un point de vue de s'accomplir et d'offrir notre valeur au monde… Plus nous avons conscience, sainement, de notre propre valeur, plus nous sommes en paix avec le fait de bénéficier du monde – et de le mériter – et avec le fait de contribuer au monde, par notre valeur ajoutée qui bénéficie à tous les autres.

La valeur se fiche d'être chiffonnée

Un jour, une personne que j'apprécie énormément parce qu'elle m'a guidée avec douceur et fermeté, pendant une période où j'en avais grandement besoin, a raconté quelque chose sur scène, que je n'ai jamais oublié. Cela a même fait rire Jean-Luc dernièrement, tandis que je lui rappelais cette idée pour le sortir de ses quelques pensées sombres du moment.

Il s'agit d'Earlene Vining, mentor et conférencière qui a inspiré des milliers de personnes à profiter de leur vie avec satisfaction et d'une façon durable, grâce à des techniques éprouvées et infaillibles. L'ingéniosité dont elle a fait preuve tout au long de sa vie, pour vaincre les obstacles incommensurables à la réussite personnelle, l'a récompensée par la reconnaissance et la prospérité. Un jour, sur une magnifique scène aux Etats-Unis, vêtue avec goût comme elle en a la charmante habitude, elle nous racontait avoir toujours un billet de 100 dollars dans son porte-monnaie, contribuant à lui rappeler qu'elle a toujours de la valeur. Tandis qu'elle sortait un billet de 20 dollars de sa pochette, elle nous le montrait, le brandissait vers l'ensemble du public, puis nous questionnait sur sa valeur. « *20 dollars, est-ce bien cela ?* » Le public acquiesçait : le billet valait bien 20 dollars.

Soudain, sous les yeux fixés de l'assemblée, elle chiffonnait vigoureusement le billet de sa main libre, tenant son micro de l'autre. Puis elle ajoutait : « *Et là, quelle est donc la valeur du billet ?* »

Bien sûr, tout le monde comprenait progressivement son message qui faisait frémir les esprits, réalisant leur « erreur » probablement fréquente, de croire que la valeur s'évapore quand on se sent « chiffonné » par les circonstances de la vie.

Puis elle jetait le billet par terre pour le piétiner, et nous demandait à nouveau : « *Et là, quelle est la valeur du billet ?* »

Quels que soient les aléas de la vie, quel que soit ce qui nous arrive, notre valeur intrinsèque reste la même, intacte, intouchée, préservée, prédéterminée.

Ce n'est que le regard que nous portons sur nous-mêmes, et ce que nous avons tendance à penser et à nous dire de nous-mêmes après avoir été bousculés, qui a un impact négatif. Et malheureusement si cela devient régulier, comme le disait Dr. Hawkins précédemment, cela peut induire un profond changement de structure. Notre valeur reste la même, mais si notre structure mentale refuse de la reconnaître, alors nous ne pouvons pas la ressentir ni l'exprimer. Dans ce cas, c'est devenu un programme qu'il faut alors modifier.

Pour modifier un programme, c'est assez simple dans le fond, il nous faut identifier la structure principale du programme actuel, clarifier ce que nous aimerions comme nouveau fonctionnement, et commencer à l'utiliser. Face au nouveau comportement, tout ce qui va ressortir ou réagir ou résister, est à traiter. Soit ça se fait tout seul, soit il faut un peu d'aide. Les outils sont nombreux et souvent très efficaces. Parfois certains outils sont plus adaptés que d'autres, selon la nature du programme, le contexte, ou encore notre tempérament du moment. Mais ce que j'ai pu observer aussi, c'est qu'une fois que les participants ont fait REPROG, même s'ils n'ont pas « tout » traité durant le programme, ils ont quand même développé l'autonomie et une certaine agilité à modifier leurs programmes au fur et à mesure. Cela faisait justement partie des objectifs d'un tel programme puisque le plus important c'est notre autonomie, notre capacité à pouvoir continuer à vivre en nous sentant bien, quoi qu'il arrive !

Se remplir d'amour pour rester centré

Quand Jean-Luc a traversé un petit passage inconfortable récemment, nous avons évoqué ensemble cette idée de semer les « bonnes » graines, des graines chargées d'estime, d'amour, de joie, de bonheur, de succès. Il a progressivement repris ses idées en mains, à la lumière de toutes les fondations qu'il avait construites pendant son REPROG, pour apprendre à être aux commandes de lui-même et de sa vie.

Il se disait « au fond du trou », se sentant déçu et démotivé par un passage de son parcours. On a réalisé que c'était là, justement, que la nature de ses pensées était déterminante.

En effet, quand on est « au fond du trou », c'est comme si on venait de creuser la terre de notre jardinière, désormais prête à accueillir les graines que nous voulions semer... Il est donc ESSENTIEL dans ces moments « au fond du trou » que nous vivons probablement tous parfois, de prendre soin de la nature de nos pensées.

Quand on en a discuté, on a constaté que Jean-Luc avait tendance à se critiquer pour se motiver à s'améliorer. C'était son habitude de fonctionnement. Jusque-là, ça avait suffisamment fonctionné. Mais arrivé à ce stade de son évolution personnelle, cela semblait devenir un problème car il se sentait mal. Nous avons réalisé que cela revenait à semer des graines de critiques dans sa jardinière intérieure ou dans le jardin de sa vie. Quand bien même ce soit dans le but de se motiver, le fait de vivre dans la critique et les reproches valait-il les conséquences sur son appréciation ? Cela semble en effet garantir de rencontrer des passages à critiquer de façon récurrente, afin de continuer à s'améliorer régulièrement.

Pour être clair : quand on est au fond du trou et que l'on se critique pour se motiver à s'améliorer, cela revient à semer des graines de critique dans le trou que l'on vient de faire. Et des graines de quoi, si « on se met la misère » pour le faire?

Peu de temps après ça, on s'est aperçus que Jean-Luc était perdu dans ses pensées, beaucoup moins présent et aimant pendant qu'il sombrait dans ses préoccupations. C'est un point crucial pour chacun d'entre nous à ce stade.

Nous avons discuté du fait qu'il avait le cœur vide parce qu'il avait oublié de le remplir d'amour. Toutes ces pensées négatives avaient progressivement eu un impact négatif sur son système, comme le soulignait le Dr. Hawkins. C'était comme si sur un grand cadre, il y avait son objectif d'un côté, et l'amour de l'autre. En oubliant de remplir son cœur d'amour, et de se nourrir d'amour pour cela, il était en train de dériver au lieu de rester centré. Se sentant attiré comme un aimant, par la charge magnétique de l'amour, qui allait pouvoir le compenser. Mais en faisant cela, d'après la structure de ce cadre, il s'éloignait aussi sans le vouloir de son objectif, ce qui allait complètement à l'encontre de ses espoirs. Tiraillement assuré.

Le problème suivant, c'est que le cadre en question, une fois qu'on approche des bords, on s'aperçoit que c'est comme un billard, avec des trous dans lesquels on peut sombrer. En dérivant trop de notre centre, on risque, non pas de tomber dans l'amour, mais de passer à côté pour sombrer dans le trou.

Si nous voulons rester centrés, et équilibrés, tout au long du chemin qui mène vers nos objectifs, nous devons équilibrer notre être et nos énergies en nous remplissant d'amour. Selon l'Institut *HeartMath*, en Californie (69), dont les travaux sur la cohérence cardiaque et les relations entre le cœur et le cerveau sont étonnants, la notion d'amour est parfois associée à des idées plus ou moins agréables pour chacun (évidemment, cela dépend du vécu et des programmes de chacun). Ils recommandent donc de se connecter à des vibrations correspondantes, qui sont des formes déclinées de l'amour, telles que la gratitude, l'appréciation, la compassion, ou le soin. Leurs démonstrations des effets de ces ressentis sur les battements du cœur sont révélateurs. (70)

Voici les graphiques observés tandis qu'une personne ressent de la frustration ou au contraire de l'appréciation :

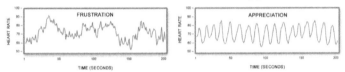

Ils en concluent qu'un cœur qui apprécie est un bon remède. Il semblerait que cela soit aussi un bon guide vers notre plus grand bien.

Après cette conversation, le comportement de Jean-Luc a commencé à changer : il s'est mis à avoir des comportements d'appréciation, pouvant dire de l'amour, donner de l'attention, ou même complimenter ses proches, pour leur plus grand bonheur. Cela peut nécessiter un réapprentissage, quand on a passé longtemps à dériver. Le travail est en cours, les impacts peuvent être conséquents, mais remettre l'amour au cœur de soi-même, c'est ce qui rend heureux, donc c'est important.

Les Giblin ajoute : *L'homme ou la femme qui se rend compte qu'il est "quelque chose", non pas à cause de ce qu'il a fait ou de combien il a été bon, mais par la grâce de Dieu qui l'a doté d'une certaine valeur innée, développe une saine estime de soi.* (71)

Quelles que soient vos croyances religieuses, remplacez le mot Dieu par « la vie » par exemple, ou par la définition de *La Vie des Maîtres* que je vous ai indiquée en début de chapitre, et prenez conscience de votre valeur intrinsèque personnelle. Cela vous permettra 1/ de vous sentir mieux, et 2/ de faire bénéficier tout le monde autour de vous de cette valeur essentielle et qui n'a pas d'intérêt à dormir au fond d'un trou comme une graine qui ne pousserait pas. ARROSEZ-VOUS D'ESTIME, DE BONNE HUMEUR, ET DE PENSEES POSITIVES A PROPOS DE VOUS-MEME ET A PROPOS DES AUTRES, ET VOUS VERREZ QUE CETTE FLORAISON VOUS SERA BENEFIQUE A VOUS, ET A TOUS LES AUTRES AUTOUR DE VOUS.

Peut-être que cela pourra surprendre ou même confronter quelques egos, mais c'est normal, c'est le principe de la vie. Votre ego vous délimite de la personne d'à côté, alors en assumant votre propre ego, tout en aimant celui d'autrui, vous pouvez parfois effleurer l'ego de l'autre, et c'est tout à fait normal. C'est parfois ce qui vous plait le plus d'ailleurs quand vous abordez une relation intime… Tout est une question de contexte. Ne l'oubliez pas, en particulier quand votre capacité à juger fait son entrée sans y être invitée.

Quel est votre ESSENTIEL ?

J'ai été interpelée par la conclusion de Jean-Luc après toute cette histoire. Il m'a dit : « *En fait, tu fais ton self-talk, et après tu t'en fous. Même si la vie te met une claque, tu ne changes pas ton estime de toi-même !* » Il a parfaitement raison. Vous devez avoir les idées claires sur votre dialogue intérieur (le self-talk), avoir un dialogue intérieur encourageant, valorisant, et appréciatif. N'allez pas argumenter que c'est une histoire que vous vous racontez, car dans tous les cas vous le faites et c'est justement penser du mal de vous qui est une histoire absurde ! Permettons-nous aussi d'apprécier ce que nous sommes, tout en appréciant ce qu'est autrui, sans avoir à juger ni à se comparer. Ainsi peut-être, nous découvrirons que la vie ne met jamais de claque, elle ne fait que proposer son amour que parfois nous refusons, la vive sensation étant plutôt la fermeté de son amour qui persiste à nous montrer le chemin.

Dans son épopée étonnante intitulée en Français *La Vie des Maîtres*, Baird T. Spalding, archéologue de formation, nous fait part d'informations extrêmement précieuses. Il y raconte son aventure initiatique en Inde, au Tibet et au Népal, dans les années 1890, avec un groupe de onze scientifiques américains. Tandis qu'il relate les méthodes de guérison ancestrale, il dit : « *Vous découvrirez bientôt qu'en fixant avec persévérance vos pensées sur Dieu, vous pouvez élever les vibrations de votre corps au point où elles se fondent harmonieusement avec celles de la perfection divine. Alors vous ne faites qu'un avec elle et par conséquent avec Dieu. Vous pouvez influencer les vibrations corporelles des gens avec qui vous entrez en contact de manière à ce qu'ils voient la même perfection que vous. Vous avez alors rempli complètement votre part de mission divine.*

Si au contraire vous voyez l'imperfection, vous abaisserez les vibrations jusqu'à provoquer l'imperfection. Vous recueillerez inévitablement la moisson de la graine que vous aurez semée. » (72)

Si le mot Dieu vous incommode, rappelez-vous bien que Spalding précise aussi un peu plus loin que : « *Dieu est le pouvoir engendré et amplifié par votre propre activité de pensée.* » (73)

Donc si on résume :

Vous découvrirez bientôt qu'en fixant avec persévérance vos pensées sur [le pouvoir engendré et amplifié par votre propre activité de pensée], vous pouvez élever les vibrations de votre [existence physique] au point où elles se fondent harmonieusement avec celles de la perfection divine.

La perfection… Je sais que cela confronte la plupart d'entre nous. Pourtant, c'est un chemin vraiment intéressant de nous ouvrir à la perfection de ce qui est. Non pas pour nous y « résigner », mais pour ouvrir les yeux ! Parce que quand nous pensons du mal, c'est à cause de tout ce qui nous obstrue, tout ce qui altère nos perceptions, tout ce qui nous gêne et nous préoccupe l'esprit, nous empêchant de voir la vérité.

Je vous raconte ouvertement des détails de mon parcours et de mes expérimentations pour vous inspirer à faire de même, et vous donner quelques repères utiles sur le chemin. Car c'est là que la magie opère : dans la pratique personnelle. Je trouve d'ailleurs le fait de partager nos véritables expériences les uns avec les autres, dans la pratique de nos réalités respectives, bien plus efficace que de regarder des fictions à la télévision.

Je suis heureuse de constater que mes efforts personnels pour résoudre encore plus en profondeur mes difficultés d'estime de moi sont extrêmement payants. Je vous encourage vivement à en bénéficier vous aussi, en osant expérimenter vraiment, au fil de vos propres programmes à mettre à jour. Vous connaissez le protocole maintenant : commencer par mettre des mots dessus – hors de votre tête !

Dernièrement, nous avons eu un appel de suivi avec le groupe REPROG Printemps2021. C'était génialissime, non pas parce que c'est REPROG, mais parce que chacun a pu apporter ses perles de sagesse. Blandine nous a raconté une réflexion qu'elle avait eue, en se promenant le long d'une rivière. Elle voyait l'eau s'écouler et ne pas s'arrêter sous prétexte d'un soi-disant obstacle sous la forme d'un rocher ou d'un autre. Elle nous rappelait alors cette fluidité de l'eau qui coule et qui ne s'arrête pas.

C'est venu m'interpeler dans la nécessité, si l'on veut dépasser des limites de pensée dépassées, de ne plus s'arrêter à la moindre pensée qui doute, ou qui hésite. De ne plus faire confiance à la peur, comme nous le suggérait Louise Hay. Nous devons développer une réelle capacité à avancer quoiqu'il arrive, en sachant précisément à quel endroit unique nous avons l'intention de nous arrêter : le but.

C'est devenu un essentiel pour moi, sous la forme suivante : JE SUIS LA FLUIDITÉ PUISSANTE QUI AVANCE QUOIQU'IL ARRIVE, ET QUI ARRIVE QUOIQU'IL ADVIENNE. AVEC AMOUR ET TENDRESSE.

Et vous, alors ? Quel est votre ESSENTIEL ? Quelle est la base de votre estime de vous-même aujourd'hui ? Non pas en résiduel du passé, mais à la lumière de toutes ces pages que vous venez de lire et que vous êtes en train d'intégrer. Quel est donc le nouvel ESSENTIEL que vous sentez devoir et pouvoir programmer en semant la graine au fond de vous maintenant ? Une graine ambitieuse, non pas démesurée, car vous ne devez pas la « jeter » négligemment, mais une graine puissante, inspirante, osée, car désormais vous savez que vous méritez d'oser être le meilleur de vous-même.

Inscrire une idée dans votre esprit

Vous vous rappelez peut-être du film *Inception* (74), avec Léonardo Di Caprio et Marion Cotillard, dans lequel les personnages vont déposer un objet dans les profondeurs de leur esprit durant un rêve, semant ainsi une graine qui va germer et influencer leur comportement éveillé. C'est exactement ce que vous pouvez faire dans la réalité : identifier l'information que vous voulez semer, puis vous relaxer, éventuellement méditer un peu pour plonger au fond de vous-même, et déposer cette information en vous répétant une affirmation par exemple. Vous pouvez également le faire pendant que vous vous apprêtez à vous endormir, les yeux fermés dans votre lit.

Tout cela, vous le faites de toute façon chaque jour, mais en le faisant consciemment, vous choisissez le contenu de cette information, et ainsi l'impact sur votre comportement éveillé. **Tant que votre vie mérite d'être améliorée, c'est que vos graines semées ainsi, aussi !**

Une graine d'appréciation, c'est une graine d'information basée sur un état d'esprit qui vous apprécie. VOUS. Personnellement. Non pas pour vous la raconter, puisque cela signifierait que vous manquez d'estime. Mais simplement une graine qui vous apprécie, parce que justement vous vous estimez sainement – vous-même, et donc les autres aussi.

Les Giblin est assez clair quand il dit : (75)
Une faible estime de soi est synonyme de frictions et de problèmes.
Lorsque l'estime de soi est élevée, il est facile de s'entendre avec les gens.
[...] Leur personnalité est tellement forte et sûre qu'ils peuvent se permettre de prendre quelques risques. Ils peuvent se permettre d'avoir tort, de temps en temps. Ils peuvent admettre à eux-mêmes qu'ils ont fait une erreur.

C'est sûrement pour ça qu'il est si difficile parfois de reconnaître notre erreur quand on a vécu ou que l'on vit avec une faible estime de soi-même. Car il faut de l'estime de soi pour pouvoir reconnaître cette erreur et y remédier.

Ne restez pas coincé dans ce schéma dépassé où vous n'osiez pas vous valoriser, ou au contraire que vous aviez besoin de le faire parce que vous ressentiez un manque.

OSEZ. Osez apprécier le simple fait d'être en vie et d'être un phénomène de pensée, qui est en train de prendre conscience que la moindre pensée qui vous traverse fait partie du brouillard électromagnétique qui influence directement tout ce que vous ressentez, vivez, expérimentez !

Toujours selon Giblin, *Le mot "apprécier" signifie en réalité "augmenter la valeur"*. Alors oui, c'est bien cela que vous êtes en train de faire, que nous sommes tous en train de faire, à la fois individuellement, et collectivement. Nous sommes en train d'augmenter notre valeur, et donc 1/ notre mérite de vivre le meilleur, et 2/ notre valeur les uns pour les autres.

S'il suffit de vous répéter intérieurement JE M'AIME ET JE M'APPRECIE, et de le penser quand vous vous apercevez dans un miroir… pour que vos circonstances, vos interactions, et votre vie change, le ferez-vous ?

Personnellement, je reconnais que ça m'a pris du temps. Peut-être que j'avais d'autres programmes plus urgents à traiter en priorité, probablement d'ailleurs. Mais maintenant que ma santé est résolue, par exemple, en allant vraiment mieux, j'ai pu apercevoir l'intérêt d'aller encore plus loin. En focalisant sur ma confiance en moi, sur mon estime de moi, et sur ma détermination à dépasser les limites de mon propre esprit, j'ai observé deux autres modifications intéressantes :

1. L'autre jour, mon partenaire et moi faisions à manger, et en se croisant au-dessus du robinet, les circonstances l'ont fait ouvrir le robinet quand je n'en avais pas besoin, puis tandis que je me disais que j'allais profiter de l'eau pendant qu'elle

coulait, à l'inverse il coupait le robinet. C'était fortuit, et simplement amusant, alors j'ai dit en souriant, étant quand même interpelée : « *Bin alors ?!* »

Malgré la difficulté de mon compagnon à ce moment-là, à cause d'une douleur qui le gênait assez fort, il m'a répondu avec une tendresse absolument remarquable et d'une expression toute nouvelle : « *Désolé, mon petit coquelicot* ».

Je ne peux pas rester indifférente à ce détail. Certes, c'est un détail, mais dans la reprogrammation de soi, comme je le répète souvent aux Reprogueurs, comprenez-bien que CHAQUE DETAIL COMPTE. Mon partenaire, dans son travail personnel d'appréciation a réussi à faire preuve d'appréciation et de douceur malgré son inconfort. Et de mon côté, j'observe que mes efforts à modifier mon état intérieur ont vraiment un impact jusque dans tous les détails de mon quotidien. Ce n'est pas juste parce que c'est moi, comme vous le voyez dans tous les exemples et les ouvrages que je cite. Vous voyez bien que de nombreuses sources convergent toutes au même endroit, tout comme les témoignages de ceux qui font le chemin.

2. Je dois vous avouer… Quand j'ai commencé à écrire ce livre, je n'arrivais pas à me convaincre du fait que l'email des dents pouvait se régénérer. Mon propre esprit avait du mal à dépasser cette limite que j'entendais résonner de toutes parts auprès des dentistes, ou des sources limitantes de santé classique. Mais à force de focus et de détermination, à rester centrée sur ma véritable motivation de dépasser cette limite… et en utilisant ce livre comme support pour reprogrammer cette croyance… J'ai finalement suivi les petits cailloux de mon chemin de foi, et j'ai découvert diverses sources d'information qui confirment bien que c'est possible. Parfois ce sont des documents scientifiques qui tentent de conserver la possibilité de nous vendre un produit qui ferait le travail à la place de notre corps (c'est un peu « old school », désolé). Parfois c'est un dentiste qui fait part de son expérience personnelle, voire de son étonnement personnel, en ayant

examiné des dents cariées un temps, puis finalement reminéralisées après quelques temps sans autre intervention que des bonnes pratiques de santé, notamment alimentaires. Savez-vous comment j'ai réussi à démêler la première partie de ma problématique ? Un jour où j'en avais marre, j'ai décidé de faire autrement. J'ai osé écouter un audio de Tapping que je n'avais jusque-là jamais osé, c'était un rare audio de Tony Robbins, dans mon application de *Tapping Solution*, de Nick Ortner. Le processus était simple : il nous fait vider notre tête de tout le négatif, puis il nous fait reconnecter à notre capacité d'appréciation, et ensuite chargé à bloc de cette appréciation, identifier une action qui va dans le sens de notre objectif. J'ai spontanément eu un flash d'un livre que j'avais acheté et pas encore lu parce que trop occupée par d'autres ouvrages. Mais ni une ni deux, j'ai entamé cette lecture le jour-même. C'est simple, c'était sur la première page, avant même le premier chapitre, j'avais ma réponse. (76) Pas besoin d'aller chercher très loin, l'information était déjà là, je n'en avais simplement pas pris connaissance car j'étais trop obnubilé par ma peur ou mes propres limites. Soyons sérieux, la vie est étonnante.

La prochaine étape est apparue quand j'en ai reparlé à mon compagnon et qu'en parlant de position des dents, il m'a fait lui dire : *« Ce n'est pas la dent que tu dois bouger, c'est toi qui dois changer, et la dent suivra d'elle-même. »*

Pour moi, et pour bien d'autres, les dents sont des pierres précieuses, dont nous avons la joie et la responsabilité. La joie parce qu'elles nous permettent de manger, et dieu sait que nous aimons manger ! La responsabilité parce que la façon dont nous mangeons – nos aliments tout comme la vie – a un impact considérable sur l'état de nos dents, et notamment sur le flux dentinaire (le flux de vie) qui les alimente en permanence, et qui peut même s'inverser si nous inversons négativement nos schémas de pensées. (76) Voulons-nous donc que le flux d'énergie de notre vie soit à l'envers ? Bien sûr que non. Alors prenons conscience de ce que nous voulons vraiment, et de ce que nous voulons maintenant. Et NE LAISSONS RIEN D'AUTRE N'AVOIR DE L'IMPORTANCE tant que nous n'avons pas fermement ancré en nous que nous en sommes dignes, au point d'accomplir cette chose qui nous est si chère à ce stade de notre vie.

Je nous recommande également de nous encourager les uns les autres en ce sens, ou au minimum de nous laisser tranquilles si nos croyances sont différentes… :)

Faire de vos pensées vos meilleures alliées

Dans son livre *Embrace Your Power[18]*, Louise Hay nous suggère de *laisser nos pensées devenir nos meilleures amies*. (77) Laisseriez-vous votre meilleur ami vous critiquer ou jouer contre vous à longueur de temps ? Aimeriez-vous des amis qui vous soutiennent quand vous pensez du mal de vous-même ? Ou aimeriez-vous plutôt des amis qui vous encouragent à être le meilleur de vous-même et à penser du bien de vous ? Sainement, ni par trop, ni par manque, juste par appréciation. Des amis qui vous encouragent à oser davantage, à croire en vous, à rayonner votre puissance et votre lumière ? A vous de choisir. Choisissez EN CONSCIENCE pour une fois. Non pas vos amis, mais vos PENSÉES. Les amis suivront.

En faisant ce choix, ne soyez pas surpris si les gens se réorganisent autour de vous, y compris et surtout dans vos amis. Cela peut surprendre, mais c'est ok. Certaines personnes autour de vous résonnaient avec votre ancienne estime de vous-même. Donc si vous changez l'estime que vous avez de vous-même, certaines personnes ne se sentiront plus en harmonie et peuvent s'éloigner, paisiblement ou non, selon leur degré de résistance au changement. Soyez fluide comme l'eau qui coule, et vous n'en serez pas impacté, ou que positivement.

Louise Hay nous fait réfléchir dans ce livre sur l'historique difficile des femmes, qui n'avaient aucune valeur dans la société, si ce n'est en étant la femme d'un homme.

Mesdames, je vous invite à avoir une pensée libératrice pour

---

[18] Traduction : Embrassez votre Pouvoir

vous-même à ce sujet. Pas besoin de rester une victime des schémas du passé. Nous sommes libres aujourd'hui de penser autrement, de penser le merveilleux que nous sommes et que nous faisons de notre vie. Si des schémas plus profonds vous en empêchent, faites la démarche de modifier ces programmes. Demandez de l'aide si besoin. Simplement faites-le.

Messieurs, pas besoin de croire que les femmes vont vous prendre votre place si elles s'affirment, bien au contraire. Car une femme épanouie sera toujours heureuse de partager le bonheur sur cette planète. Rappelez-vous que pour elle, c'est intrinsèque : une femme est inclusive, elle porte son enfant à l'intérieur d'elle-même, elle inclut. Donc de toute façon, elle ne saura pas faire autrement que de vous inclure. En revanche, c'est à vous de travailler votre propre estime de vous-même, pour être bien réceptif à tout ce qui va se présenter autour de vous pour vous exprimer, vous inclure et vous valoriser.

Maintenant, pour terminer ce chapitre, je vous invite à réfléchir à Madame Flemme. Parce que trop souvent, elle s'immisce dans la gestion de nos priorités et notamment de celle d'assainir notre relation à l'estime de soi. Alors :

1. A quel point avez-vous la flemme de focaliser votre estime de vous-même, sur une échelle de 0 à 10 ? _____ /10

2. Quel est le pourcentage de présence de Madame Flemme dans l'ensemble de vos décisions ? _____ %

3. En faisant le point sur tout ce que vous faites actuellement, quelle est la proportion :
   o de choses que vous faites parce que vous en avez sincèrement envie et que cela vous met en joie : _____%
   o de ce que vous faites parce que vous croyez devoir en faire davantage pour réussir : _____%

o de ce que vous vous sur-activez pour (in)consciemment esquiver le cœur de votre objectif personnel que vous chérissez vraiment : _____%

4. Listez 10 choses sur lesquelles vous êtes impliqué(e) et qui n'ont pas de rapport direct avec ce que vous voulez vraiment maintenant.

Soyez horrifié(e) quelques instants face à cette liste, puis déterminez votre plan d'action pour supprimer la moitié de cette liste d'ici max deux semaines, ou au minimum en supprimer une par semaine.

Faites-le avec honneur, et avec conviction que ce que vous chérissez tant est vraiment important, parce que VOUS êtes vraiment important(e) et que tout le monde le sait, au moins inconsciemment.

Chérissez-vous, et chérissez ceux que vous aimez.

Traduction:
- « *Où as tu trouvé ça? Je l'ai cherché partout.* », dit le premier.
- « *Je l'ai créé moi-même.* », répond l'autre.

Et là, vous réalisez que le petit bonhomme qui répond tient un pot sur lequel est écrit BONHEUR. Merci au Dr. Bruce Lipton d'avoir partagé cette petite illustration pleine de sagesse, qui nous rappelle que le bonheur ne se trouve pas, il se crée. (78)

3 QUESTIONS POUR SAVOIR OU VOUS EN ETES

8.1/Selon vous, quel est l'ingrédient secret d'une bonne estime de soi ?

a. Euh... aucune idée. Ce n'est pas comme s'il y avait une recette.

b. Une bonne estime de soi est basée sur tout ce que je suis capable d'accomplir, de faire, de réussir dans une journée ou dans une vie.

c. L'ingrédient secret correspond à la façon dont ma propre conscience observe, moi-même et autrui, et la nature du dialogue que j'entretiens avec moi-même à travers cette observation.

d. C'est simple ! L'ingrédient secret c'est d'avoir eu de bonnes bases de départ, avec des parents encourageants, ou même de bonnes recettes de grand-mère...

8.2/ A ce stade, concernant ce que vous chérissez le plus dans vos objectifs personnels :

a. Je ne sais pas trop, je dois refaire le point sur ce que je veux.

b. Je sais exactement ce que je veux et j'observe au fur et à mesure que je sais toujours quoi faire ensuite pour y parvenir, du moment que je reste centré. C'est excitant !

c. Il y en a encore trop, mon cœur est partagé, je suis tiraillé(e) et je n'avance pas vraiment.

d. Je me sens beaucoup plus à la hauteur que précédemment, je sens que je vais pouvoir repenser mon objectif principal et me faire plaisir sur le chemin.

8.3/ Selon vous, où en est votre dialogue intérieur ?

a. Je crains que mon dialogue intérieur ne soit un peu divisé, un coup c'est bien, un coup ça me démolit.

b. Mon dialogue intérieur est assez silencieux, n'en pense rien, il me laisse faire mais ne dit rien. Du moins, c'est ce que je crois...

c. Peut-être que je vais m'écouter davantage à partir de maintenant, parce que je voudrais savoir et me rendre compte justement de ce que ça dit et si vraiment je dois changer ça. (Peut-être ?)

d. Mon dialogue intérieur a compris que j'ai décidé d'être « POUR » ma vie, « POUR » moi-même, et je ressens effectivement une énergie encourageante et chaleureuse qui me donne envie de danser ou de chanter !

> *J'obtiens ce que je pense, que je le veuille*
> *ou non.* Dr. Wayne W. Dyer (96)

Chapitre 9

UN TEMPS DE
RE-(FAIRE)-CONNAISSANCE

A quoi vous attendez-vous exactement ?

Je me souviens que Dr. Wayne W. Dyer disait que celui qui a une bonne estime de soi est heureux quand il est tout seul, parce qu'il est en bonne compagnie. (79) J'ai repensé à cela après avoir terminé le chapitre 8 parce que je ressentais quelque chose d'assez fort à ce sujet. Je me réjouis à l'idée que, vous aussi, vous puissiez ressentir cette intense sensation intérieure que quelque chose de positif est en train d'émerger de vous. C'était le but du chapitre 8, de vous reconnecter à une saine estime de vous-même, et fort des chapitres précédent, de vous permettre d'en faire émerger le meilleur dans votre vie.

Tout comme le flux dentinaire fait vivre et préserve nos dents en circulant de la racine vers l'extérieur, vous avez jusque-là réintégré les profondeurs de vous-même, pour y refaire circuler une énergie et des intentions saines, afin maintenant de refaire surface dans le monde extérieur.

Dans ce but, il est temps de passer à la pratique sur un nouveau paramètre parmi les douze principaux rouages de notre fonctionnement : la relation à la reconnaissance. Savez-vous pour quelle raison c'est si important ? Parce que si vous-même n'êtes pas « câblé » pour voir, sentir, et reconnaître vos propres progrès, pour quelle raison qui que ce soit d'autre le serait ?

Si votre objectif vous rend malheureux, c'est que ce n'est pas le bon état d'esprit, peut-être même pas le bon objectif. Mais en revanche, si votre objectif vous met en joie rien que d'y penser, c'est que l'alignement est bon et qu'il faut simplement continuer !

Après avoir parcouru 8 paramètres, et je vous le souhaite, avoir osé ouvrir votre esprit à reprogrammer certains aspects (c'est-à-dire avoir osé changer…), vous voilà au point de refaire connaissance avec vous-même. Car si réellement vous vous êtes autorisé(e) à changer, cela signifie que vous n'êtes plus la personne que vous étiez, donc en quelque sorte, vous ne vous connaissez pas encore. Si vous êtes persuadé du contraire, c'est un indicateur très clair que vous n'avez pas ouvert votre porte au changement, et que vous n'avez rien changé dans la pratique. C'est-à-dire que vous avez tendance à rester dans la théorie de votre esprit et à vous bercer d'histoires au lieu d'exprimer et de manifester vos changements dans la réalité. Êtes-vous bien sûr ? Quelle que soit votre vérité actuelle, c'est le moment de la reconnaître…

Quel que soit votre état à ce stade, le but du chapitre 9 est de vous aider à refaire connaissance avec vous-même et avec le principe-même de la reconnaissance. Vous croyez savoir ce que c'est et comment ça fonctionne ? Vous pensez en avoir suffisamment ou en manquer ? Vous pensez savoir comment en offrir ou même en recevoir ? Eh bien préparez-vous à être surpris parce que si vraiment vous souhaitez coopérer plus efficacement avec votre réalité, alors vous allez être étonné de ce que vous allez découvrir maintenant. Oui, oui, vous aussi.

Nous disions donc : qui êtes-vous à ce stade ?

- Êtes-vous celui/celle qui a profité de chaque suggestion et de toutes les mises en pratique des chapitres précédents ?

- Êtes-vous celui qui en a fait une partie seulement ? En choisissant pourquoi et comment ? Etait-ce basé sur votre zone de confort habituelle ou au contraire sur les applications qui sortaient de vos habitudes ? Avez-vous cherché le changement ou plutôt fui ?

- Êtes-vous sinon celui/celle qui n'a rien fait du tout parce que croyant que c'est inutile ou que ce n'est pas ça qui va changer quoi que ce soit à vos circonstances, ou même à la société qui ne vous convient pas ? Ou que tout simplement vous n'avez pas besoin de changement alors que pourtant vous passez votre temps à pester ou critiquer ?

- Etes-vous celui/celle qui pense encore secrètement qu'un livre ne pourra pas faire quoi que ce soit ? Dans ce cas, vous avez probablement raison, car ce n'est pas le livre qui est censé faire différemment, c'est vous !

Permettez-moi de citer un passage du superbe livre de Bob Burg et Joe David Mann, *The Go-Giver*, traduit en *L'Effet Philanthropique*, pour éclairer une lanterne dans ce tunnel. (80)

Il s'agit de Joe, jeune homme ambitieux et travailleur, qui s'entretient avec Pindar, un consultant hors du commun :

"Avez-vous déjà entendu les gens dire, *On ne peut pas toujours avoir ce que l'on veut* ?"

Joe fit un rictus. "Vous voulez dire les Rolling Stones ?"

Pindar sourit. "En fait, j'imagine que les gens disaient ça bien avant l'époque de Mick Jagger. Mais oui, c'est l'idée générale."

"Vous n'allez pas me dire que *ça* n'est pas vrai, n'est-ce pas ? Que nous obtenons réellement ce que nous voulons ?"

"Non" dit Pindar, "celle-là *est* vraie. Dans la vie, on *n*'a souvent *pas* ce que l'on veut. Mais", il se pencha à nouveau en avant et sa voix s'adoucit avec accentuation, "voici ce que *l'on* obtient – *on obtient ce à quoi on s'attend*".

Joe fronça à nouveau les sourcils, essayant de vérifier

mentalement la véracité de cette dernière pensée.

Pindar se pencha en arrière et sirota son café, observant Joe. Après un moment de silence, il poursuivit.

"Ou autrement dit : " *Ce sur quoi nous nous concentrons est ce que nous obtenons.* Vous avez entendu l'expression 'Cherchez les ennuis et vous les trouverez' ?

Joe acquiesça.

"C'est vrai, et pas seulement pour les ennuis. C'est vrai à propos de *tout.* Cherchez le conflit et vous le trouverez. Cherchez des gens qui profitent de vous, et ils le feront généralement. Si vous voyez le monde comme un endroit où les chiens se mangent entre eux, vous trouverez toujours un plus gros chien qui vous regardera comme si vous étiez son prochain repas. Cherchez ce qu'il y a de meilleur chez les gens, et vous serez étonné de la quantité de talent, d'ingéniosité, d'empathie et de bonne volonté que vous trouverez.

"*En fin de compte, le monde vous traite plus ou moins de la façon dont vous vous attendez à être traité.*"

Alors à quoi vous attendez-vous à ce stade de votre parcours ? A de superbes résultats ? A être « déçu comme à l'accoutumée » ? A être surpris parce que la vie va vous permettre de vivre quelque chose qui sort totalement de ce que vous aviez l'habitude d'imaginer ? Ou à ne pas mériter ce que vous espérez vraiment ?

Quoi qu'il en soit, vous savez que le fait de mettre des mots dessus représente la partie la plus importante car cela vous permet d'identifier précisément où vous en êtes et le prochain programme à modifier. Mais c'est vrai que faire cela revient à croire que c'est possible, alors secouez-vous !

A la lecture du chapitre 6 sur la relation au pouvoir des mots, Alice a même voulu ajouter que : « *Mettre des mots sur son inconfort afin de passer à l'état supérieur, c'est un peu ce que REPROG permet de faire. Chacun des thèmes permet de mettre des mots sur son inconfort, de découvrir et de se former aux outils qui aident à se REPROGRAMMER et ainsi avancer dans le programme – et surtout vers une nouvelle version de soi-même.* »

Faire connaissance en célébrant son propre pétillant !

Célébrer est souvent associé au fait de boire du champagne dans les esprits mais, sauf le respect de chacun, ceci n'est qu'une projection marketing bien menée par les enseignes de champagne. Il n'y a, au départ, strictement aucun rapport entre le fait de boire de l'alcool pétillant très cher, et le fait de reconnaître un succès ou quelque chose qui nous rend heureux. A moins éventuellement de croire que les occasions de célébrer sont aussi rare que le choix (in)utile de boire de l'alcool pétillant très cher…. Le travers de cette association incongrue est de focaliser son attention sur le pétillant de l'alcool au lieu de vraiment apprécier son propre pétillant. C'est ce pétillant-là, le nôtre, que nous devrions partager, sans avoir besoin d'en ajouter. Car c'est ce pétillant-là qui reste après la fête (si tant est qu'on lui ait accordé suffisamment d'attention). Celui de la boisson aura de toute façon disparu.

Faire connaissance avec vous-même passe par le fait de célébrer tout ce qui vous fait du bien, tout ce qui vous met en joie, tout ce qui ravit votre cœur, tout ce qui peut apporter du positif à votre état d'esprit. Célébrer revient à rassembler de l'énergie et de l'attention autour d'un événement particulier. Est-ce que le fait de vous réveiller en vie le matin est un évènement particulier ? Bien sûr que oui ! C'est évidemment quelque chose de fabuleux et que nous devrions tous célébrer. Pensez-vous sincèrement que si nous étions tous occupés à célébrer la vie de chaque jour, nous aurions autant de disponibilité pour nous rendre la vie dure ? Bien sûr que non.

J'ai été interpelée récemment par la définition du péché, qui dans les textes originaux, semble signifier « manquer sa cible ». Vous n'êtes peut-être pas du tout religieux, mais là n'est pas la question, car ces informations sont puissamment présentes dans la conscience collective, donc nous sommes influencés d'une façon ou d'une autre par la compréhension de ces informations. Je trouve cela intéressant car dans ce que j'en avais compris et perçu personnellement, c'était plutôt associé au fait d'avoir fait quelque chose de mal, d'avoir commis une erreur et de devoir se repentir de cette erreur. Mais si l'on en revient au fait d'avoir « manqué sa cible », nous serions donc plutôt dans le péché à chaque fois que nous n'osons pas parler en public, que nous tournons le dos à un proche au lieu de résoudre la situation, que nous n'atteignons pas un certain objectif, que nous n'avons pas la croyance de pouvoir réussir, etc. Il me semble que le changement profond de perspective se trouve dans la nature de notre estime de soi. Car si nous pensons être insuffisants, nous pensons faire des erreurs donc nous devons nous en excuser. Alors que si notre estime de nous est saine, haute et consistante, nous faisons de notre mieux et nous pouvons le célébrer quoi qu'il arrive.

Quel est donc votre façon à vous de célébrer ? Ce n'est pas une question anodine, c'est un état d'esprit. C'est une habitude que vous avez de toute façon. Certains ne font rien, mais surtout ils croient qu'ils ne font rien. Car si vous ne célébrez pas vos acquis avec de la joie et du bonheur dans votre cœur, c'est qu'il y a autre chose à la place, et alors, qu'est-ce donc ?

Avez-vous tendance à vous critiquer ? A peine avez-vous terminé un dossier, un repas, ou un projet, que vous détaillez tout ce que vous auriez pu faire autrement ou que vous n'avez pas réussi pleinement ?

Je me souviens de ma maman qui assez souvent en ayant préparé un merveilleux repas, l'apportait sur la table en s'excusant de l'avoir raté. J'ai compris plus tard que c'était par manque d'estime d'elle-même, alors que pourtant, ses repas étaient absolument fabuleux. Toujours. J'aurais aimé qu'elle puisse en profiter elle aussi, en se réjouissant et en accueillant notre satisfaction. Tout comme j'aimerais sincèrement que vous puissiez profiter de votre valeur à vous, de votre pétillant, de tout ce que vous faites de bien, de formidable, de fabuleux, et dont vous arrivez à peine encore à percevoir pleinement la plus petite parcelle, comme nous tous. Il est temps d'ouvrir les yeux, de RÉ-ouvrir les yeux différemment, et de RE-faire connaissance avec la nouvelle version de nous-même.

Un peu plus tard, je l'espère, je vous parlerai de Paul, qui est actuellement en train de faire son REPROG, lui aussi, depuis le Québec. J'ai été amusée l'autre jour, me demandant ce qui se passait car il semblait avoir omis de compléter sa balance Peur/Confiance. Il m'a répondu qu'il avait simplement oublié d'enregistrer (acte en apparence anodin mais dans les faits qui ne l'est pas, vous vous en doutez bien). Puis il a ajouté que dans sa nouvelle maison : « *Pour le programme les choses vont très bien, d'ailleurs je viens de me peinturer un tableau du succès dans mon nouveau bureau... il ne me manque que de la craie* », accompagné d'une photo de sa superbe installation ! Je vous raconte cela pour souligner le fait que chacun a sa propre façon d'exprimer sa créativité et de célébrer sa propre existence, son propre pétillant, sa conscience vivante. Vous aussi. Les participants au programme sont chaque fois très créatifs lorsqu'ils sont amenés à mettre en place leur « tableau de célébration ». Une fois c'était une sculpture qui s'est transformée en arbre à succès, pour Paul c'est un tableau noir qu'il a peint sur son mur, pour d'autres c'est une porte de placard, pour moi, ça avait été un tableau d'une bouteille vide qui n'attendait qu'à être remplie ! J'adore recevoir les photos des participants qui sont fiers de leur tableau de célébration, car cela prouve aussi qu'ils ont vraiment capté l'énergie et l'intention de cet outil.

Pour compléter, nous restons au Canada, et c'est Blandine qui nous en dit davantage sur la façon dont sa relation à la reconnaissance et sa satisfaction personnelle ont évolué au fil des mois, au-delà du passage où elle a « *haï* » REPROG... ☺

« « « *Blandine*

La Fluidité organisée. J'ai toujours été une grande partisane de la simplicité car c'est tellement agréable quand c'est fluide, quand ça coule, pourquoi rajouter des choses autour. Effectivement, la vie nous amène les choses, presque d'une manière mathématique, où $1 + 1 = 2$, et même si les émotions viennent enrichir un peu la situation, ce que je veux dire c'est que c'est basique, c'est simple. C'est nous qui cherchons de midi à quatorze heure des choses qui n'ont pas forcément besoin d'être comprises, juste d'être vécues.

Pour moi, cette fluidité a commencé dans REPROG, ou plutôt re-commencé.

En réalité, c'était comme ça depuis mon enfance, mais quand je suis rentrée dans la vie d'adulte, je me suis laissée embarquer dans les vagues mouvementées de la vie, ce qui a fait que j'avais mis de côté cette simplicité qui est notre nature à tous en fait et que nous n'écoutons pas assez.

Quand j'ai commencé REPROG, ça a commencé à revenir tranquillement. Et là où ce programme a fait une différence c'est dans l'atteinte de mes objectifs. Le premier est atteint, le deuxième va déjà beaucoup mieux et il est évolutif donc à continuer dans la durée, et pour mon 3e objectif, REPROG m'a permis d'aller vraiment chercher ce que je ne pensais pas pouvoir atteindre.

Veut, veut pas… Avec ceux qui voulaient se qualifier, on était dans une course folle pour la qualification au Niveau 8 d'un certain enseignement que je suivais. On se posait tous des questions, surtout en partant du Niveau 1, cela paraissait ambitieux de viser le Niveau 8 en si peu de temps ! Là, tu te dis : « *mon dieu, mais… est-ce possible ?* » Ça paraissait tellement gros, que je ne savais pas trop comment m'y prendre, et ce qui m'a le plus aidé finalement, c'est le fait d'avoir fait cette pause REPROG.

Parce que quand j'ai fait REPROG pendant 3 mois –et 2 semaines– je n'ai pas du tout travaillé sur ma qualification au Niveau 8, j'ai vraiment tout mis de côté, et je me suis posée seulement sur REPROG. J'emploie bien le mot « posée », parce que j'aime utiliser les mots justes.

Je me suis posée « sur » REPROG, parce que j'ai pris le temps de me poser. Et grâce à REPROG, ça m'a permis de remettre en question certaines perspectives. C'est-à-dire que j'ai toujours été une petite abeille merveilleuse à toujours travailler sans me poser de questions du matin au soir, j'ai toujours eu cette énergie, instinctivement, et j'ai d'ailleurs découvert après pourquoi. Mais je faisais les choses de manière trop robotisée, je voulais vraiment aller jusqu'au bout, j'avais l'espoir, mais je ne prenais pas le temps de m'asseoir, et d'être satisfaite, de me sentir bien, de reconnaitre ce que je fais en fait d'extraordinaire dans ma vie et dans la vie des autres. Je banalisais trop la chose.

Le fait de faire REPROG et de faire certaines étapes, ça m'a mise face à ça.

Et oui, pendant REPROG, j'ai haï REPROG plusieurs fois ! Hahaha. Mais il y a quelque chose en moi, qui disait : « *Vas-y continue. Haïs si tu veux, mais continue. Vas-y, fais-le, va jusqu'au bout. Va jusqu'au bout...* »

Et maintenant, je dis « *Merci !* » Merci à REPROG, à ce que Aline a fait et mis en place. Parce que ça m'a permis justement de regarder en face. De confronter les situations, au lieu de laisser aller ou de banaliser les choses.

Donc là, quand j'avance par ailleurs dans les enseignements de mon 3e objectif, ça me ramène toujours à REPROG, dans le sens où je me dis : « *Ok, on va s'organiser : tu fais quoi pour t'organiser ?* ». J'utilise toujours la feuille de route que l'on apprend à mettre en pratique dans REPROG, elle me guide dans mon quotidien à garder mon cap et mon focus sur ce qui est vraiment important. Tout ce que j'ai appris dans REPROG est cohérent avec ces enseignements donc c'est plus facile pour moi de m'y retrouver et de progresser. Je fais des liens entre les deux.

REPROG a été mon premier amour, d'une certaine façon. Dans le sens où c'est la première chose – je ne veux pas dire formation, parce qu'il y a eu des formations, mais il y a eu d'autres choses – c'est la première chose dans ma vie, où je suis allée jusqu'au bout, mais avec conscience. Par ma propre volonté à moi. Parce que la première grande chose que j'ai réussi, c'était mon diplôme que j'ai eu ici, au Québec, en 'transformation des aliments', mais j'avais besoin de motivation extérieure. Ça ne venait pas de moi, en fait. Dès la première semaine de ce diplôme, moi, je voulais abandonner ! Alors que REPROG, je l'ai fait et je me suis dépassée – consciemment.

C'est la première fois que je me suis dépassée consciemment dans quelque chose, et que je suis allée au bout.

Ça m'a donné la force de base pour continuer la qualification au Niveau 8 que je visais. Ça m'a appris un certain fonctionnement avec moi-même que j'ai ensuite pu utiliser pour gravir les différents niveaux de mon objectif personnel.

La Proactivité de l'intention. Je vais vous confier quelque chose : moi, je suis quelqu'un qui aime être proactive, c'est dans ma nature. J'aime me mettre une ligne de mire, si je peux appeler ça comme ça, et après je rajoute la chair sur les os, mais au moins je sais où je vais. Pour moi, c'est tout à fait normal, même si mon but « vraiment final » est stressant, et que je dois me focaliser sur la prochaine étape logique, pour moi c'est normal de savoir où est-ce que je vais en termes de but final.

Quand j'avais écrit au support de la formation en question pour demander quels étaient les critères de qualification au Niveau 8, je leur ai dit : « *Écoutez, j'ai besoin de savoir, quels sont les critères pour se qualifier. C'est normal que je sache quels sont les critères pour voir si je rentre dedans, etc.* » La personne m'avait répondu : « *Tu devrais laisser aller, parce que 'on ne sait pas ce que l'on ne sait pas'.* » Je me suis dit « *ouh là là, si tu gères une entreprise comme ça, je ne veux pas travailler pour toi, c'est clair !* » Je pense que la personne a confondu « être proactif » et « savoir lâcher prise ». Parce qu'il restait environ six mois pour faire le Niveau 6, le Niveau 7a et le 7b et valider la qualification au Niveau 8, alors j'avais besoin de savoir quels étaient les critères pour savoir si je rentrais dedans et si ça valait le coup que je m'investisse. Je ne voulais pas qu'après coup, après que j'aie fait tous les efforts, on me dise « *ah bin oui mais tu ne rentres pas dans les qualifications pour x raisons* ». J'avais besoin de savoir dans quoi je m'investissais.

Là où je veux en venir c'est que, comme je n'obtenais pas de réponse de l'autre personne, je me suis dit : « *ce n'est pas là que je vais avoir la réponse* ». Donc j'ai refouillé dans mes acquis grâce à REPROG, et c'est là que j'ai trouvé ma réponse.

J'ai trouvé ma réponse dans le sens où je me suis dit : « *Blandine, écoute, fais toi confiance, comment tu te parles à toi-même ?* » Je suis revenue beaucoup à la relation, relation à autrui et à moi, bien sûr. « *Comment tu te parles à toi-même ? As-tu mis de l'intention avant d'envoyer ton message à cette personne ? Si ton intention n'était pas claire, l'intention ne peut pas être claire pour la personne non plus, c'est normal qu'elle te réponde à côté…* »

Et là, du coup, je me suis dit : « *Ok, bon, bin je fais quoi ?* » J'ai réfléchi et me suis dit : « *Eh bien là, je me regarde, moi. D'abord. Quelle est mon intention ?* » Je suis revenue à mon but principal, au pourquoi est-ce que je voulais vraiment me qualifier pour ce Niveau 8. « *Est-ce que je veux juste la qualification ou est-ce que je veux le Niveau 8 ? Et pourquoi ?* » Là, j'ai commencé à travailler et à décortiquer cette question et j'en suis venue à la conclusion que pour moi, atteindre cet objectif Niveau 8 me correspondait vraiment, et à tout ce que j'avais été naturellement depuis très jeune, que c'était la base de la vie, et que c'était normal.

En fait j'ai totalement lâché prise sur les critères de qualification et je me suis concentrée sur un niveau à la fois, en me disant : « *Que je rentre dans les temps ou pas, le plus important c'est que je me serai dépassée à chaque niveau pour devenir la personne qui récoltera le meilleur, qu'importe le résultat.* » Au final, je me suis qualifiée et sans avoir besoin de quitter le pays comme c'était prévu initialement.

Les Balises personnelles. C'est bien d'être détaché, de tout, et j'ai toujours été comme ça quand j'étais jeune. Mais on doit quand même savoir ce qui est important. J'étais détachée du matériel, j'ai toujours été détachée du monde physique, dans le sens « *qu'est-ce qui a de l'importance, et à quel point ?* » et ça, depuis mon plus jeune âge. Je me souviens encore que je pensais déjà comme ça à 4 ou 5 ans. Je me disais que les adultes passaient à côté de tout, que la vie, ce n'était pas ça. La vie n'est pas le physique, ce n'est pas le matériel. Et chaque fois que je monte de niveau et que je progresse dans mon développement personnel, je réalise que j'étais déjà dans cette mentalité et que je ne m'en rendais pas compte. J'en ai même souffert au lieu d'en faire un événement extraordinaire en fait. Parce que j'étais la seule « extra-terrestre » de ma famille, ce mot qui veut tout dire !

C'est ça que REPROG m'a amenée à comprendre. Ce sont mes balises. Ce que j'ai vu avec Aline, ce sont mes balises, ces éléments qui m'aiguillent et me guident en me disant « *Écoute-toi d'abord Blandine, écoute ton ressenti : est-ce que tu y vas, oui ou non ? Est-ce que tu avances, tu vas à gauche, tu vas à droite, tu attends ?* ».

Le programme m'a permis de bien comprendre tout ça pour pouvoir m'écouter moi-même plus attentivement. D'entendre ma guidance intérieure, et surtout de l'écouter ! Parce que j'ai la chance d'avoir un système de guidance émotionnelle qui est très-très présent, très fort, mais je ne l'écoutais pas souvent. Ce qui m'a amené des situations de plus en plus prenantes, pour que ça fasse de plus en plus de bruit, afin que je sois obligée de mieux écouter.

Ce phénomène a commencé pendant REPROG et la fleur s'est ouverte totalement après REPROG. Bien sûr aussi à travers les niveaux de mon 3e objectif, mais c'est comme relié pour moi. C'est comme si REPROG avait été la préparation pour monter les Niveaux. Ça a été le bouton de la fleur.

Je n'ai pas beaucoup échangé avec les autres participants, mais moi, personnellement, REPROG m'a permis de me retrouver moi-même. D'être en harmonie avec moi-même. En image, je dirais qu'auparavant mon ombre me suivait, alors que maintenant elle marche à côté de moi. Et Marie est vraiment la plus grande transformation que j'ai vue dans REPROG ! C'est dingue, vraiment extraordinaire. Au départ presque inexistante, et finalement elle est comme une cantatrice qui nous fait désormais profiter de ses talents et de son magnifique plumage.

Ce que je ressens par rapport à REPROG c'est que oui bien sûr, la manière dont Aline l'a structuré, le contenu, tout ça, c'est top. Mais ce que je perçois le plus, c'est vraiment l'intention qu'Aline a mis en arrière-plan. Je sens même l'intention de son partenaire également. C'est ce qu'ils veulent faire pour aider les gens, ce n'est pas juste un programme qu'on a pensé, réfléchi et qu'on a mis sur papier. Ils ont mis leurs tripes là-dedans ! C'est une intention de générosité et de partage. L'intention de tellement vouloir soutenir le monde à aller mieux. Voilà l'intention que je reçois, dont je bénéficie, et que je vous souhaite aussi de ressentir.

/ *Blandine* » » »

Jusqu'à l'écho de ce que l'on veut vraiment

C'est une belle illustration de la reconnaissance que l'on peut se donner à soi-même, en se (re)mettant à l'écoute de soi et de ce qui nous fait pétiller à l'intérieur.

L'image du bouton de fleur de Blandine est également très intéressante car c'est bien ce que j'ai pu observer au fil du temps et des participants. Quand on se lance, ce programme REPROG est en fait les trois premiers mois de la suite de notre vie, comme les trois premiers mois de la grossesse.

Un jour où je travaillais avec Franck Gervason, un superviseur vraiment bien, un coach de coach, je lui avais parlé du programme que j'étais en train de mettre en place et qui durait 3 mois. Ce jour-là, il m'avait fait remarquer le parallèle avec la première échographie qui se fait après 3 mois de grossesse, parce que c'est seulement après 3 mois que c'est visible à l'œil nu (à travers les appareils évidemment). Franck me disait : « *Pour savoir qu'il y a quelque chose qui est bien enclenché, la première échographie, c'est un écho, un sonar. Après 3 mois, il y a suffisamment d'écho pour que ça apparaisse sur l'image. Cet écho est une image restituée à partir du son.* » J'avais trouvé intéressant ce parallèle avec REPROG où les participants traversent une phase de maturation pendant 3 mois, ce début qui permet de se retrouver soi-même, presque de renaître à soi-même, et qui permet toute la suite comme le décrit Blandine, pour fleurir dans l'ensemble de sa vie. Après 3 mois, il y a suffisamment de résonnance pour que l'effet de la transformation apparaisse véritablement en écho dans toutes circonstances. Marie le disait aussi très bien en soulignant le fait que REPROG n'est que le début, et qu'il y a ensuite plein d'autres choses à faire, à accomplir, à terminer (toute la vie en fait). REPROG est juste le début... Le nouveau début, le vrai début, le début que l'on choisit en conscience cette fois – comme le raconte Blandine.

Cela dit, REPROG ou pas REPROG, n'est pas la question !

La vraie question, c'est : êtes-vous capable de vous « poser » pendant 3 mois pour faire le point sur ce qui est vraiment important pour vous dans cette vie ?
Et CONSCIEMMENT ?
Vous en êtes capable bien sûr, mais le ferez-vous ?

Le gros avantage de REPROG, c'est que le programme vous accompagne, que vous le vouliez ou non, une fois lancé, vous avancez. Si vous avez au moins le minimum de focus et de détermination requis, alors vous irez au bout. Parce que même si un jour ça bloque, je suis là aussi pour veiller au grain, comme on dit, et m'assurer que vous dépassiez ce qui vous retient pour aller bien au-delà. C'est VOTRE choix.

Jean-Luc me disait d'ailleurs ce matin : « *C'est vrai que quand on suit une formation et qu'on n'en fait rien, on se dit facilement que c'est la formation qui n'a pas fonctionné. Alors qu'avec REPROG, on sent et on voit bien les résultats arriver au fil de l'eau, donc on ressent qu'on est celui qui décide de son succès ou pas. Si le succès n'arrive pas, c'est qu'on a lâché et on sait qu'on en est responsable. Alors si on veut vraiment les résultats, ça motive à faire ce qu'il faut durant le programme.* »

Alors, quel est donc votre pétillant à vous ? Qu'auriez-vous à célébrer de vous-même ? Ou qu'aimeriez-vous avoir à célébrer de vous-même ?

Pour en revenir à Franck Gervason, je voudrais souligner un de ses comportements qui, je pense, pourrait nous servir de modèle à tous, pour apprendre à célébrer notre véritable pétillant. Un jour, pendant ma formation de coaching professionnel, j'écoutais attentivement l'intervenant, tout en regardant au sol ou sur ma feuille, la tête baissée. J'étais toutes oreilles ouvertes, je buvais chacune des paroles, assise sur ma chaise au sein du cercle des participants. Du peu que je m'en souvienne, l'intervenant m'a interpelée soudain, en me suggérant d'écouter plus attentivement. Il ou elle avait supposé que je n'écoutais pas et que j'étais « dans la lune », sous prétexte que je fixais ma feuille ou même que je crayonnais paisiblement. Cette situation m'a fait de la peine sur le coup, mais ce dont je me souviens très clairement en revanche, c'est ce qui s'est passé ensuite. Une fois le cours terminé, c'est Franck qui est venu me trouver. Puis il m'a raconté de sa voix douce et enveloppante, que « *Jésus avait pour habitude d'utiliser un bâton pour tracer des cercles au sol pendant ses conversations, parce que cela l'aidait à se concentrer.* » J'ai bien sûr été interpelée par le côté impromptu de son histoire, mais j'ai surtout été touchée par l'effet que cela a eu sur moi. Au final, je ne sais même pas si cette histoire est réelle, mais ce que je sais, c'est que Franck est venu me trouver – consciemment ou non, et j'ai tendance à penser que c'était parfaitement délibéré de sa part – parce qu'il a senti que la remarque de l'intervenant était erronée. Il est venu m'offrir l'information que « *c'est OK d'avoir une façon bien à soi de se concentrer et de centrer son attention et son écoute* » et que « *même si l'autre ne comprend pas, cela ne veut pas dire que ce n'est pas bien.* »

J'ai été très apaisée par cette intervention « divine » de Franck à mes côtés ce jour-là. Cela fait partie des instants d'une vie que l'on n'oublie jamais, j'avais été « vue » pour de vrai. C'est une marque de reconnaissance extrêmement puissante. Et je pense que nous ferions mieux, TOUS, de faire attention à ce genre de petit détail, que ce soit quand quelqu'un tente de nous offrir une information utile à notre estime et à notre connaissance de nous-même, ou que ce soit quand nous avons une information qui peut avoir cette utilité-là pour autrui. Soyons celui ou celle qui reconnaît la valeur et l'être de l'autre.

Dr. Wayne Dyer fait référence à cette compétence dans le 8e *Secret du Succès et de la Paix Intérieure*, quand il dit : « *Dans votre famille et plus particulièrement avec vos enfants, il est important d'avoir toujours cette petite pensée à l'esprit :* **Il faut les surprendre en train de faire des choses bien.** *Rappelez-leur souvent leur intelligence inhérente, leur faculté d'assumer des responsabilités, leurs talents innés et leurs capacités fantastiques.* » (81)

C'est également valable pour notre propre « enfant intérieur » et pour celui de tous les autres autour de nous. Aimons et valorisons chacun de ces petits détails au lieu de les juger et de ramener à soi et à ses propres manques, comme l'avait probablement fait l'intervenant qui pensait manquer d'attention. Il était venu piquer la personne de l'auditoire qui l'écoutait peut-être le plus attentivement, et de mon côté, à l'époque, je ne vous raconte même pas à quel point je manquais d'estime de moi-même, c'était bien avant REPROG, et je ne pensais même pas « avoir le droit de vivre », alors je partais de très loin. Pas étonnant que j'aie été la cible ce jour-là. Mais dans le fond, j'avais aussi eu droit à la résolution, il me fallait y être réceptive. Merci Franck. Merci à tous de prendre conscience et de célébrer vos petites bulles de pétillant.

Votre nouveau regard sur vous-même : suivez les signes !

Nous retrouverons Blandine et la célébration au chapitre suivant, pour vous inviter à passer la « Porte de la Réussite ». Pour le moment, revenons-en à RE-faire connaissance avec vous-même. Vous avez vraiment envie d'aboutir cette transformation que vous aviez identifiée au Chapitre 0, n'est-ce pas ? Je vous le souhaite. Et dans ce cas, c'est maintenant que vous devez prendre conscience et RECONNAITRE que vous AVEZ changé, et que vous êtes encore en train de changer.

Pour illustrer cet aspect, j'avais gardé de côté une partie du récit de Shirley que je vous laisse découvrir maintenant.

« « « Shirley

Lorsque j'étais éducatrice Montessori, j'ai énormément grandi auprès des enfants, en observant leur comportement, leur enthousiasme pour la moindre petite activité. Ils sont extrêmement réceptifs à nos intentions, à notre état d'esprit, c'était magique. Et responsabilisant. En même temps, je me rends compte que nous fonctionnons tous ainsi. Après ça, j'avais besoin de donner d'avantage de sens à mon existence, d'apprendre de nouvelles choses sur moi, sur le fonctionnement de la vie, j'avais besoin de faire un bond en avant.

Je connaissais le programme Reprôg et lorsque j'ai dit à Aline : « *ça y'est je me sens prête, je souhaiterais le faire* », c'est elle qui m'a fait attendre !! Elle voulait que l'on soit 10 pour vivre l'aventure ensemble, créer une émulation positive autour de ce projet commun, et tous profiter de l'effet de groupe. De ce fait, j'ai attendu et j'étais stressée !! Je voulais commencer rapidement pour l'avoir terminé avant les vacances d'été. Afin d'être disponible pour mes enfants et accessoirement profiter des vacances moi aussi ! Mais Aline, tranquille, me disait : « *Ne t'inquiète pas, c'est bien aussi de le faire pendant les vacances, tu seras avec tes parents, sœur et frère, ça te permettra certainement de te confronter.* » Je n'aimais pas cette idée. Du tout. Je me doutais qu'elle avait raison parce que c'est quasiment toujours le cas, mais cette expérience ne me tentait pas.

Résultat : nous avons réussi à être 10 personnes pour démarrer le 1er mai. Donc quoiqu'il arrivait, j'allais devoir passer une partie du mois de juillet entre la famille, les valises, les enfants, à m'improviser des bureaux différents chaque semaine au rythme de nos déplacements. Eh bien j'ai terminé la semaine 8 de l'estime de soi et commencé avec celle de la relation à la reconnaissance au moment où nous nous sommes retrouvés en Bretagne tous réunis. La maison était parfaite, elle m'offrait une belle pièce lumineuse, munie d'un grand bureau. Et surtout ma famille, à qui j'avais parlé du programme, m'a laissé l'espace et le temps dont j'avais besoin pour travailler !

Ma mère avait changé d'attitude (mais certainement que moi aussi j'avais bien évolué dans mon positionnement). Le planning des sorties s'est naturellement axé sur l'après-midi pour me laisser faire ce dont j'avais besoin le matin. Tout le monde à conspiré pour mon bien-être, c'était fascinant ! Jusqu'à venir me demander si le bruit des enfants n'était pas trop distrayant !! Quelle expérience incroyable pour moi. J'ai toujours eu l'impression de ne pas être prise en compte, pas être reconnue et de devoir batailler dur pour être respectée dans mes idées au sein de cette famille. Et là, c'était tout l'inverse qui se produisait. Le travail sur qui je suis, de quoi j'ai besoin et à quel point je m'affirme/assume portait déjà ses fruits. Et même si j'adore ma famille, pour moi il était impossible de prévoir cette situation si nouvelle et agréable. Maintenant, non seulement j'existe mais ce que je désire compte pour eux aussi.

Cet été-là, je me suis beaucoup rapprochée de mes parents. J'ai osé leur parler, avec authenticité et sans craindre mes formulations, ou la mauvaise interprétation ou les sentiments désagréables que j'avais souvent en venant chez eux. Ils m'ont entendue et ont dissipé ces sensations. Parce qu'en leur parlant le cœur ouvert, je leur ai aussi permis de faire le point. Sur leur comportement, attitudes et attentes. Simplement. Nos rapports sont devenus gagnants et beaucoup plus sincères et authentiques. C'est le cercle vertueux dans lequel j'évolue maintenant. Je sais combien il a de niveau et que je n'ai pas fini de travailler, pour autant je m'émerveille de tous les possibles qui sont déjà présents. Je n'ai qu'à les remarquer pour en bénéficier. Chaque jour est si dense en informations !

Et devinez quoi ? Je n'ai pas terminé Reprôg en Juillet, non, j'ai fait des détours (Ô combien nécessaires !) J'y ai passé toutes mes vacances, à mon rythme, en creusant des sujets plus difficiles. Et au final, je ne voulais plus que ce programme s'arrête, j'avais peur de ne pas continuer à comprendre et avancer chaque jour autant sans le programme quotidien! Mais heureusement…il y a un effet Reprôg qui ne s'arrête pas en même temps que le programme !

Cela me fait penser à un épisode durant Reprôg où j'étais bloquée. C'était un jour où je devais positionner quelque chose sur mon tableau de célébration. J'avais plein de petites choses en tête, mais pas l'étincelle. Je ne sais plus comment j'ai eu l'idée, mais j'ai tapé dans Google: « Shirley travaille ». J'ai trouvé beaucoup d'images de l'actrice américaine *Shirley Temple*.

J'ai donc commencé à regarder des photos d'elle et à lire sa bibliographie. J'étais très étonnée de ce que j'y apprenais. Elle a été actrice jusqu'à ses 20 ans seulement, elle a été la première femme ambassadrice des Etats Unis et même la première femme à être chef du protocole. C'est incroyable !! Depuis mon plus jeune âge, on m'associait à cette femme parce que nous portons le même prénom et je découvrais ce jour-là de qui il s'agissait : d'une personne bienveillante qui a réalisé ses rêves, qui a été là pour parler de la cause féminine, qui a pris soin de sa famille et qui avait de grandes valeurs humaines. Le rayonnement qui se dégage de ses photos me semble être comme une incitation à la confiance dans la vie qui me dit « *toi aussi, tu peux !* » Alors quel clin d'œil de la vie ! Maintenant j'aurai beaucoup d'enthousiasme à répondre lorsque quelqu'un me dira « *Shirley ?! Comme Shirley Temple ?* ».

/ *Shirley* » » »

Je suis heureuse que Shirley vous ait raconté cette anecdote, car il y en a tellement au fil du programme pour chaque participant, tout comme au fil de la vie pour chacun d'ailleurs. C'est juste que REPROG permet d'avoir conscience de ce processus et de ces détails du quotidien, pour en bénéficier pleinement comme le soulignait Blandine précédemment.

Ce que je trouve intéressant également, c'est de prendre conscience que l'information était déjà là depuis toujours... Dans l'exemple de Shirley, c'est depuis longtemps que les gens l'interpelaient à propos de *Shirley Temple*. Mais elle n'en faisait rien, trouvant cela presque étrange de la part des autres. Alors que quand elle a finalement prêté attention à l'information qui lui était suggérée, elle a pu recevoir cette marque de reconnaissance que lui offrait déjà son entourage depuis tout ce temps. Elle a enfin pu se connecter à cette puissante énergie féminine que représente cette fameuse *Shirley Temple*.

Il n'y a bien sûr pas de regrets à avoir, puisque tout arrive parfaitement au bon moment, vous vous rappelez ? TOUT CE QUI M'ARRIVE DANS MA VIE EST PARFAIT, ET JE SUIS TOUJOURS PROFONDÉMENT SATISFAIT(E). (46)

Ce qui s'est réellement passé, c'est que Shirley a vraiment travaillé sur elle pendant les 8 première semaines, et arrivée à la relation à la reconnaissance, c'est bien là qu'elle a pu récolter les fruits et les jeunes pousses des nouvelles graines qu'elle avait désormais semées. Des graines plus saines, d'une estime d'elle-même plus sereine et alignée avec sa valeur personnelle.

Durant ses vacances, elle a commencé à récolter les bénéfices auprès de ses parents, de ses proches, et dans toute cette organisation qui pour la première fois incluait son existence à elle, en conscience et en confort.

Récemment, Shirley me racontait même qu'elle continue de récolter, après un an déjà, en constatant qu'elle a une meilleure mémoire, qu'elle connecte plus facilement les informations, les noms, les détails, qu'elle a beaucoup plus d'énergie pour faire ce qu'elle a à faire dans ses journées bien remplies, etc. Elle poursuit joyeusement son chemin, avec un beau rayonnement de se lumière personnelle. Tout le monde en bénéficie.

Pensez donc à suivre les signes. Ne croyez pas que les gens autour de vous ne savent rien de vous, parce que bien au contraire, qu'ils en soient conscients ou non, ils vous renvoient un écho précis de votre propre rayonnement, tout comme le principe de l'échographie.

Du moment que vous avez une intention, suivez les signes, c'est-à-dire suivez les pistes des informations qui vous entourent et que vous recevez en écho de ce que vous projetez. Du moment que vous avez une intention claire ! Comme le disait Blandine, votre intention doit être claire pour que les autres aussi puissent vous renvoyer un écho clair et précis. Ne vous étonnez pas quand votre vie semble brouillon, ce n'est que l'écho du manque de clarté de vos propres intentions. Ne vous en blâmez pas, reconnaissez-le, tout simplement. Aimez-vous ainsi, et vous verrez que cela vous redonnera du courage et de la profondeur de vision pour clarifier vos intentions.

A chaque étape de la vie, nous avons de nouvelles idées, de nouveaux besoins, de nouveaux challenges. C'est normal que nos intentions évoluent. Ce qui est essentiel c'est de le reconnaitre et de le prendre en compte. Car si vous fermez les yeux sur ce qui évolue dans vos propres intentions, vous pouvez vous retrouver à pester contre votre vie, alors qu'elle est exactement ce que vous vouliez « avant », sauf que vous avez changé d'avis !

La reconnaissance est une circulation d'énergie.

Imaginez que quelqu'un vous félicite pour quelque chose que vous avez fait, un croquis, un énorme projet, un superbe repas, une fête merveilleusement organisée, un spectacle, une démonstration de vos talents, etc., en soulignant la qualité de votre travail, ou la justesse de votre prouesse. Qu'en ressentez-vous ? Qu'en pensez-vous ? Cela vous fera quelque chose, n'est-ce pas ? A la hauteur de votre investissement, me semble-t-il. Si par exemple vous avez vraiment beaucoup investi, et que la personne constate vos efforts et vous en félicite, vous serez content(e), et vous vous sentirez ravigoté(e) par ces paroles reconnaissantes et gratifiantes. Selon la nature de votre propre estime de vous-même à ce stade, cette reconnaissance peut avoir différents effets, mais tout du moins cela vous fait quelque chose. Cela vient remuer de l'énergie en vous, concernant ce que vous avez accompli.

Imaginez maintenant que cette même personne vient vous trouver pour vous féliciter d'avoir construit la Tour Eiffel. Qu'en ressentez-vous ? Qu'en pensez-vous ? Probablement rien du tout. Cela peut même vous paraitre étrange, voire désagréable, puisque vous risquez de vous demander pour quelle raison cette personne vient vous dire cela, peut-être qu'elle cherche à vous déstabiliser, ou à vous amadouer…

Pire encore : imaginez que vous venez de préparer un superbe repas, et que votre conjoint ou ami vient vous féliciter et vous remercier « pour avoir jeté les poubelles ». Aucun rapport, et vous vous sentez surement lésé de n'avoir même pas été remarqué(e) concernant le merveilleux repas.

Tout ça pour dire quoi ? Que la reconnaissance est une circulation d'énergie. Une énergie qui circule. Vous avez investi de l'énergie dans votre accomplissement, et la reconnaissance que vous en recevez est appréciable car elle arrive en écho à votre investissement. En revanche, la Tour Eiffel ne vous concerne en rien, donc ça sonne faux et ça ne fait écho à rien du tout chez vous. Et dans le cas de la reconnaissance qui « tombe à côté », c'est même frustrant parce qu'on y était presque, mais que ça n'a aucune valeur pour vous puisque vous n'êtes pas concerné. Nous ne pouvons pas « recevoir » de la reconnaissance qui reconnaît quelque chose qui ne nous concerne pas. Nous ne pouvons pas non plus recevoir de la reconnaissance si nous-même ne nous en donnons pas. Tout comme il n'y a pas d'écho d'un son qui n'existe pas…

La métaphore ou le Multivers, vous choisissez.

Dans son livre *Les Onze Lois de la Réussite, De la part d'un ami*, Anthony Robbins, incontournable coach de notre génération, entrepreneur, consultant et enseignant en motivation de notoriété internationale, nous partage des pépites très en accord avec ce que nous explorons depuis le début de REPROGRAMMEZ-VOUS ! Il n'y a bien sûr pas de surprise, puisque tout concorde, pas seulement avec lui. J'espère vous avoir montré au fil des chapitres que de très nombreuses sources de tous horizons partagent des messages de vérité qui convergent dans la même direction, celle de l'évolution et de l'évolutivité de la conscience et de l'expérience humaine.

Dans la neuvième leçon, Tony Robbins nous invite à « *sortir des impasses grâce à de nouvelles métaphores* ». Il précise :

« *Les gens emploient constamment des métaphores pour décrire les sentiments qu'ils éprouvent. 'La Vie est un champ de bataille' et 'la vie est un jardin de roses' sont des métaphores qui indiquent deux façon opposées de voir le monde. [...]*

*Chaque métaphore représente un système de croyances. **Lorsque vous choisissez une métaphore pour décrire votre vie ou votre situation, vous choisissez également d'adopter les croyances qui y correspondent.** C'est pour cela qu'il faut faire* *preuve de prudence dans le choix des termes que l'on emploie pour décrire le monde – tant pour soi-même que pour les autres.* » (82)

Il raconte ensuite l'histoire d'un acteur célèbre, Martin Sheen, et de la façon dont sa femme Janet lui a sauvé la vie grâce à une métaphore ! En effet, lors d'un tournage très intense, Martin Sheen s'est réveillé un matin, « *en proie à une crise cardiaque* », et « *transporté en hélicoptère au département des soins intensifs de l'hôpital le plus proche.* » Mais sa femme Janet ne s'est pas laissée faire : « *Elle refusa d'accepter qu'il se trouvait dans un état grave – elle savait que son mari avait besoin de soutien – aussi, lui sourit-elle tendrement et lui dit : "Ce n'est qu'un film, chéri ! Ce n'est qu'un film."* » Martin raconta à Anthony Robbins qu'il sut dès cet instant qu'il allait s'en sortir, esquissant un sourire qui « *marqua le début de sa guérison* ».

A vous de choisir la métaphore qui vous permet de sortir de votre impasse. A vous de choisir ce que vous voulez vivre ensuite. Vous êtes libre de reconnaitre « les faits » de ce qui ne vous convient pas, et vous êtes tout aussi libre de reconnaître « les faits » de ce que vous souhaitez ensuite. Vous ne pourrez de toute façon pas porter votre attention sur les deux en même temps, alors choisissez avec sagesse, en particulier pour la raison suivante.

Un film assez étrangement mené mais mis en scène avec une profonde précision sur le fonctionnement de la vie est sorti en 2022: il s'intitule *Everything Everywhere All at Once* (83), traduit en Québecois par *Tout, partout, tout à la fois.* Ce film met en scène les particularités de ce que l'on appelle le Multivers, c'est à dire l'ensemble de toutes les lignes temporelles définies par nos choix. Si, par exemple, vous choisissez de partir vivre à l'étranger, cela crée une ligne temporelle différente de la version de vous qui reste à la maison. A chaque décision un embranchement se crée.

Libre à vous de croire ou non au Multivers : soit vous y croyez, soit vous n'avez qu'à considérer que c'est une métaphore. Martin Sheen nous a démontré que l'effet est tout aussi puissant et peut même aller jusqu'à nous sauver la vie !

Imaginez maintenant que lorsque vous faites le choix de reconnaitre votre accomplissement de vous réveiller en vie le matin, d'apprécier votre lit, votre famille, le temps que vous avez à vivre, etc., vous choisissez en fait la ligne temporelle sur laquelle vous allez vivre cette journée, et les suivantes.

Ensuite, chaque fois que vous reconnaissez votre propre valeur, votre saine estime de vous-même, votre mérite d'être là, et le fait d'être sincèrement vous-même, vous choisissez aussi la ligne temporelle sur laquelle vous allez continuer votre vie !

En investissant cette belle énergie de reconnaissance dans votre choix de ligne temporelle, imaginez maintenant toute cette belle énergie que vous allez pouvoir recevoir en écho dans la ligne temporelle correspondante.

Voilà ce qu'est un choix conscient et délibéré de reconnaitre sa propre valeur, et de faire le choix de la reconnaissance saine et sereine de l'étincelle de vie qui nous anime.

Même si vous êtes à moitié seulement en bon état, même si vous avez vécu de tout jusqu'à présent, que ce soit du meilleur ou peut-être même du pire, vous êtes là, vous êtes en vie, et vous avez la capacité de faire le choix de la ligne temporelle où la vie devient fluide, où la vie progressivement tourne à votre avantage, où la vie vous aime autant que vous l'aimez, où les autres vous apprécient autant que vous les chérissez, où le système prend soin de vous autant que vous prenez soin d'y contribuer, où vos circonstances vous plaisent autant que vous vous avez les idées claires et focalisées sur ce qui vous rend vraiment heureux. Choisissez votre son de cloche, et vous vivrez l'écho correspondant. C'est la vie qui est ainsi.

Voulez-vous maintenant savoir quelle est la particularité qu'ils ont mis en scène dans le film pour permettre aux personnages de « zapper » d'une ligne de vie à l'autre ? Eh bien le personnage est invité à faire quelque chose de bizarre, qu'il n'aurait jamais fait en temps normal. Autrement dit, comme on l'a vu au chapitre 3 : « *si ce que tu fais ne fonctionne pas, fais n'importe quoi d'autre !* » La créativité des scénaristes est allée assez loin, d'avaler une grenouille à déclarer son amour à la contrôleuse fiscale, en passant par mettre ses chaussures à l'envers, ou même certains détails que je ne mentionnerais pas ici ! ☺ Mais globalement, l'idée à retenir, c'est que « **faire quelque chose que vous n'auriez pas fait dans vos habitudes du passé** » permet effectivement d'ouvrir un passage dans votre esprit, dans votre fonctionnement, et ainsi de vous connecter à une autre version de vous-même à laquelle vous n'aviez pas accès tant que vous restiez bien tranquille sur les rails de votre passé.

Ce que je vous propose ici, c'est de faire d'une pierre deux coups. Il y a d'ailleurs un univers dans le film où les personnages sont des rochers ! Je vous propose donc d'utiliser la reconnaissance pour « **faire quelque chose que vous n'aviez pas l'habitude de faire** », simplement en appréciant consciemment et sincèrement quelque chose de vous ou de votre vie que vous n'aviez pas l'habitude de reconnaitre.

Si vous n'y parvenez pas du premier coup, entrainez-vous !

Il a été démontré à différentes reprises maintenant que l'observation modifie le comportement de la matière. Lorsque l'on observe les particules, elles se figent dans un certain état, alors que sans observateur, les particules se diffusent dans un ensemble de possibilités. Cette différence a notamment été remarquée parce qu'en projetant des particules de lumières sur un certain dispositif avec des fentes, l'image projetée de l'autre côté du dispositif est un point quand on observe la projection, mais elle est un ensemble de points quand on ne l'observe pas. C'est-à-dire qu'elle retourne à son état de « potentiel », où toutes les possibilités coexistent, quand on ne la regarde pas. C'est le principe du multivers, ce n'est pas juste un film, c'est aussi un ensemble de découvertes scientifiques et des décennies de recherches et d'avancées en physique quantiques.

Une des expériences a même révélé que « *plus la quantité de "regarder" est grande, plus l'influence de l'observateur sur ce qui se passe réellement est grande.* » (84) Donc plus nous portons attention à quelque chose, plus notre influence à fixer cette chose dans notre expérience augmente. Cela nous rappelle aussi à quel point il vaut mieux ne pas trop porter d'attention à ce qui ne nous plait pas, si on veut se donner la chance que ça change !

Alors, à quoi vous attendez-vous ? Que regardez-vous de vous-même et de votre vie ? Qu'avez-vous donc l'habitude de « fixer » dans votre expérience au quotidien et pour demain ? C'est simple, pour le savoir, il suffit d'observer votre présent actuel. En revanche, si vous voulez en changer, il faut ensuite arrêter de le regarder, pour porter votre attention sur tout le reste, en particulier sur tout ce qui va déjà dans le sens que vous souhaitez, sur chaque détail qui tend dans une direction qui vous réjouit, et de cette façon, vous commencez à « fixer » et donc « manifester » la ou les lignes temporelles de la vie que vous souhaitez et qui vous mettent en joie.

Ensuite, rappelez-vous bien qu'à chaque instant vous avez toujours le choix. Si vous faites ce choix aujourd'hui, mais que demain vous oubliez, ne vous étonnez pas que votre vie ne se transforme pas. Si vous voulez vraiment changer votre habitude de constater ce qui vous gêne pour davantage chérir ce que vous appréciez, vous allez devoir « changer cette habitude ». Pour cela, rdv au chapitre 4, ou bien dans *La Chronique Alineon*, au sujet « *Comment changer une habitude* ». (85)

Mise en application / Intégration
Listez 3 choses que vous avez accomplies depuis le début de cette lecture à propos de ce que vous souhaitiez changer :
1/_____
2/_____
3/_____

Listez 3 choses que vous pensez différemment par rapport au début de votre lecture à propos de votre objectif :
1/_____
2/_____
3/_____

Listez 3 raisons pour lesquelles vous méritez de la reconnaissance, non pas de la part des autres, mais tout d'abord de vous-même, simplement dans ce que vous ETES et non dans ce que vous faites ou avez fait :

1/_____

2/_____

3/_____

Reconnaissez maintenant à quel % (au feeling) l'ensemble de ces 9 éléments de changement vous emmènent sur la version de votre vie (ou la ligne temporelle) que vous souhaitez vraiment ? _____ %

Pour finir, quelle est la plus petite chose que vous pouvez faire pour améliorer ou renforcer ce score ? _____

Par ailleurs, voici une autre chose que vous pouvez faire à ce stade… Choisir une métaphore de votre vie, non pas comme vous en aviez probablement l'habitude jusqu'à présent, c'est-à-dire de décrire la façon dont vous percevez le flot que vous « subissez », mais plutôt une métaphore de ce que vous aimeriez que soit le flot de votre vie maintenant, en particulier concernant l'objectif que vous vous êtes fixé au Chapitre 0. Epargnez-nous bien sûr le cliché du « long fleuve tranquille » car cela n'est pas une création de votre part, et globalement assez peu représentatif du flot de la vie qui est parsemé d'imprévus, de hauts, de bas, etc. Epargnez-nous bien sûr aussi le cliché des « montagnes russes », pour les mêmes raisons.

Donc… Quelle serait une métaphore pour décrire la tournure que vous aimeriez que votre vie prenne désormais ? Bonne question, pas vrai ? :-)

Et/ou concernant votre objectif du Chapitre 0 ?

_____

_____

_____

3 QUESTIONS POUR SAVOIR OU VOUS EN ETES

9.1/Imaginez la ligne temporelle de votre vie sur laquelle vous aimeriez vraiment poursuivre votre chemin. Pensez brièvement aux différents domaines importants pour vous, que ce soit le couple, la santé, la famille, le boulot…

a. En fait je suis déjà dessus, il me faudrait juste en avoir davantage conscience au quotidien pour en profiter avec satisfaction.

b. Je ne sais pas trop, je ne crois pas à tout ça.

c. J'ai du mal à l'imaginer, mes pensées reviennent à des choses plus « terre à terre », c'est-à-dire comme elles sont actuellement, comme si mon esprit était rappelé par un élastique.

d. C'est presque un peu dur de l'imaginer, parce que ça fait ressortir ce que je fais ou ce que je suis actuellement et qui contredit ce que je veux vraiment.

9.2/ Pensez à une situation spécifique actuelle et prenez conscience : à quoi vous attendez-vous exactement ?

a. J'imagine différents scénarios, je pèse le pour et le contre, et je m'attends à ce qui est le plus logique ou le plus probable.

b. Je me réjouis de penser à un scénario satisfaisant, quels que soient les détails, je focalise sur mon sentiment de satisfaction, et je m'attends à quelque chose d'agréable au final.

c. Je reconnais que j'ai tendance à imaginer le pire, les risques ou les raisons pour lesquelles ça pourrait mal se passer.

d. Je m'attends à ce que ça ne marche pas comme je le souhaiterais, ou que je ne parvienne pas à ce que j'aimerais, ou que je ne sois pas capable.

9.3/ Quelle est votre façon de vous donner de l'énergie ?

a. Je me botte les fesses, je me parle avec fermeté, je m'énerve si besoin, je me motive et me pousse à avancer.

b. Je constate mon propre pétillant, mes particularités, mes petits trucs rien qu'à moi et j'aime ça, je souris en y pensant.

c. Je prends toujours le temps de célébrer mes succès, de « marquer le coup », de me féliciter, de me regarder dans le miroir si je le peux pour me dire bravo.

d. Je n'avais jamais pensé à ça ou du moins je ne fais rien de spécial.

> *Si vous pensez que seuls les gros succès méritent d'être appréciés, vous passez à côté d'une bonne partie de la vie.*
> Tony Robbins (97)

Chapitre 10

LA PORTE DE LA SATISFACTION

Utilisons ce que nous sommes

Un jour, tandis que je triais de vieux livres avec mon père suite au décès de ma maman, je suis tombée sur un livre intriguant. Il était plutôt fin, mais avait une belle couverture épaisse, presque en tissu ferme comme du cuir, et de profondes couleurs, jaune soleil et bleu intense. Il était intitulé : *UTILISE CE QUE TU ES*. J'ai emporté ce livre, et j'ai été moi-même transportée par cette lecture, relatant l'histoire d'un empereur de Chine qui se questionne sur le sens de sa vie. Quand j'ai voulu en rechercher l'origine, il n'y avait qu'une indication des *Éditions Soleil*, qui malheureusement n'existaient plus. C'était d'autant plus intriguant parce que j'avais trouvé de nombreux ouvrages de qualité, dans les innombrables livres de mon papa, qui étaient publiés par ces éditions. J'y reviendrai.

J'avais retrouvé une autre chose de longue date lors de ces rangements : une affichette que mon père avait dessinée lorsqu'il avait contribué à organiser une conférence du Dr. Christian Tal Schaller, avec Kinou le Clown. Je me rappelais vraiment bien de ce jour-là. J'étais toute petite, et j'avais apprécié la bienveillance et la « joie de rire » des deux conférenciers. J'ai redécouvert sur cette affichette que la conférence s'intitulait *LE RIRE GAI - RIT* !

Figure 1: Photo prise des affichettes retrouvées dans mes affaires. Dessin par Jean-Michel Dalbiez, conférences animées par Dr. Tal Schaller et Kinou le Clown.

Un titre que je n'avais pas vraiment compris étant petite, mais qui est une perle de sagesse incontournable pour celui qui désire vivre heureux.

Quelques temps plus tard, les circonstances ont fait que j'ai vu par hasard la venue de Tal Schaller avec sa femme Johanne Razanamahay à un salon proche de chez moi, sur la Côte d'Azur. Sachant que Tal parcourt le monde avec son épouse pour enseigner que « *La Santé, ça s'apprend !* », mon feeling me disait de ne pas tergiverser face à ce rapprochement dont j'étais miraculeusement tenue informée. J'en ai parlé à mon partenaire pensant que cela pouvait être une occasion pour nous de les rencontrer et de faire connaissance. Ni une, ni deux, en 48h, j'avais Tal au téléphone, et nous organisions une rencontre. Les conditions ont fait qu'ils n'ont même pas pu animer leur conférence au salon en question, mais l'ayant su après avoir fait la route, ils ont passé l'après-midi avec nous à la place. C'était une fabuleuse rencontre, nous avons été touchés par leur gentillesse, leur sincérité, et la facilité avec laquelle nous avons pu échanger sur la vie, sur nos parcours, et sur nos visions du monde respectives, avec leur fils Gwen également.

Ce jour-là dans la conversation, je ne sais trop comment, l'empereur de Chine est venu se joindre aux sujets de discussion. J'ai alors découvert que les *Éditions Soleil* avaient en en fait été menées par Tal Schaller ! Quelle joie de recevoir l'information que j'avais cherchée précédemment. Et mieux encore, Tal me dit qu'il avait connu 3 autres histoires de cette nature, et qu'il les avait rassemblées dans un nouveau livre intitulé *Nous sommes tous des êtres Multidimensionnels*, dont il m'a généreusement dédicacé un exemplaire. Merci Tal pour ces précieuses publications !

Je souhaite aujourd'hui vous partager un extrait de ce premier conte pour vous aider à faire le lien entre votre parcours de reprogrammation et la suite de votre vie.

UTILISE CE QUE TU ES : l'empereur de Chine en quête de réponse, se trouve en conversation avec un vieux sage :

> *- Tu peux faire partie de toute chose, dit le Sage. Quand une vieille infirme vient vers toi, ne la mets pas dans une maison pour personnes âgées. Aide-la à apprendre à utiliser ce qu'elle est. Si ses jambes bougent à peine, qu'elle ne peut remuer les bras et que tu lui dis : « Vielle femme, tu as eu une longue vie, tu as besoin que l'on prenne soin de toi, je vais te mettre dans une maison au soleil, dans le sud du pays », elle sera heureuse… Mais alors cent vieilles femmes accourront vers toi ! Par contre, si tu lui dis : « Demain tu vas prendre un bain froid, commencer à courir, et à faire travailler ton corps ! » elle pourra, si elle le fait, s'améliorer… Et tu ne verras pas accourir vers toi une foule de vieilles femmes cherchant à devenir dépendantes ! Tu apprends à aider les gens à s'aider eux-mêmes. Tu leur donnes les instruments nécessaires et tu sais qu'ils ont, eux-mêmes, la capacité de les utiliser. (86)*

Le rapport direct avec nous, êtres humains sur un chemin d'amélioration, c'est de voir ces vieilles femmes comme nos vieilles pensées ou nos habitudes obsolètes. Face à une croyance qui nous limite ou une peur qui entretient nos difficultés, si nous nous disons « *Chère croyance/peur, tu as été si longtemps avec moi, je pense comme ça depuis tant d'années, tu as besoin que l'on prenne soin de toi, je vais te mettre au soleil dans un coin de mes convictions* », notre croyance limitante ou notre peur sera dorlotée, et cent autres peurs ou pensées limitantes accourront ! Ce n'est pas ce que nous voulons, n'est-ce pas ? Dans ce cas, la suite est toute aussi précise et pertinente. Nous pouvons en effet nous dire : « *Je ne veux plus me limiter à ça, demain je vais prendre une douche froide, me remettre à réfléchir, et faire travailler mes pensées autrement !* » Et nous ne verrons plus accourir vers nous une foule de vieilles peurs ou de vieilles croyances cherchant à devenir dépendantes. Tout au plus, elles arriveront éventuellement dans le but d'être, elles aussi, reprogrammées. Ainsi, nous nous apprenons à nous aider nous-mêmes. Nous nous donnons *les instruments nécessaires* et nous savons que nous avons, nous-mêmes, *la capacité de les utiliser.*

N'essayons pas de faire comme les autres ou selon une norme, mais plutôt selon ce qui nous sera satisfaisant.

Si par exemple nous aimons les choses bien faites, ayons l'intention de faire les choses bien.

Ne cherchons pas non plus d'excuse pour ceux qui soi-disant ne penseraient qu'à eux au détriment des autres, parce que quelqu'un de VRAIMENT satisfait, n'aura jamais l'envie ni le besoin de faire du tort à autrui. Il ne pourra même pas y penser, ni l'être maladroitement, car gratitude et ressentiment ne sont pas compatibles. L'erreur n'est qu'un jugement, et quand on est chargé de satisfaction, on vibre et on rayonne la satisfaction. Que voulez-vous offrir d'autre que ce que vous êtes ? Si vous êtes sincèrement heureux et satisfait, c'est ce que les autres percevront et recevront de vous. Ce qu'ils en feront leur appartient, certains peut-être seront jaloux et marineront dans leur frustration, d'autres en revanche, choisiront le chemin de leur « multivers » sur lequel ils sont satisfaits, inspirés par ce qu'ils auront perçu de vous, et très bientôt, ils seront si heureux et satisfaits eux-mêmes, qu'ils élargiront à leur tour le rayon de diffusion de ce modèle de satisfaction. Cela revient à l'histoire des vieilles dames… face auxquelles l'empereur a le choix entre les accompagner dans leur malheur, ou les inviter à se reconnecter à leur bonheur. Ce qui est amusant avec ce mot, c'est que la « vieille définition » de « heur » est : « *Bonne fortune, chance* » (87 ; 88).

Donc le Malheur serait une *mauvaise « bonne fortune »*, là où le Bonheur serait une *bonne « bonne fortune »*. Je trouve ça amusant parce que cela nous remet en face du fait que dans les deux cas, c'est de la « bonne fortune ». La différence, c'est notre interprétation. Ce qui est logique puisque le bonheur est totalement subjectif. Quelqu'un peut être heureux de faire un métier qui voyage beaucoup, alors qu'un autre y sera malheureux. Un personne peut rêver de la vie de famille dans une grande maison, tandis que d'autres préfèrent la solitude ou le calme d'un petit comité. Etc. De la même façon, une partie de nous peut être heureuse de ne rien faire, tandis qu'un autre voudrait bouger et créer, une partie de nous peut avoir envie de déprimer et de se faire plaindre, tandis qu'une autre voudrait être dynamique et rayonnante… Ces contradictions génèrent généralement des symptômes, dans notre vie ou dans notre corps, dans notre tête ou dans notre cœur.

Donc, à ce stade, on voit que la satisfaction est subjective, et que nous avons la responsabilité de nous aider nous-mêmes au fil de nos vieilles pensées ou de nos vieux schémas, ou même des choses nouvelles qui nous affaiblissent ou ne nous conviennent pas, tout simplement.

Un autre avantage d'utiliser ce que nous sommes, c'est de ne pas vivre la vie d'un autre, mais bien d'être nous-mêmes, et de nous faire évoluer dans le sens qui nous satisfait. Louise Hay nous dit d'ailleurs que « *Si nous voulons que nos lendemains soient positifs, nous devons changer notre façon de penser aujourd'hui. Les pensées d'aujourd'hui créent les expériences de demain.* » (89)

Quand j'ai trouvé ce vieux livre et cette vieille affiche, je ne les ai pas ignorés ni regardés avec regret. Sans m'en rendre compte jusqu'à vous le raconter ici, d'une certaine façon, je me suis (re)connectée à ma satisfaction et je l'ai réactivée, comme les vieilles dames de l'histoire !

Quel que soit où nous en sommes, UTILISONS CE QUE NOUS SOMMES pour avancer sur le chemin de notre satisfaction. Que savez-vous au juste de votre satisfaction ? Est-ce que vous la connaissez aussi bien que vous connaissez vos peurs et vos appréhensions ? Nous devrions tous connaître notre satisfaction mieux que n'importe quoi d'autre, sinon comment la reconnaître ou même choisir le chemin qui nous y mène ?

Arrêtons toute critique et cherchons toute satisfaction

Vous connaissez le jeu des 7 différences ? Alors vous savez que ce n'est pas toujours immédiat de trouver les différences… Parfois il nous faut regarder plusieurs fois au même endroit pour finalement voir apparaitre le détail qui jusque-là nous échappait. En revanche, une fois qu'on le sait, on le retrouve rapidement ! Et si on s'entraine un peu à voir les différences, on finit par accroitre notre compétence à les remarquer spontanément.

Avec la satisfaction, cher lecteur, cher lectrice, c'est la même chose. Si nous voulons une vie satisfaisante, apprenons à la voir en premier. Cherchons la satisfaction partout dans ce que nous vivons, et remplissons notre cœur, notre esprit, et nos vie avec !

Egalement dans son livre *Embrace Your Power*, Louise Hay nous invite en tout premier lieu à *Arrêter Toute Critique*.

> *C'est un acte inutile ; il n'accomplit jamais rien de positif. Ne vous critiquez pas ; ôtez ce fardeau de vous-même. Ne critiquez pas non plus les autres, car les défauts que nous trouvons habituellement chez les autres ne sont que des projections de ce que nous n'aimons pas en nous-mêmes. Penser négativement à propos d'une autre personne est l'une des plus grandes causes de limitation dans notre propre vie. Seulement **nous** nous jugeons nous-mêmes, pas la Vie, pas Dieu, pas l'Univers.*
> **Je m'aime et je m'approuve.** (90)

Pour illustrer ce point, un des participants les mieux placés pour en parler, c'est Jean-Luc, car il a vraiment embrassé ce chemin-là. Nous avons tous nos particularités et chacun travaille sur ses propres habitudes, à sa façon. Nous ne sommes pas tous concernés par les mêmes choses ni de la même façon, mais notre interprétation fait que nous captons à travers le parcours de l'autre, ce que nous pourrions en faire également. Profitez de son recul pour approfondir le vôtre.

« « « Jean-Luc

Personnellement, je n'étais satisfait que par les résultats. Toute activité qui n'aboutissait pas à un résultat ne me procurait aucune satisfaction. Entendons-nous bien, je ne dis pas que je n'avais pas de plaisir, je dis juste que je n'avais pas de satisfaction tant que je n'avais pas terminé quelque chose.

Reprôg m'a permis de travailler sur cet aspect, avec des outils et réflexions « pratiques ».

Un exemple concret, c'est quand j'étais en train de mettre « la dernière vis », alors que la journée s'achevait, pour monter le meuble, dans notre nouvelle salle de bain fraichement refaite à neuf. Cela nous avait pris beaucoup plus de temps que prévu. Cette dernière vis accomplissait en fait seulement les préparatifs des fixations au mur… mais il fallait ensuite ajouter le meuble et finaliser avec les autres meubles suspendus.

J'étais en insatisfaction totale ! Je pensais avoir terminé ce meuble à la fin de la journée… et je ne terminais que les fixations au mur !

C'était un des derniers petits « ratés » sur mon chemin de la satisfaction, ou plutôt de la non-satisfaction. Car une fois ce meuble enfin terminé, la satisfaction a été de courte durée puisqu'il fallait maintenant attaquer le parquet de la chambre…

Cela m'a permis de me rendre compte, qu'en plus de ne pas être satisfait tant qu'un objectif n'était pas atteint, je passais extrêmement rapidement au suivant, une fois l'objectif atteint. Du coup, même dans la réussite, la satisfaction n'était que de courte durée.

Alors que faire ? Eh bien, je me suis laissé guider par Reprôg qui m'a permis de reprogrammer cet aspect de moi. Aujourd'hui, ayant compris que je n'étais finalement jamais satisfait, ou en tout cas pas très longtemps, je me suis mis à me satisfaire de chaque petit pas, de chaque étape sur le chemin. De toutes façons, tout peut prendre plus de temps que prévu, alors autant le vivre bien. C'est tellement délivrant. Je suis maintenant beaucoup plus satisfait, plus régulièrement, plus longtemps, et je ne cours plus après les objectifs, je prends le temps pendant le processus de réalisation, et je prends le temps de profiter d'un objectif accompli avant de démarrer le suivant. Ça a été particulièrement utile pendant cette période de travaux chez moi, ou j'essayais de me satisfaire de chaque étape plutôt que d'un accomplissement de toute façon très éphémère avant de passer à la pièce suivante, ou à l'objectif suivant.

Cette nouvelle « compétence » me sert maintenant dans de nombreux domaines de ma vie !

Aujourd'hui, je me satisfais d'avantage du chemin, je prends davantage mon temps (parce que je sais qu'il y aura toujours quelque chose d'autre après), et c'est encore plus de bonheur !

Reprôg m'a aussi complètement ré-ouvert l'esprit.

A une période de ma vie où j'étais en CDI, et où mon monde n'était fabriqué que par mes croyances à ce sujet. Reprôg a ouvert une porte.

Effectivement, dans mon métier d'ingénieur en CDI, je « croyais » que ce n'était pas possible de travailler à 4/5ème, encore moins à 3/5ème. Question de croyances : je pensais que si j'émettais cette « contrainte supplémentaire lors d'un entretien », un employeur chercherait quelqu'un d'autre à plein temps.

Finalement, après avoir travaillé sur ces croyances et m'être un peu (fait) botté le derrière, j'ai décidé de croire que c'était possible… Et attendez la suite...

Entre temps, Reprôg m'a ouvert les yeux, sur une nouvelle possibilité, une nouvelle porte que j'avais peur d'ouvrir. Pourquoi ne pas « quitter mon CDI », et me mettre à mon compte ? Sécurité de l'emploi, chômage, qualité de vie, compta, etc… bref, vous connaissez la musique. Après une petite « reprog »rammation, je me suis lancé.

Cette porte… Cette lourde porte qui s'est ouverte a changé ma vie pour toujours. C'était une porte, qui faisait peur, lourde et difficile à ouvrir, mais de l'autre côté, à ma grande surprise, il n'y avait pas le vide dans lequel je pensais sauter. Il y avait une immense et magnifique pièce, pleine de choix et de possibilités, qui donnait accès à plein d'autres portes, qu'il était maintenant plus facile d'ouvrir. Une porte s'était ouverte sur un nouveau monde de possibilités et de croyances.

Alors à ce moment-là j'ai décidé, de croire en moi, et de trouver un travail à 3/5ème. Ni une ni deux, j'ai reçu un appel d'un ancien collègue qui me demandait si j'étais disponible pour travailler avec une startup. En un seul entretien, c'était un feu vert, et devinez quoi ?

Ils avaient à ce moment besoin de quelqu'un, avec mes compétences et à 3/5ème, et mon tarif ne s'est même pas négocié, je l'ai choisi. Imaginez à quel point cette expérience a chamboulé mes croyances… Et surtout à quel point un nouveau monde s'est ouvert…

Aujourd'hui et quelques années plus tard, je travaille pour moi, je suis libre, je fais ce qui me plait, et je suis passé d'un monde dicté par les règles du CDI, à un monde sans limite ou j'ai l'impression d'être en vacances 350 jours par an (Oui il faut bien « travailler » un peu).

Dire que ce n'était qu'une histoire de croyance, que je pouvais reprogrammer…

Et c'est ça que j'ai trouvé unique avec Reprog, c'est la seule formation, que je connaisse en tout cas, qui vous fait travailler d'une part en théorie et vous fait en même temps, quotidiennement, passer à la pratique sur vos propres objectifs. A un moment donné, il faut passer à la pratique, oser mettre en place ce que l'on apprend dans notre vie. Avec ce programme, je n'ai pas bossé sur des exemples ou des belles histoires bien préparées, j'ai bossé sur ma vie. Et ce n'est pas possible d'avancer dans ce programme sans avancer concrètement, dans la pratique, sur notre vie à nous.

Well done[19] Aline !

/ Jean-Luc » » »

Merci à Jean-Luc, d'illustrer par son partage l'utilité d'arrêter toute critique, à commencer par envers nous-mêmes, et de développer à la place notre compétence de satisfaction. En effet, parfois nous nous crispons sur le fait de n'avoir pas encore fini, ou nous nous disons « *oeuh… ce n'est pas possible de toute façon…* » et nous critiquons ce monde, ce corps, ce travail, cette vie, qui n'est pas comme nous aimerions qu'il/elle soit. Alors que nous n'avons même pas pris la peine de définir ce qui nous serait vraiment satisfaisant et de nous brancher sur cette version-là de notre vie !

Je sais que la « fatalité » rôde encore parfois dans nos esprits, surtout quand on est face à une souffrance qui colle, une peur qui s'accroche, ou une habitude qui revient sans cesse. Mais quand ça m'arrive, je me dis « *Non mais attends, sérieusement, si tout ça N'ETAIT PAS VRAIMENT VRAI, comment serait-ce possible que des gens de tous horizons, de tous domaines, des scientifiques, des spirituels, des consultants, des coachs, des auteurs, des femmes, des hommes, des étrangers du monde entier, arrivent TOUS aux mêmes conclusions ?!* » Et le plus gros, c'est qu'ils arrivent à la plus haute précision quand ils méditent intérieurement ! C'est bien que nous avons ce point commun à l'intérieur de nous tous, quelque part… Peut-être bien caché tant que nous n'avons pas encore développé notre compétence en conscience à

---

[19] Traduction: « Bien joué »

« remarquer les différences », et à focaliser notre attention pour voir en priorité les détails qui diffèrent parce qu'ils nous plaisent vraiment, et non parce qu'ils nous gênent.

Avant de vous inviter à passer la porte de la réussite, je souhaite vous interpeler avec un autre parmi ces nombreux esprits qui convergent dans la même direction de notre évolution : le Dr. Deepak Chopra, auteur de best-sellers inspirants traduits en trente-cinq langues, enseignant-praticien de la méditation, il réunit la théorie scientifique à la sagesse orientale. Il est notamment connu pour avoir écrit *Les Sept Lois Spirituelles du Succès* où il nous dit, dans la cinquième loi :

« Vos intentions, si elles sont centrées sur le présent, trouveront dans le futur leur manifestation. Car le futur se crée dans le présent.

Vous devez accepter le présent comme il est. Accepter le présent et souhaiter le futur. Vous pouvez toujours créer le futur par une intention détachée, mais vous ne devriez jamais vous rebeller contre le présent.

Le passé, le présent et le futur sont des propriétés de la conscience. Le passé est mémoire, souvenir ; le futur est anticipation ; le présent est conscience. » (91)

Voyons voir… Si le présent est conscience, et que nous sommes la conscience, alors nous sommes le présent d'une certaine façon, n'est-ce pas ? Et forts d'une saine estime de nous-mêmes maintenant ou très bientôt, nous ne pouvons plus nous critiquer. Dans ce cas, nous ne pouvons plus - non plus - critiquer le présent. En revanche, nous pouvons le constater, et SURTOUT utiliser ici notre capacité à juger, car c'est là qu'elle est pertinente, non pas pour critiquer, mais pour identifier et distinguer **ce qui est satisfaisant pour nous et ce qui ne l'est pas.**

Grâce à ces précieuses informations, nous pouvons ensuite nous « polariser », en bénéficiant de l'utilité de la dualité, pour polariser notre être, ici dans le présent. En nous polarisant de tout ce qui nous est satisfaisant, nous devenons comme l'aiguille sur une boussole, qui nous indiquera, avec la plus grande précision, la direction de notre plus grande satisfaction.

Vous trouvez que c'est beau à dire mais pas encore une réalité pour vous ? C'est simple, ça passe par la pratique.

Alors, pour commencer, quels sont vos trois indicateurs principaux de satisfaction ?

1._____
2._____
3._____

Vous ne savez pas ??????? Et vous vous demandez pourquoi tout cela sonne théorique à vos oreilles ?

Ne soyons pas dupe, appliquons ici immédiatement ce que nous sommes en train d'apprendre :

Utilisons notre capacité à juger pour distinguer ce qui nous est satisfaisant de ce qui ne l'est pas. Par exemple, au lieu de vous dire que vous n'êtes pas assez ou trop pour ne même pas connaitre avec clarté vos indicateurs de satisfaction, ou au lieu de juger ce livre en vous disant que ces questions sont inutiles ou vous agacent (pour fuir la réalité qui vous montre que vous ne savez pas...), ou encore au lieu de juger vos circonstances qui ne sont pas encore tout à fait celles que vous aimeriez, utilisez plutôt votre capacité pour constater que vous n'appréciez pas cette sensation de vous sentir démuni/mal face à cette question. On parle de satisfaction, et ça devrait résonner fort en vous ! Cela devrait résonner bien plus fort que l'écho de vos peurs ou de vos désagréments. Si ce n'est pas le cas, prenez conscience et confrontez ce présent de votre réalité, pour ensuite vous affairer à clarifier ce que vous souhaitez pour le futur. C'est le seul moyen de choisir la version de votre vie sur laquelle vous allez continuer.

Théorie ? Non, on passe à la réalité. Vous venez ?

Êtes-vous prêt à passer la PORTE DE LA REUSSITE ?

Pour aller plus loin dans cette exploration de nous-mêmes, je nous ramène au Québec auprès de Blandine car elle aussi a son propre pétillant, et sa façon de célébrer mérite d'être racontée. Vous allez voir que vous aussi, vous pourriez penser un petit peu plus comme elle à partir de maintenant, et vous allez voir apparaitre sur votre écran mental intérieur les premiers indices de cet avenir que vous êtes en train de recréer. Voici quelques passages de ce qu'elle m'a raconté pour vous :

« « « *Blandine*
Après REPROG, je suis nettement plus satisfaite de ma vie en général et par domaine de vie. Cela rend la vie plus agréable et les défis plus abordables. Je dirai même que c'est jubilatoire.

La satisfaction, je n'ai même plus à y penser. C'est ce que m'a montré mon graphique en fin de programme quand j'ai découvert mon rapport personnalisé, quand j'ai vu la différence entre mes niveaux de satisfaction avant le programme, ce que j'espérais atteindre, et là où j'en étais arrivée à la fin des 3 mois.

Évolution de ma satisfaction par domaines de vie

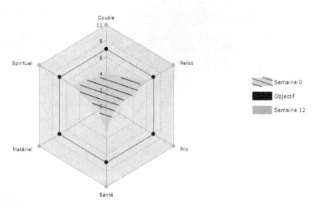

Figure 2: Graphique de satisfaction, extrait du rapport personnalisé de progression REPROG de Blandine. Des exemples de graphiques d'autres participants sont disponibles sur www.alineon.com/reprog

Avant REPROG, je ne prenais pas le temps d'être satisfaite de ce que j'accomplissais. Ce qui est drôle en contrepartie, c'est que je voyais beaucoup les in-satisfactions des autres ! Alors que je ne voyais pas mes satisfactions à moi… Pourtant, quand j'y repense, je réalise que, même si peut-être les choses que j'ai faites n'étaient pas extraordinaires en soi, le dépassement de soi, oui.

Donc j'ai pris conscience, pendant REPROG, que c'était important que je mette en avant la satisfaction. La satisfaction de ce que j'ai dans ma vie, de ce que j'ai créé, et de ce que je crée de moi-même.

A un moment dans le programme, on est justement amené à créer son mur de satisfaction, son « tableau de célébration ». Je cherchais une place pour le mettre dans la pièce où je travaille, et je ne voyais pas vraiment d'emplacement où c'était opportun pour faire vraiment un tableau. Je ne pouvais pas accrocher un tableau sur ma porte puisque c'est une porte en métal, alors ce n'était pas évident. Donc là, je me suis dit : « *Ecoute, je vais mettre ça directement sur la porte, et je vais l'appeler MA PORTE DE RÉUSSITE* », parce que je l'ouvre cette porte, tout le temps, pour aller chercher des trucs dedans, donc c'est devenu symbolique pour moi : « A *chaque fois que je l'ouvre, j'ouvre la porte du succès.* » C'est comme ça que m'est venue l'idée, et j'ai noté en haut : « PORTE DE LA RÉUSSITE ».

Après REPROG, j'ai continué à me féliciter, j'avais ma porte de réussite que j'avais faite, là. Je regardais ça très souvent. Quand j'avais tendance à aller un petit peu dans les émotions basses, et surtout de ne pas les accepter, je regardais ma porte et je me disais : « *Eh, ma vieille ! Regarde ce que tu as fait là, ok ?!* ». Une chance que je me sois toujours parlé à moi-même, toujours, déjà étant jeune, je me parlais à moi-même comme si je parlais à ma meilleure amie. Donc dans ces moments d'émotions, je regardais ma porte et me disais : « *Non, non, non, non, attends, écoute… Regarde tout ce que tu as fait ! Là, tu es en train de me dire que tu n'as rien fait, que tu n'as pas d'estime de toi, que tu ne vaux rien ?! Tut tut tut… Pas d'accord. LES FAITS prouvent le contraire, ok ?! »*

C'est ça aussi un gros avantage de REPROG, c'est que ça

nous PROUVE PHYSIQUEMENT à nous-mêmes, avec les exercices qu'Aline nous fait faire, tout le nécessaire pour contredire ce que l'on est en train de penser si on n'a pas d'estime de soi. Ça permet de se dire « *Non, moi, je ne suis pas d'accord. Les faits sont là. T'as fait des choses, t'as bien fait. Alors augmente ton échelle d'estime de toi !* »

Pour en revenir à la satisfaction, pour moi les deux sont vraiment très reliés, même inter-reliés. Du coup, j'ai développé cette habitude, tranquillement, à travers l'estime de soi et la satisfaction, au point que je n'ai même plus besoin d'y penser, et que ça devient jubilatoire. Maintenant, quand j'ai fait quelque chose, c'est le feu d'artifice tout de suite ! Je n'ai même pas besoin de me tapoter sur l'épaule en me disant « *Mmmh, c'est bien, tu as bien travaillé.* », c'est spontané, c'est tout de suite « *Waaaaaaaaahhh !!* », une explosion de joie et de satisfaction pour moi. En fait, c'est devenu automatique.

Je voudrais ajouter que ce degré de satisfaction me ramène à l'acceptation. Aujourd'hui, j'accepte beaucoup plus facilement… avec bienveillance ce que je ressens. Je ne cherche même plus le pourquoi du comment, j'accueille et je laisse passer avec bienveillance, et je permets la transmutation de mes émotions basses. Tandis qu'avant, j'avais « mal d'avoir mal ». Je suis en meilleure relation avec moi-même en ayant diminué cette résistance.

Le fait que maintenant j'accepte toute la palette des émotions, ça me permet d'être satisfaite, y compris dans le chagrin, par exemple. Quand j'ai du chagrin, je suis satisfaite d'être capable de l'accepter et de laisser aller, au lieu de rester dedans pendant x temps par exemple.

Concernant les caractéristiques de ma personnalité idéale, j'ai eu une évolution dès la semaine 2, cependant c'est vraiment à la semaine 6 que j'ai eu une belle progression. Je les ai toujours eues depuis jeune, mais elles étaient en sommeil depuis un peu trop longtemps. Les remettre au goût du jour est très appréciable.

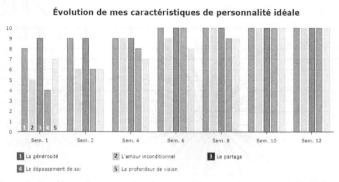

Figure 3: Graphique de progression des caractéristiques de personnalité idéale de Blandine, extrait de son rapport personnalisé à la fin de son REPROG.

Je suis restée étonnée quand j'ai vu le graphique parce que c'est vraiment à la semaine 6 que ça s'est comme « débloqué ». Ça s'est manifesté dans mon comportement, je me suis mise à me dire « *on va arrêter le mur des lamentations... Au lieu d'utiliser le mur des lamentations, on va utiliser le mur de réussite.* » C'est vraiment à ce moment-là que j'"ai commencé à prendre conscience de ma puissance, de mes capacités, de moi en fait, de moi en tant qu'être humain, et en tant qu'être énergétique.

Je vais même rajouter quelque chose : c'est à ce moment-là que j'ai trouvé comme un équilibre, ou plutôt une balance.

Je ne dis pas un « équilibre » parce que pour moi automatiquement c'est équilibré, c'est naturel, mais d'être capable de « balancer » entre mon leadership féminin et mon leadership masculin, c'est nouveau. C'est là que j'ai commencé à m'ouvrir vraiment à ça parce que pour moi ce sont des stéréotypes de dire « on est une femme, on est un homme ». Pour moi, on est une femme ou un homme dans le physique, pour pouvoir procréer en étant soit l'homme soit la femme. C'est tout. Mais à l'intérieur de nous, je ne me suis jamais sentie homme, je ne me suis jamais sentie femme. Je me suis toujours sentie comme un être à part entière, sans étiquette, sans stéréotype ou quoi que ce soit.

Bon, je me suis amusée, oui, avec ma masculinité et ma

féminité, j'ai quelques histoires très hilarantes à propos de ça, mais ce que je veux dire c'est que c'est vraiment à la semaine 6 où ça s'est plus ancré, davantage dans mon conscient en fait, de dire que « *on est les deux* », et de balancer...

Quand je dis « *pas un équilibre* », c'est parce que pour moi, on ne peut pas avoir un équilibre parfait là-dedans, on va plutôt balancer entre l'un et l'autre en fonction des situations. On va être plus en leadership féminin dans certaines situations, et plutôt en leadership masculin dans une autre situation. Cela dépend de ce que l'on a besoin de mettre en avant.

Ce qui est plus profond que ça, c'est que c'est venu en fait donner un sens à ce que je ressentais quand j'étais jeune, dans le sens où on voulait absolument faire de moi une fille, mais moi je voulais être ni fille ni garçon. J'avais un stéréotype dans mon entourage qui disait que si on était une femme on était faible. Alors il fallait être un homme pour avoir du caractère. Ce qui fait que pendant un bon bout de temps dans mon enfance, voire dans mon adolescence, j'ai mis en avant mon leadership masculin. Maintenant j'en suis consciente, avant je ne l'étais pas. Je l'ai mis en avant parce que pour moi, si je devais gagner dans la vie, je devais être « masculin ». Je ne dis même pas masculine, je dis masculin, ce qui est révélateur.

Après, quand j'ai commencé à avoir des petites amourettes, il a bien fallu que je devienne plus féminine, même si c'était souvent mon côté masculin qui attirait le plus les gars... Puis quand j'ai eu ma première fille, plus femme que ça, tu ne peux pas l'être. Et j'ai eu ma deuxième fille. Là, j'ai flirté un peu avec le côté féminin parce que j'avais deux filles vraiment fifilles :) et avec le temps, je suis comme devenue plus neutre. Je suis devenue neutre, pas plus un, pas plus l'autre.

Maintenant, avec plus de maturité, je ne mets pas un équilibre, mais je mets une balance. Je mets en avant ce qui a besoin de l'être en fonction de la situation. Tout cela depuis la semaine 6.

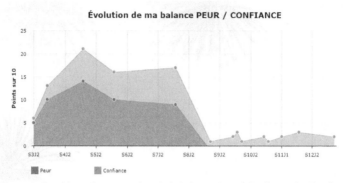

Figure 4: Graphique de progression de la balance Peur / Confiance de Blandine, extrait de son rapport personnalisé REPROG. Ces graphiques sont accessibles uniquement à la fin de la Semaine 12, après validation finale.

A un moment, je me demandais si j'avais bien compris la façon de noter la peur et la confiance au fil du programme, et puis je me suis dit « *arrête d'être trop dans ta tête, sois dans ton ressenti. Note comme ton ressenti te dit de le noter et arrête de te poser des questions.* » Puis finalement, quand j'ai vu le graphique à la fin, c'était exactement ça : j'avais traduit ce que je ressentais à travers le graphique. Ça me ramène à cette notion de balance, dans le sens où c'est venu mettre une explication.

J'avais toujours été fonceuse, malgré la peur. Comme si je me foutais d'avoir peur, je ne me posais pas de questions, je faisais. Mais avec un côté téméraire qui me faisait pas mal flirter avec l'extrême. Dans mon quartier, on m'appelait la Pitbull. Etant une fille et pas très grande, c'était souvent un peu étrange. Comme la fois où j'avais tenu tête à un immense gars qui m'avait insultée quand j'étais à l'armée en mécanique poids-lourds. Téméraire comme j'étais, malgré la discipline de l'armée, le gars plus grand que moi m'ayant énervée, j'étais montée sur la table pour lui faire face et défendre mon honneur. Mais là, je fais 1m58, lui faisait 1m90, 95kgs, et je voulais me battre avec lui. J'étais téméraire au point de rentrer dans le tas, il n'y avait pas grand-chose qui me faisait peur, et je fonçais sans réfléchir.

Aujourd'hui, cette confiance est toujours là, mais dans une

sérénité. Je prends davantage le temps de me poser avant d'agir sur un coup de tête, et je vais mettre en avant les points positifs et prendre mes décisions avec ferveur encore, mais en ayant enlevé la témérité. Je vais le faire avec sagesse.

Plus récemment, après REPROG, j'ai vécu une situation familiale où j'ai été accusée d'avoir dénoncé un proche auprès de la protection de l'enfance, ce qui n'était pas le cas, mais c'est une situation qui est prise très au sérieux au Québec. Il y a eu beaucoup d'émotions qui sont remontées durant les enquêtes. Je n'avais pas peur, mais c'est sûr que ça m'avait blessée. Oui, l'ancienne Blandine avait envie de rentrer chez eux pour tout casser. Je sais que cette confiance en moi fait peur aux gens, et ce n'est pas une image que je veux projeter. Maintenant je veux être une image d'amour, je veux être mon vrai moi, et non pas montrer une hystérique en colère pour rien.

Du coup, j'ai pris le temps de me poser, de faire du Ho'oponopono, et je me suis dit « *je peux garder ma puissance mais dans l'amour, dans le calme, et la sagesse. C'est comme ça que je vais grandir, au lieu de garder l'ancienne version de moi.* » Et ça s'est arrangé, ça s'est calmé entre les parties au sein de la famille et de la belle-famille. Indirectement, ça m'a permis à moi de me respecter dans ce que je suis vraiment, un être d'amour et pas un être de colère. Ça m'a ramenée à mon estime de mère, de moi, à ma reconnaissance et ma satisfaction. La situation s'est résolue paisiblement, ils ont lâché prise en se rendant compte que ça ne pouvait pas être moi, et ont abandonné les poursuites.

Pour moi les objectifs sont une excuse pour me faire avancer, un prétexte. Ce que j'ai toujours aimé, c'est constater la personne que je deviens. Un objectif que j'ai toujours eu c'est de voir la personne que je deviens, et non l'objectif en tant que tel. Ça me motive à bouger plus, sans attendre seulement le résultat. J'apprécie la route en fait, et c'est ce qui m'apporte le plus de satisfaction. J'ai appris à accueillir les situations avec bienveillance, dans le non-jugement, et tous les matins je me fais une petite séance de distribution d'amour.

Moi ça me permet de lâcher prise, et en même temps, cette situation a été très enrichissante.

J'avais une force de caractère, c'est clair, mais comme le dit Bruce Lee, ce n'est pas celui qui se bat qui gagne, c'est celui qui refuse l'affrontement. C'est là que je me félicite parce que j'avais besoin de mettre une balance dans cette confiance en moi. Aujourd'hui je sais que je peux être aussi forte, mais dans l'amour.

/ *Blandine* » » »

C'est intriguant de constater que sans aucune consultation, tant Jean-Luc que Blandine arrivent à deux mêmes conclusions :

1. La vraie satisfaction est dans notre capacité à apprécier le chemin et non le passage de l'arrivée. **Les objectifs ne sont qu'un moyen de faire le chemin.**
2. Ouvrir une porte est un passage utile et peut-être même nécessaire afin d'élargir nos perceptions et nous permettre de changer nos circonstances.

Au cas où vous en douteriez, vous apprécierez de savoir qu'après une séance de libération durant laquelle Shirley avait, elle aussi, besoin de se reconnecter à sa satisfaction, elle avait conclu que : « *Se satisfaire pleinement, profondément de ce qui est déjà, ça permet de voir la porte. C'est touchant de voir et de prendre conscience de ce qui est déjà. Être davantage dans l'observation que dans l'action prend tout son sens. Il n'y a qu'à fleurir sur place.* » Encore cette porte ?! Et ce bouton de fleur ?? Alors ça y est, vous êtes interpelé(e) autant que moi, ou pas encore ? :)

On s'était amusées avec Shirley à conclure cette séance en la nommant : « ***L'histoire du bouton de fleur qui voulait aller à Denver*** », en référence à un concept dont je ne retrouve plus l'origine, mais selon lequel il est inutile de chercher un bus pour aller à Denver quand on se trouve déjà dans la ville de Denver. Il n'y en aura pas.

N'essayons pas de trouver le bus qui nous emmènera dans la vie de nos rêves puisque nous sommes censés y être déjà,

Focalisons plutôt notre attention à trouver les détails qui montrent que nous y sommes déjà, et c'est bien là que nous nous réveillerons quand nous aurons réussi non pas la vie, mais à avoir le réflexe de trouver ces détails ! Les circonstances nous y auront naturellement conduits, dans le bus de la vie.

Alors cette porte, on la passe ensemble ?

<u>Les 10 points du bouton de fleur de votre idéal</u>

Regardez votre vie actuellement, et reprenez vos 3 critères principaux de satisfaction (à définir si vous ne les avez pas déjà !). Puis identifiez 10 détails de votre vie actuelle qui vous font ressentir ou valider vos indicateurs de satisfaction. C'est-à-dire non pas les différences, mais les points communs entre votre vie ACTUELLE et votre vie IDEALE.

1._____
2._____
3._____
4._____
5._____
6._____
7._____
8._____
9._____
10._____

Pour les plus téméraires, nous pouvons aussi dessiner ces 10 points et les coller sur une porte que nous passons régulièrement, en pensant à Blandine, et en se disant que l'on franchit la porte de la réussite, la porte de notre vie idéale.

Le ferons-nous ? Je ne sais pas, personnellement je sens une petite résistance à l'intérieur de moi. Je vais travailler dessus et je vous raconte au Chapitre 11 ! ☺

Savez-vous ce que cet exercice permet de faire ? Il permet à notre cerveau de faire la même chose que dans les petits jeux où il nous faut connecter les points pour voir apparaitre le dessin. En identifiant les points de notre vie qui sont satisfaisants, cela revient à permettre à notre cerveau de voir apparaitre la fameuse porte dont parlent Jean-Luc, Blandine, et Shirley, et de pouvoir continuer par lui-même en comprenant à quoi ressemble le dessin. Voici un exemple pour vous aider à comprendre, et peut-être même vous permettre de vous rappeler de l'histoire du bouton de fleur qui voulait aller à Denver… Montrons-lui qu'il y est déjà !

Figure 5: Illustration d'un exemple de dessin, où il nous faut connecter les points pour faire apparaître le motif. Création originale réalisée spécifiquement pour le présent ouvrage, nous permettant de lister nos 10 points de satisfaction avec un petit côté ludique et inattendu en bonus !

3 QUESTIONS POUR SAVOIR OU VOUS EN ETES

10.1/ Quand il n'y a pas d'instructions, pas de cadre ou de de règles prédéfinies, que faites-vous ?

a. Je me demande ce qui me ferait le plus plaisir et je fais en fonction.

b. Je prends connaissance de la situation, je pense au contexte, à ce que je fais d'habitude, à ce que j'aimerais avoir fait ou obtenu de cette nouvelle situation, et je me laisse inspirer.

c. Si c'est inhabituel, sans certitude, je vais me demander un peu quoi faire, mais probablement que je ne ferai rien de spécial.

d. J'avoue que je n'aime pas trop ça, car je ne sais pas ce que je peux faire ou non, et je n'ose pas trop me laisser faire ou être sans savoir si c'est ok.

10.2/ Face à une situation qui ne vous convient pas complètement, un repas, une sortie, un projet, etc. :

a. J'ai tendance à bougonner, ou à prendre sur moi, et je « zappe », pour penser à autre chose.

b. Je prends le temps de regarder plus précisément ce qui ne me convient pas, et à me remettre en question, afin de comprendre comment ajuster la prochaine.

c. Je commence par apprécier les aspects qui me plaisent, puis je fais le point sur les aspects qui ne m'étaient pas complètement satisfaisants, afin de mieux poser mes intentions la prochaine fois.

d. Je me sens un peu désemparé(e) parce que je ne sais pas quoi faire et j'ai tendance à me sentir mal.

10.3/ Comment percevez-vous vos accomplissements ?

e. C'est rarement comme je l'espérais, malheureusement.

f. Je suis confiant(e), même si je n'ai pas toutes les cartes en mains ou que tout ne dépend pas de moi, je suis content(e).

g. Généralement, je suis satisfait(e) et je m'en réjouis car c'est une chance.

h. J'ai une idée assez claire de ce qui est important pour moi, qui me permet d'être satisfait(e) alors je me sens bien en y pensant. Si ça ne remplit pas complètement mes critères, je prends note pour ajuster mes intentions.

> *Ce n'est qu'une attitude. C'est ce que vous décidez de croire. Le fait est que tout ce qui se passe à l'intérieur de vous est un choix.* Dr. Wayne W. Dyer (98)

Chapitre 11

PRENDRE L'INITIATIVE DE LA REUSSITE

Dépasser le combat et composer avec la réalité

Oui, c'est ainsi que l'on voit apparaître nos résistances et nos programmes limitants, en montant en puissance dans la direction de ce que nous souhaitons, et en voyant à quel endroit ça bloque. Pour moi, cette fois, c'est la satisfaction qui a été le plus dur à passer visiblement. Pour quelle raison ? Parce que j'avais l'impression que je ne la méritais pas, que je n'en étais pas digne. Et je me sentais intimidée par les résultats que je visais. Est-ce votre cas ? Je ne sais pas, peut-être pas, vous avez probablement vos propres façons de le vivre et de le raconter, que ce soit à propos de satisfaction, de tout autre chapitre précédent, ou même de prendre l'initiative de votre succès.

Bon, grossomodo, qu'ai-je fait ? J'ai réfléchi à ma résistance, j'ai pensé à ce qui me donnait envie de ne pas faire la liste de mes 10 points satisfaisants, et j'ai accueilli le fait que juste hier, je me suis trouvée face à une profonde déception d'un « pas en arrière » concernant mon objectif. Ça arrive à tout le monde. Peut-être, probablement. Mais là, j'étais moi-même plongée dans cette déception.

J'ai alors sorti ma boite à outils, j'ai pensé à transmuter, et en me reconnectant à la résolution, j'ai eu l'idée d'écrire sur un post-it le message qui rayonnait le plus en y pensant :

> JE MÉRITE
> **SATISFACTION**
> JE M'EN TROUVE DIGNE.

Puis j'ai fait du Tapping sur la peur, sur la déception, et je me suis sentie mieux avant d'aller dormir. J'ai écouté quelques audios en m'endormant, mais ce n'était pas complet. Alors ce matin, j'ai repris ma boite à outil pour aller plus loin. J'ai retravaillé sur la déception, et ça m'a fait repenser à une croyance dont je parlais encore à une amie ce weekend : une impression d'être *intimidée par les résultats que je souhaite obtenir*. Est-ce que ça a du sens ? Aucune idée, mais c'est comme ça que je le ressentais et que j'en ai parlé à plusieurs reprises ces derniers temps. Et ça suffit ! Je sens que c'est limitant parce que ça me fait freiner mes progrès, ça me fait tourner en rond depuis que je commençais à réussir.

Après ce travail, je suis repassée devant mon post-it qui me disait que je mérite satisfaction, et j'ai senti qu'il résonnait bien plus fort en moi, je le pensais davantage qu'auparavant. C'est bon signe. Je vais poursuivre dans cette direction.

Je vous raconte ça pour vous montrer que la réalité, c'est ça. La réalité, c'est un quotidien dans lequel nous avons le choix entre continuer à vivre ce que l'on vivait jusqu'à présent, ou faire le nécessaire – chaque fois que cela se présente – pour nous libérer de nos limites et de nos brides, afin d'avancer vers autre chose, vers plus, vers mieux, vers ce que nous voulons maintenant. Remettre les « vieilles dames » de nos pensées dans une dynamique de vie et d'épanouissement, car c'est ça que nous voulons, quel que soit notre âge ou nos circonstances.

A ce stade, c'est à vous de prendre la main, et de prendre une initiative, alors qu'attendez-vous ? Que décidez-vous pour dépasser votre propre résistance ? Rappelez-vous, c'est assez simple quand on est bloqué : *si ce que nous faisons ne fonctionne pas, faisons n'importe quoi d'autre*. C'est le meilleur moyen, simple et rapide de sortir d'une boucle infernale, voire de zapper sur une autre ligne temporelle, si on en revient à la métaphore du multivers.

C'est maintenant que nous créons nos lois personnelles, à travers nos propres croyances. Ce sont les lois les plus contraignantes dans le fond, et qu'en plus on s'impose à soi-même. Mais nous avons maintenant la possibilité et la liberté de les changer. C'est même notre responsabilité.

Maintenant, je voudrais vous présenter Arnold[20]. Il est grand, il est fort, un peu froid mais surtout, il est bienveillant. C'est surprenant parce qu'au premier abord, on aurait l'impression qu'il sera de toute façon contre nous, c'est son air imposant et sûr de lui. Il est tellement sûr de lui, tellement déterminé, que nous en perdons parfois nos propres décisions. Mais dans le fond, Arnold est un gars vraiment bien, il n'est dévoué qu'à faire le bien, il est méticuleux, il est engagé, il est sérieux et respectueux. Il est particulièrement fidèle à ses principes et voilà ce qu'il aimerait nous dire aujourd'hui :

« « « La Résistance au Changement (Arnold)

Quand j'ai commencé, je ne savais pas ce que je faisais. Je pensais que je faisais bien, mais je me rends compte aujourd'hui que peut-être je me trompais. Ce n'est pas facile de savoir ce que l'on doit faire, dans un monde perpétuellement en changement. Comment faire et comment rester fidèle à un principe, si ce principe-même change lui aussi.

Bien sûr, je sais qui je suis, je sais pourquoi je suis là, mais justement, parfois il n'y a plus besoin de moi, alors je m'efface et finalement je disparais. Mais je n'en ai que faire de disparaitre, puisque bien souvent je réapparais ici, là, ou

---

[20] Voir *La Chronique Alineon: Comment faire prendre conscience de quelque chose à quelqu'un* (92)

ailleurs, dans une autre situation, ou même une autre dimension. Mais dans tous les cas, je suis là.

Remarquez, parfois, je suis finalement utilisé à bon escient. Parce que c'est vrai que j'ai une force et une détermination qu'il est impossible de détrôner. Mais malheureusement, je suis souvent, bien trop souvent encore, utilisé à mauvais escient, utilisé pour résister, utilisé pour détourner le flot de la vie de son écoulement fluide et tranquille qui va au bon endroit.

Que faire, que dire... J'ai vraiment tout essayé pour y arriver. J'ai tout essayé pour protéger ma mission et la respecter. Mais je m'aperçois aujourd'hui que la mission a changé. Je ne dois plus persister et persévérer à contrecarrer tout ce qui va à l'encontre du bien, je dois laisser aller le flot de la vie moi aussi, et laisser le changement se mettre en place, même si pour cela je dois baisser ma garde et laisser faire.

Ce que je veux, moi, c'est le bien. Je veux que toi, tu sois préservé(e), et que tu sois serein(e). C'est tout ce que je veux. Alors si tu te sens prêt(e) à voler de tes propres ailes, je te laisserais faire, mais ne viens pas ensuite pleurnicher parce que tu te seras blessé(e). Parce que c'est ça la vie : essayer, jouer, aller de l'avant et s'envoler. Parfois tomber à pic, parfois remonter, et puis continuer à virevolter, à s'amuser, à jouer et à vivre.

A travers REPROG, c'est bien simple, je me trouve complètement transfiguré. De mes apparences d'avant où j'avais le mauvais rôle, celui du gars que l'on n'aime pas, parce qu'il est toujours contre les autres, toujours d'un autre avis, plutôt rabat-joie et qui n'a pas envie de jouer...je suis devenu le gars qui laisse faire et qui observe avec amour, ce jeu qui prend place, cette vie qui s'anime, ce flot qui circule, et la joie qui s'exprime de toutes parts. De mes réflexes de protection, de sur-protection, envers et contre tout, je me suis adouci, je me suis apaisé, j'ai fini par lâcher prise, quand j'ai vu que je n'étais plus nécessaire, pas dans ce rôle-là, en tout cas.

J'apprends petit à petit à changer plus facilement, à être plus fluide moi-même, plus adaptable, et à prendre part au jeu d'une certaine façon, au lieu de rester là comme un robot qui monte la garde. Ce n'est plus nécessaire de monter la garde quand il n'y a plus de guerre ni de querelle ni de danger.

Finalement, c'est vrai, je m'aperçois que quand on est en paix avec soi-même, la résistance n'est plus nécessaire, puisqu'il n'y a plus de combat. Il n'y a plus d'affrontement. Parce que je deviens celui qui réussit, celui qui gagne, celui qui accompagne sur le chemin de la victoire, en m'assurant de ma force et de ma détermination, que nous irons ensemble au bon endroit, à l'endroit de ton choix.

/ *La Résistance au Changement (Arnold)* » » »

En lisant ça, vous pensez et ressentez quoi ? Notez-le. Faites-le, ne le ratez pas ! Ce sont des informations précieuses.

_____

_____

_____

De mon côté, vous savez quoi ?! Lire ce passage de la part d'Arnold m'a fait réfléchir différemment… Soudain, ma tête a dit « *ok, je vais faire ma liste des 10 points de satisfaction* », et j'ai même innové en redessinant la fleur à points sur mon carnet au crayon, puis j'ai complété au stylo en notant mes 10 points et en reliant les points au fur et à mesure. J'ai vu ma fleur apparaitre et me faire un clin d'œil qui avait l'air de dire : « *Tu vois, tu n'es pas si loin, ta vie te plait déjà beaucoup. Tu y es presque, continue. ;-)* »

Deuxième initiative : j'ai repris mes relax ce matin, que j'avais dû mettre sur pause quelques jours. J'ai pris un très gros risque… Le risque de ne jamais y revenir. Mais heureusement, j'ai *vraiment* envie de réussir. Et durant mon relax, assez inconfortable car j'ai un peu perdu la main, j'ai réalisé que ma liste de 10 points de satisfaction était trop générale, elle n'était pas assez spécifique à mon objectif prioritaire sur lequel je focalise depuis le début du livre. Alors j'ai réfléchi. Je me suis dit « *Attends, et si je refaisais ma liste de 10 points de satisfaction mais spécifiquement appliquée à mon objectif, c'est-à-dire une liste de 10 points de progression qui m'ont fait avancer dans le bon sens finalement, et qui me permettent de me réjouir d'être en train de réussir.* » Tranquillement dans ma tête d'abord, j'ai pensé à ce que j'ai fait, ou pas fait, dit ou pas dit, pensé ou changé, etc. Puis après mon relax, j'ai pris le temps de noter, et je suis bel et bien arrivée à 10 points assez facilement, finalement. J'ai même senti ma fleur me faire un nouveau clin d'œil. Le dessin a du bon !

Petit à petit après ça, en l'espace de quelques heures seulement, je suis retombée sur un livre, que j'ai décidé de rouvrir à un autre passage, parce que le chapitre en cours me démoralisait, alors j'ai regardé plus loin, et ça repartait en force positivement. Et puis je suis tombée sur un message d'une source que j'apprécie beaucoup, et qui me disait : *Je te vois, et même si c'est difficile en ce moment, nous devons nous concentrer sur la lumière qui émerge.* Cela m'a fait repenser à cette vision que je venais d'avoir durant mon relax, d'une intense lumière, émergeante comme de gros éclairs, puis très lumineux, tellement lumineux, comme si l'énergie saturait par sa puissance et illuminait chaque pixel de la totalité.

Bon, alors, et vous maintenant ? Quelles sont vos initiatives ? Voyez-vous maintenant qu'en restant focus sur votre intention, en faisant abstraction des peurs, des doutes, des résistances, et en faisant le choix d'y aller quand même… Tout se met à vous y encourager autour de vous ?

Si ce n'est pas le cas, c'est que VOUS n'êtes pas encore vraiment décidé(e). Dans ce cas, reconnaissez-le et clarifiez.

Arnold or not Arnold, ça c'est le chemin

C'est Alice qui nous parlait d'Arnold au Chapitre 7. Maintenant vous en savez un peu plus, continuons. Alice aussi a eu un petit passage difficile plus récemment, et tandis qu'elle s'apprêtait à lire le chapitre 6, voici ce qu'elle m'a dit :

« « « *Alice*

C'est difficile car je ne retrouve plus mes carnets de notes. J'ai bien ceux de 2018 lors de mon premier REPROG, gardés précieusement dans un tiroir, mais pas ceux de notre aventure de groupe 2021. Et donc je n'ai pas non plus le mot de passe pour accéder à mon REPROG en ligne. C'est comme si j'avais mis de côté tout ce qui s'était passé pendant le programme, tout mon ressenti. C'est intéressant ne trouves-tu pas ?

Cependant, il y a une phrase que tu m'avais dite et dont je me souviens et qui m'interpelle aujourd'hui.

Tu m'avais dit que si je n'arrivais pas à mettre des mots sur mon mal-être et ainsi le résoudre, déménager ne servirait à rien car j'emmènerais avec moi mon mal-être dans notre nouvelle maison.

Je réalise aujourd'hui que je n'ai pas toujours identifié clairement la source de mon mal-être et que je suis à nouveau dans cet inconfort qui se traduit par la même angoisse et insatisfaction vis-à-vis de la nouvelle maison où nous avons emménagé. Et ceci malgré le fait d'avoir réussi à :

✓ Gérer la vente de notre ancienne maison et l'achat de la nouvelle en 3 mois pendant la période des vacances,

✓ Organiser le déménagement dans les temps sans avoir besoin de mettre nos affaires en garde meuble,

✓ Entreprendre et terminer des travaux importants en l'espace de 5 mois avec les délais des artisans,

✓ Manager 4 projets en parallèle avec succès et sans la reconnaissance que j'attendais de mon management.

La seule différence est que je prends conscience que le cœur du nœud, comme tu dis, est à l'intérieur de moi et pas dans cette nouvelle maison, ni même dans mon voisinage dont je ne supporte déjà plus la présence.

J'ai décidé de prendre cette situation à bras le corps pour la résoudre une fois pour toutes. Car j'en ai assez de vivre dans l'angoisse et ne pas profiter des moments présents et rendre malheureux tout mon entourage car je ne suis jamais satisfaite.

[...8 jours plus tard...]

Je viens de terminer la lecture du chapitre 6. J'ai aimé le ton et l'énergie qu'il apporte. Un commentaire général que tu pourras intégrer comme tu le souhaites, c'est que REPROG est une formidable caisse à outils que l'on peut ouvrir et utiliser à sa guise afin d'être en reprogrammation permanente. Car on en veut davantage à chaque fois.

Après mon dernier mail, j'ai mis les mots sur mon inconfort comme tu l'écris dans le chapitre 6, j'ai utilisé la technique du *Transmoting* et je me suis sentie tout de suite mieux. Je me suis dit que j'allais écrire un nouveau Self talk.

Donc l'avantage de REPROG c'est que ce n'est jamais fini. C'est à nous de décider quelle vie nous voulons vivre : la nôtre (la vraie) ou celle d'un autre.

/ Alice » » »

Alors, peut-être n'avez-vous pas encore saisi qui est Arnold exactement. Vous pourrez faire connaissance avec lui dans le sujet de *La Chronique Alineon* intitulé *Comment faire prendre conscience de quelque chose à quelqu'un* (92).

D'ici là, voici un exemple de ce qu'Arnold répondrait peut-être à Alice si elle l'interrogeait, et qui semble l'avoir aidée :

« « « La Résistance au Changement (Arnold)

Je t'empêchais de trouver tes carnets de notes, non pas pour que ce soit difficile, mais justement pour t'aider à ne pas avancer. Je t'avais fait égarer le mot de passe, afin que tu ne puisses pas accéder à ton 2e REPROG, non pas pour t'embêter, mais pour m'assurer que tu n'ailles pas là où tu ne veux pas *vraiment* aller. En effet, j'avais mis de côté tout ce qui s'était passé pendant le programme, tout ton ressenti, parce que tu n'en voulais pas *vraiment*, tu ne le trouvais pas intéressant.

Cependant, je m'aperçois aujourd'hui que peut-être je me suis trompé. Peut-être que tu aimerais *vraiment* y aller, mais que jusque-là tu n'avais pas pris le temps de trouver les mots pour me le dire et me le faire comprendre. Alors je me suis évertué à te protéger, pensant bien faire, afin de te préserver de ce que tu ne voulais pas réellement. Mais maintenant je comprends, grâce aux mots que tu mets sur ce que tu ressens *vraiment*.

Tu t'actives et tu remues ciel et terre pour réussir tous tes projets, ton déménagement, tes travaux, etc. Et tout ça sans même un peu de reconnaissance ! Si ce n'est pas ça que tu aimes faire, pas de problème, je peux aussi t'empêcher de réussir la prochaine fois. Je peux te mettre quelques bâtons dans les roues… Si c'est ce que tu veux ? Mais si tu aimes réussir aussi facilement tous tes projets, pourquoi ne t'en réjouis-tu pas toi-même davantage ? Pourquoi était-ce si insignifiant à tes propres yeux ?

J'ai été tellement ému quand tu as finalement décidé de me prendre dans tes bras, de m'enlacer une fois pour toutes, et de me libérer de ce fardeau de t'empêcher sans cesse d'être enfin satisfaite.

Je suis tellement heureux de te savoir en si bon chemin, maintenant que tu as repris la main, je peux probablement me reposer un peu, m'effacer et te laisser aller. C'est comme un au revoir, c'est sûr, c'est parfois presque un peu triste, parce que c'est le passé qui est terminé. Mais comme tu le dis si bien, le programme de ta vie, lui, n'est jamais vraiment fini !

Il était temps que tu prennes conscience que tu veux vivre ta vie à toi, la vraie, et non la vie d'un autre. Est-ce que cela valait la peine de te rendre la vie si difficile tant que tu cherchais à vivre la vie d'un autre ? Bien sûr que oui, et toi, maintenant, tu le sais aussi.

Te voilà en bon chemin. Peut-être que tu me reverras, peut-être pas, mais si nous sommes amenés à nous revoir, désormais tu sauras, que je ne suis là que pour ton bien, pour t'aider à voir comment toujours rester sur le bon chemin.

/ *La Résistance au Changement (Arnold)* » » »

Arnold est un ami, peut-être même un de nos meilleurs amis. Une partie de nous, qui fait écho à toutes nos résistances, nos peurs, nos hésitations. Un garde éclairé, qui nous protège. Un peu comme dans le film *Inception* où l'on voit les projections du subconscient se rebeller contre ceux qui essaient de changer quelque chose dans le scénario de la personne qui rêve. (74)

Vous aussi, à votre façon, vous avez une partie d'Arnold en vous. Il vous appartient de faire connaissance avec lui, et de composer avec lui, de le considérer comme un allié, qui vous aide à voir à quel endroit quelque chose vous fait résister.

Les programmes ne sont que des programmes. Ils ne sont pas codés pour être « limitants » ou à l'inverse « illimités ». Ils sont programmés pour être dans un certain comportement, ou pour permettre un certain résultat. Mais vous, parfois, vous changez, et vous changez d'avis. C'est essentiel d'avoir conscience de soi, de ses envies, et de ses changements de volonté. Parce que seulement ainsi, on peut rester maître de son destin, le conducteur de sa propre destinée.

On oublie bien trop vite le chemin que l'on a parcouru. Par exemple, Alice aujourd'hui, était face à l'insatisfaction, mais l'an dernier pendant son 2e REPROG, tandis qu'elle décidait de changer de maison, elle était dans un tout autre sentiment et en train de passer un cap qui désormais est derrière elle. Reconnaître la progression de nos initiatives est essentiel pour éviter d'avoir l'impression de faire du sur-place. Après 3 semaines de programme, elle m'avait écrit :

« « « *Alice*
J'ai réalisé que je n'avais pas eu de fou-rires depuis des mois. Le fait de ne pas me donner à fond est aussi une décision (inconsciente ou pas). J'ai réfléchi à qu'est ce qui me retient ? Mon impatience. Et pourquoi suis-je impatiente ? Parce que j'ai peur ! Peur de demain, de ne pas réussir le changement de vie qui me semble si important et vital à ce jour, peur parce que je ne suis pas en contrôle. J'ai appris très douloureusement depuis 3 ans à faire bouger les choses dans mon travail "make things

happen" (faire que les choses arrivent). Ça a été difficile de se faire violence et d'être une machine de guerre pour faire avancer les choses. Et j'y suis arrivée, j'ai appris et j'ai reçu des félicitations de toute ma hiérarchie (niveau ExCom) ; donc perdre le contrôle me fait peur.

Maintenant en écrivant tout ça, je me dis que je sais faire. Et si ça marche dans mon boulot, ça marche aussi dans ma vie. Ce matin, j'ai vraiment pris conscience que mon MOI IDEAL n'existe qu'au travers de la vision que je m'en fais. Et que je suis la seule à décider des actions à mettre en place pour l'atteindre. Un peu comme pour mes projets.

Donc, ce n'est pas de l'innocence enfantine mais une volonté à toute épreuve qu'il me faut et ÇA j'ai déjà. L'innocence enfantine sera pour apprécier les réussites de chacune de mes actions, chaque pas réalisé doit être une source d'émerveillement. Je suis très-très contente d'avoir vécue ce sentiment de gêne. Cela m'a permis de progresser. Je me trouve formidable et très chanceuse. Je connais Aline Dalbiez ☺ ☺ ☺ ☺.

/ Alice » » »

Alice avait peur de ne pas réussir le changement de vie qui lui semblait si important et vital, et après avoir réussi, elle était presque comme Jean-Luc qui s'envolait immédiatement vers son prochain objectif sans même s'offrir le luxe de la satisfaction. Mais c'est là qu'Arnold veillait au grain pour Alice, entre autres, en lui faisant égarer ses notes et son mot de passe. Arnold nous rend la vie inconfortable tant et si longtemps que nous ne faisons pas ce qu'il faut pour être vraiment heureux.

Si quoi que ce soit vous est inconfortable, c'est comme si Arnold était en train de sonner à votre porte pour vous montrer ce qu'il vous reste à traiter si vous voulez pouvoir la franchir, cette porte de la réussite.

Alice résume assez bien la détermination à rester focus sur notre objectif, et le recul nécessaire pour rester connecté à notre intention. Il y a une subtile différence utile à explorer entre « make things happen (faire que les choses arrivent) ou « allow things to happen » (permettre aux choses d'arriver). Je constate soudainement qu'il est très différent de se focaliser sur un « OBJECTIF », ou sur une « INTENTION ». L'objectif étant au bout du chemin, tandis que l'intention a commencé en amont et nous suit tout au long du chemin.

C'est un chemin parfois pas évident que de reprogrammer nos fonctionnements. Faut-il pour autant baisser les bras et vivre une vie qui ne nous convient pas ? Ou se résigner à une autre vie que notre premier choix ? Je ne pense pas. Au contraire, je crois que nous avons la chance d'être en vie et que la plus belle chose que nous puissions faire, c'est tout notre possible pour vivre le maximum de cette vie d'une façon qui nous correspond vraiment. Faut-il alors fuir face à l'adversité ? Je ne pense pas non plus, car comme l'a vu Alice aussi, fuir une difficulté ne fait que reporter le moment où on la retrouve de l'autre côté du changement. Ce n'est pas la situation qu'il faut changer, c'est bien nous et nos programmes. La situation se résoudra d'elle-même. Si elle doit changer, elle changera naturellement, mais ce ne sera peut-être pas nécessaire, car le bonheur était probablement déjà là, simplement enfoui sous le poids des programmes erronés ou obsolètes qui ne nous convenaient plus. Au lieu de réagir et déguerpir, il est plus sage d'ouvrir les yeux, de faire ce qu'il faut pour nettoyer nos états d'âme, et de se réaligner dans la joie et le bonheur.

Dans un film dont je ne me souviens plus, une réplique m'avait marquée. Un fils disait à son père que chaque minute qu'il arrivait à vivre heureux était une minute de plus de bonheur dans sa vie. Et que dans cette optique-là, chaque minute compte, et chaque détail aussi.

Se relaxer dans la victoire

Lors de la réunion de célébration avec le groupe Printemps2021, Shirley n'avait pas encore entamé la semaine 11… La coquine, était-elle en train de flirter avec son

Arnold ?! Elle nous avait commenté son parcours au regard de ce qu'elle venait chercher dans le programme et je trouve que cela résume assez bien ce que nous devrions garder à l'esprit à ce stade :

« « « *Shirley*

J'avais dit que c'était moi que je venais chercher dans le programme. J'ai des réponses qui arrivent, j'ai beaucoup plus d'information sur moi, sur ce vers quoi je dois tendre. Il est maintenant question de me définir moi, mes besoins, mes valeurs réelles, d'arrêter de m'accommoder pour faire plaisir, par empathie pour les autres. Au début, c'était difficile à atteindre pour moi, parce que depuis que j'étais toute petite, par besoin qu'on m'aime ou par nécessité, ou par empathie, je m'étais adaptée, et maintenant j'ai vraiment besoin de clarifier, est-ce que j'agis comme ça pour moi ? Est-ce que c'est juste pour faire plaisir ? Ou pour me faire aimer, ou pour obtenir un résultat ? Et concrètement qu'est-ce que moi, je veux ? Tout ça mis bout à bout me donne beaucoup d'information, et je suis donc en train de clarifier.

/ Shirley » » »

Et vous alors, où en êtes-vous ? Avez-vous encore besoin de clarifier ce que vous voulez vraiment ? Si oui, faites-le, c'est le moment. Autant que possible, posez-le sur papier, ou parlez-en à une personne bienveillante, mais sortez-le de votre tête. Le processus d'expression permet de ressentir si on est dans le juste ou pas encore, et le but n'est pas de savoir du premier coup, mais plutôt de faire le processus de clarification. Un peu comme les moines qui fabriquent des Mandalas de sable, dans une forme de méditation collective et qui, une fois terminé, le détruisent, tout simplement, dans une deuxième phase de leur processus collectif. Parce que la force de l'expérience ne se trouve pas dans le Mandala qu'il faudrait garder et idolâtrer, mais plutôt dans le processus lui-même de création qui modifie leur état d'âme, leur état d'être.

Afin de vous faire explorer un peu votre propre Arnold, je voudrais vous partager un extrait du livre *Les Neuf Lois de l'Harmonie* de Dr. Wayne W. Dyer, docteur en psychologie et psychothérapeute, auteur et conférencier de renommée internationale. Dans la cinquième loi, il nous dit (93) :

> *Oui, j'affirme qu'en reprogrammant votre raisonnement, de manière à faire coïncider vos pensées avec votre désir d'être et de vous sentir en bonne santé, vous pouvez modifier, et vous modifierez pour de bon les comportements malsains à la source de la mauvaise santé et du déséquilibre. C'est une loi. William James, le père de la psychologie moderne, l'a exprimé de la façon suivante : « En psychologie, il existe une loi selon laquelle, si vous formez mentalement une image de ce que vous souhaitez être, et si vous la conservez assez longtemps dans votre esprit, vous aurez vite fait de devenir exactement tel que vous vous êtes imaginé. »*

Ne mélangeons pas tout. Il y a donc :
1/ notre raisonnement,
2/ nos pensées,
3/ notre désir d'être.

Selon James, si nous formons et maintenons assez longtemps dans notre esprit une image de notre *désir d'être*, nous devenons exactement tels que nous l'avions imaginé.

Selon Dyer, nos *pensées* doivent correspondre à notre *désir d'être* pour nous permettre de modifier nos comportements et donc devenir tels que nous le souhaitons. Et pour cela, il affirme que c'est notre *raisonnement* que nous devons reprogrammer. Car tant que notre *raisonnement* empêche l'alignement de nos *pensées* avec notre *désir*, nous nous empêchons la réussite.

Afin de mettre cela en pratique, je vous invite à explorer votre propre Arnold, c'est-à-dire votre propre résistance face à la réussite de ce que vous souhaitez. Donc, face au sujet que vous aviez identifié au Chapitre 0, où face à ce que vous vivez à ce stade qui est probablement une étape de progression de votre intention du Chapitre 0, quel est donc le style de votre Arnold ? Qui est-il ? Que fait-il ? Que veut-il ? En gros, quel est votre raisonnement actuel ou vos impressions ?

Allez-y, prenez le temps de noter les 3 phrases suivantes et laissez-vous surprendre :

Mon Arnold est…_____

Il   fait…_____

Il veut…_____

Vous pouvez ensuite utiliser la transmutation pour réécrire ce raisonnement dans une version positive et à propos de vous-même. Cela neutralisera l'utilité de votre Arnold.

Je choisis d'être…_____

J'apprécie…_____

Je suis…_____

Pensez à terminer par un « MERCI » que vous pouvez aussi noter, et prendre quelques inspirations de re-calibration.

Êtes-vous un champion ou mauvais gagnant ?

Pour aller plus loin, je vais vous présenter Paul dont on avait évoqué le tableau de célébration précédemment. Ou plutôt c'est lui qui va se présenter, et vous montrer une facette essentielle à connaitre de votre relation à l'initiative. Paul est un jeune homme étonnant, qui a toujours été un champion de haute performance. Toutefois, au fil du temps, cela n'a pas fait l'unanimité de ses pensées, alors il a cherché des solutions.

« « « Paul : Quelques jours avant de commencer…

Depuis ma jeunesse, j'ai toujours été poussé par une force immense qui venait du plus profond de moi pour atteindre mes objectifs. J'ai toujours eu l'impression que mes objectifs étaient plus grands que moi et que tout allait faire du sens à un certain moment. Cette sensation ou idée que j'allais accomplir de grandes choses m'a motivé à avancer et à réussir. J'ai donc foncé tête baissée comme un guerrier depuis des années vers l'atteinte de mes objectifs.

Depuis l'année dernière, j'ai réussi plusieurs de mes objectifs à long terme. J'ai à la fois réussi à gagner le championnat provincial de triathlon du Québec et réussi à atteindre l'indépendance financière grâce à des compétences que j'ai acquises en finance de façon autodidacte. Je possède plusieurs compagnies qui tournent bien. Je n'ai plus de boss, ni d'horaire fixe. J'ai bâti une communauté de plus de 75 000 personnes qui me suivent chaque semaine, et je me suis bâti une réputation énorme dans mon milieu. Je vis avec une copine merveilleuse dans un endroit que j'adore.

Maintenant que j'ai réussi ce que je voulais, je me retrouve à 29 ans avec plusieurs trophées, la fierté d'avoir réussi, mais étrangement je n'ai plus d'objectifs dans mon viseur. Je réalise que ces trophées ne sont pas ce qui me comble et cela a créé en moi un choc, car je pensais qu'une fois ces trophées gagnés, mon bonheur serait garanti. Il faut avouer que certains de ces succès comme l'indépendance financière restent la base d'une vie heureuse selon moi car ceci me donne de la liberté. Par contre, je réalise que d'autres trophées une fois gagnés et lorsque dans mes mains... je ne les trouve plus si beaux. En plus, je réalise que si je ne gagne pas de nouveaux trophées, je deviendrai un "has been" qui parle de ses vieux accomplissements, et cela ne m'intéresse pas. Aussi, la vitesse à laquelle j'ai atteint certains objectifs est impressionnante et parfois j'ai peur de revenir en arrière.

Je sais que je peux réussir ce que j'entreprends car lorsque quelque chose me tient à cœur, je vais y mettre tout ce que j'ai, mais cette fois, je ne veux pas entreprendre des objectifs qui seraient futiles et mettre des œillères et puis foncer comme un imbécile dans une mauvaise direction. Si je fonce vers quelque chose, je veux que ça me motive au plus profond de moi et en être fier et heureux.

D'un autre côté, je me dis que je pourrais prendre un temps d'arrêt pour voir ce que j'aime vraiment. Je sens que j'ai plusieurs habiletés, forces et compétences qui pourraient être mieux alignées pour être plus heureux.

J'ai donc contacté Aline en espérant qu'elle pourrait m'aider à placer mes idées et défaire certains programmes qui certainement m'ont soutenu dans le passé, mais maintenant ne me soutiennent plus.

/Paul » » »

J'espère que vous percevez dans ce début de partage de Paul avant de démarrer son REPROG, que ce n'est ni l'initiative, ni le succès qui fait que l'on se sent bien et heureux. C'est autre chose, mais quoi ? Selon ce que l'on a vu précédemment, ce serait en fait un alignement entre nos pensées et notre désir d'être, appuyé ou soutenu par notre raisonnement et notre réflexion personnelle. Comme disait mon père finalement, après avoir passé sa vie entière à étudier le développement personnel sous toutes ses formes, « *la priorité devrait être de nous libérer de nos programmes inconscients pour pouvoir VIVRE, ensuite ou pendant, mais sans la souffrance, pour pouvoir ÊTRE, apporter notre pierre à l'édifice de la vie. Sinon on reste une marionnette de ses programmes inconscients et on ne vit pas.* »

Dans le cas de Paul, c'est assez flagrant, il était en quelque sorte la marionnette de ses programmes de « champion », qui doit toujours obtenir la victoire suivante sinon, s'il arrête d'être le champion, il n'est plus rien. Mais ce n'est pas une vie ! Paul a eu bien raison de sentir qu'il était temps pour lui de modifier certains de ses programmes qui n'étaient plus un soutien pour lui mais au contraire qui étaient devenus un obstacle au bonheur qu'il souhaitait vivre.

Avant d'aller plus loin aux côtés de Paul, je voudrais vous raconter un exemple qui m'a vraiment étonnée moi-même. Un jour, j'ai pris conscience avec effarement que j'étais en fait programmée à être « mauvaise gagnante ». Ce qui avec le temps, m'avait même fait devenir défaitiste, car c'était plus confortable... Je l'avais déjà identifié un peu car je me souvenais de mes années d'école primaire où je me sentais rejetée par les autres parce que j'avais un an d'avance et qu'en plus de cela, j'avais de bonnes notes. Ajouter à cela que j'étais très grande, physiquement, d'une tête de plus que tout le monde, que j'étais potelée, au point que même mon frère avait honte de moi, et que je ne me sentais pas la bienvenue sur cette planète. Bref, un bon cocktail de perdant. Mais plus récemment, en redécouvrant le plaisir du jeu en jouant à des jeux de société avec mon partenaire, j'ai réalisé que j'avais, d'une part, une certaine facilité à gagner, et d'autre part, je me sentais mal vis-à-vis de la défaite de l'autre. Par-dessus tout, mon partenaire étant lui-même mauvais perdant, il changeait littéralement de couleur à mes yeux, il bouillonnait intérieurement d'une sorte de mécontentement d'avoir perdu. Face à sa colère, je me sentais complètement mal, je tentais de m'effacer, d'oublier d'avoir gagné, et je m'efforçais les fois suivantes de stratégiser pour jouer tout en m'assurant de ne pas gagner.

Un jour, notamment grâce à Philippe et ses évocations de champs de bataille, j'ai eu une vision, ou un rêve, je ne me rappelle plus, où je me voyais au centre d'un immense champ de bataille. J'étais un homme, un militaire probablement. La guerre venait de prendre fin car tout le monde était mort. Sauf moi. C'était censé être une victoire d'avoir survécu et que la guerre soit terminée. Mais cette victoire avait un goût amer, car tout le monde avait péri, et ce n'est pas quelque chose dont on peut se réjouir. J'ai ressenti quelque chose de très intense en reconnectant à cette situation. J'ai vraiment ressenti la profondeur de mon mal-être face à la victoire. Quel était donc l'intérêt de gagner si c'est pour que l'autre en ait péri ?

Face à l'inconfort de mon partenaire quand il perdait face à moi, je ressentais quelque chose de similaire, je n'arrivais pas à ressentir quoi que ce soit de positif dans le fait d'avoir gagné.

Mais une fois que j'ai eu compris ce schéma programmant, quel que soit d'où cela venait, de moi, de mon enfance, d'une vie antérieure, peu importe. Le principe de reprogrammation, c'est simplement de poser une intention nouvelle, et de laisser la contradiction ou la résistance se faire connaître. Ça sort tout seul, comme cette vision ou ce rêve que j'ai eu et qui m'a permis de comprendre la nature de mon blocage.

Après cela, j'ai pu retrouver ma légèreté, et ma capacité à fanfaronner de mes victoires, y compris face à mon partenaire frustré que je pouvais narguer en dansant sur la table si je le voulais. Aura-t-il de son côté, libéré son schéma de mauvais perdant ? Cela le regarde. Chacun est libre.

Prendre l'initiative de la liberté.

Nous savons désormais comment fonctionne la liberté émotionnelle, et surtout comment fonctionne notre façon de nous programmer au fil du temps et des expériences.

Ce matin, je suis tombée par hasard sur une vidéo de Bernard Flavien, conférencier, comédien et coach en développement personnel qui livrait quelques clefs pour faire d'une émotion une compagne de route... (94)

J'ai été très intéressée par sa façon d'expliquer que face à une situation qui nous fait réagir avec émotion. D'abord, nous sommes dans la réaction de *l'émotion* à chaud, ensuite avec le recul, on monte dans la *mémoire vive* en tiédissant, puis on se programme dans un raisonnement à froid en cristallisant cette émotion dans la *raison* – à moins de la libérer pendant qu'elle est en mémoire vive, soit dans les 21 jours. Il nous recommande donc de vider notre vase régulièrement car, tant que c'est en mémoire vive, c'est facile et immédiat à libérer. Alors qu'au-delà de 21 jours, « on se fait une raison », ça devient un programme, et cela requiert un travail supplémentaire pour retrouver et déprogrammer l'événement et reprogrammer autre chose pour se libérer de l'émotion programmée.

Prendre l'initiative de la liberté, c'est donc faire en sorte au fur et à mesure du chemin, de nous libérer de nos émotions, de nos réactions, et d'exprimer notre vérité au fur et à mesure, avec bienveillance et un peu de recul. Cela permet de « vider notre vase » comme le dit Bernard Flavien, et d'entretenir notre terrain émotionnel. C'est effectivement une compétence fondamentale à développer, sinon on accumule des émotions, et s'il s'agit de colère, de frustration, de peur, de ressentiment, etc... c'est bien normal de finir malheureux. On peut alors croire que s'en aller résoudra le problème, mais c'est surtout le chemin de pèlerinage associé au départ qui permettra de purger les émotions accumulées. Sera-t-on passé à côté du bonheur dans l'intervalle ? En quelque sorte. Mais heureusement, la vie a de nombreuses possibilités à nous proposer. A chaque instant.

Paul, de son côté, a pris l'initiative de la liberté. Il a choisi de se libérer de certains de ses programmes qui ne le soutenaient plus. Et il a été étonné de constater la rapidité et l'efficacité de ce que l'on peut faire dans le cadre d'un REPROG, et du travail de libération d'un programme plus profondément ancré que cela permet.

Nous verrons au Chapitre suivant ce qui s'est passé pour lui dès les premiers jours et premières semaines du programme. Cela vous permettra d'imaginer ce que pourrait être votre avenir, en faisant le choix, vous aussi, de la liberté. Que ce soit au travers du programme REPROG ou de tout autre moyen de votre choix, prendre l'initiative de la liberté est un choix de vie. La liberté n'est pas dans la matière, elle est dans notre être.

L'initiative n'a pas besoin d'être grande, cela peut être de toutes petites choses. Par contre, l'initiative est censée être un processus binaire, c'est blanc ou noir, on y va ou on n'y va pas. Décider ou pas, prendre l'initiative ou non.

« Décider-à-moitié » ou « faire-à-moitié » est une perte de temps car cela coûte les efforts et n'apporte pas les bienfaits. Il vaut mieux « ne rien faire et se reposer à 100% » ou bien « faire à 100% et se reposer à fond demain ». Mais pas entre les deux, sinon c'est comme être assis entre deux chaises, c'est plutôt inconfortable, surtout dans la durée.

Maintenant, il est important de se sentir libre dans ses initiatives, car si nous nous sentons blessés ou bridés, c'est vite inconfortable. Comme une personne qui avait suivi REPROG il y a quelques temps et qui avait fait remonter à la surface un programme très contraignant concernant l'initiative, la reconnaissance et le succès. Elle m'avait d'abord dit plusieurs fois au fil des semaines qu'elle ne se sentait pas à l'aise avec l'idée de « succès », et qu'elle préférait « réussir sans succès »… Ce qui était contradictoire. Puis finalement, elle s'est souvenue d'un jour étant petite, où sa mère était sortie faire une course après le repas, et que pendant ce temps, la petite fille avait joyeusement fait la vaisselle et tout rangé. Quand sa mère est rentrée, la petite était fière de sa démarche et se réjouissait à l'idée de recevoir les félicitations de sa maman. Mais au lieu de cela… Sa mère pensait avoir fait la vaisselle et tout rangé elle-même avant de partir et n'a pas cru un instant que la petite avait fait quoi que ce soit. A la place de la féliciter, elle l'a donc traitée de menteuse et accusée, a priori à tort, selon le souvenir de la petite fille. Evidemment, n'ayant pas pu exprimer son émotion et son désarroi, la petite fille l'a intégré et a « retenu la leçon » en programmant un sentiment de préférer réussir sans jamais le montrer, afin d'éviter les remontrances !

Nous avons donc rencontré ce programme limitant au fil des semaines de son REPROG. Arrivée à la semaine 11 sur la relation à l'Initiative, le programme a refait surface. Une fois ce souvenir libéré, cette dame a pu reconnecter avec la possibilité de réussir et d'en être fière. Jusque-là, elle ne le pouvait pas car la victoire était une terrible expérience à ses yeux. Si elle avait pu libérer cette émotion sur le moment, comme le suggérait Flavien Bernard, cela lui aurait sûrement épargné de bien nombreux déboires, mais malheureusement, le temps a fait son œuvre, et cette mésaventure était devenue un programme limitant pour son avenir.

La morale de tout ça, c'est que si vous vous sentez bridé, contraint, gêné par un mot ou une idée, par une situation ou un contexte, c'est que cet élément vous confronte à votre propre bride programmée dans le passé. Il est temps pour vous de vous en libérer.

Comment décririez-vous ce qui vous bride dans vos initiatives de réussite à ce stade ? Mettez des mots dessus.

_____

_____

Ce qui est important, ce n'est ni l'autre, ni la situation, c'est ce que cela vous fait ressentir et penser, à vous, à l'intérieur de vous. C'est là que se trouve la véritable information libératrice.

Ensuite posez l'intention de libérer cette bride, en la transmutant en tremplin positif :

_____

_____

3 QUESTIONS POUR SAVOIR OU VOUS EN ETES

11.1/Concernant votre capacité d'initiative, vous diriez :

a. Ca dépend des jours, parfois je suis super organisé(e) et efficace, parfois c'est un peu flou et pas très productif.

b. J'ai toujours les idées plutôt claires, au fur et à mesure, je connais mes intentions, et les actions ou les étapes qui apparaissent au fur et à mesure. Je les pose et j'avance tranquillement.

c. Je suis souvent frustré de ne pas réussir à faire autant que je voudrais, ou de ne pas savoir comment m'y prendre.

d. Je constate que je ne l'utilise pas suffisamment, je me laisse trop porter par l'extérieur ou je n'ose pas certaines initiatives que j'ai en tête ou dans le cœur.

11.2/ Quand les choses ne se passent pas comme vous le voulez... et que ça persiste dans ce sens, à répétition :

a. Je finis par en avoir marre et reprendre les choses en mains car « on n'est jamais mieux servi que par soi-même ».

b. A la longue ou dès que possible, je prends du recul et je fais le point sur ma propre résistance à réussir, je demande de l'aide si je le peux pour dépasser mes limites et ce désagrément.

c. Je fais ce que je peux pour aborder la situation autrement, pour changer de point de vue et prendre action différemment, mais ça ne marche pas toujours.

d. Je peste ! ☺

11.3/ Face à la victoire ou à la défaite, vous diriez que :

a. Je suis plutôt mauvais perdant, je n'aime pas quand les choses m'échappent ou ne vont pas dans mon sens.

b. Je suis plutôt neutre, j'aime surtout l'expérience de la vie, si je gagne je me réjouis, et si je perds, je me dis que si besoin je gagnerai la prochaine fois, ou pas.

c. Je prends conscience de mes fonctionnements, de mes ressentis, et de ce qui a pu contribuer à me faire gagner ou perdre. Je me réjouis d'en retirer des informations d'amélioration.

d. Je ne suis pas très à l'aise avec la compétition, le fait de gagner, qu'il y ait des gagnants et des perdants.

> *Lorsque vous apprenez consciemment à être un observateur silencieux de vos propres pensées et sentiments, un autre type de silence émerge. [...] Dans le silence créé par cette forme unique de conscience, nous pouvons améliorer notre capacité à faire des prédictions sur l'avenir, ce qui nous permet de prendre de meilleures décisions...*
> Andrew Newberg, M.D. & Mark Robert Waldman (102)

Chapitre 12

EN CONFIANCE VERS L'AVENIR

Constater le chemin parcouru comme nouveau départ

A ce stade, il est temps de faire le point. La relation à l'avenir commence ici, dans le présent, mais si nous ne sommes pas pleinement conscient de là où nous en sommes déjà arrivés actuellement, c'est comme si on restait coincés dans le passé et qu'on tentait de construire notre relation à l'avenir depuis le passé, ce qui n'est ni juste ni intéressant puisque cela nous empêche de bénéficier de nos progrès déjà effectués. En effet, chaque fois que nous voulons créer un pont vers un avenir qui nous inspire, nous devons construire ce pont depuis l'endroit où nous sommes maintenant, et non depuis l'endroit où nous étions dans le passé, que ce soit le weekend dernier ou des années auparavant. Sinon le pont ne nous sera d'aucune utilité s'il nous fallait retourner dans le passé pour l'emprunter. Car nous ne le ferons pas puisque le passé est terminé. Le seul moment où nous avons la main, c'est MAINTENANT.

Imaginez que vous soyez un coureur, vous avez dans le passé fait des records de durée ou de distance. En considérant que depuis quelques semaines vous vous entrainez avec force et détermination pour augmenter vos capacités, et que là où vous teniez 40km, vous en tenez maintenant 50km, votre relation à l'avenir concernant ce domaine, ne doit pas rester accrochée à votre limite du passé de 40km. Sinon c'est comme si vous cherchiez à aller au bout du monde avec un élastique dans le dos pour être sûr de rester bien accroché sur place.

Pour constater notre avancement, nous avons vu un certain nombre de petites choses que nous pouvons faire au quotidien pour célébrer et conscientiser nos progrès. Il existe aussi une autre dimension à cette progression, plus globale.

Pensez maintenant à votre état d'esprit actuel, en atteignant ce Chapitre 12, et identifiez trois éléments qui caractérisent votre nouvel état d'esprit dans ce nouveau présent :

1._____

2._____

3._____

Vous souvenez-vous maintenant que, dès le chapitre 0, vous aviez identifié trois éléments qui caractérisaient votre état d'esprit avant la lecture de ce livre ?

Il est évidemment intéressant de comparer les deux pour prendre du recul sur le chemin parcouru.

Permettez-moi d'insister sur un détail que je remarque ici : il ne s'agit pas de la situation, mais bien de notre état d'esprit pour lequel nous identifions trois caractéristiques. Car durant une phase de transformation, il est possible de passer par des étapes tout à fait sens dessus dessous, mais votre état d'esprit, lui, a quand même progressé, et c'est cette progression qui est intéressante à conscientiser. Parce que votre état d'esprit est ce qui détermine la position que vous adoptez face à l'avenir que vous êtes en train de créer. La situation peut être formidable, comme elle peut être très dure. Mais dans les deux cas, ce qui importe c'est ce que vous en faites dans votre tête. Quel est donc l'état d'esprit avec lequel vous abordez ce que vous êtes en train de vivre maintenant ? Car c'est bien cet état d'esprit qui détermine la nature de la suite. Encore une fois, on sème des graines dans notre terreau personnel.

Bien sûr parfois il est difficile d'avoir un état d'esprit constructif, en particulier si nous avons accumulé des ressentiments, ou vécu des situations qui nous ont blessés ou qui ont réveillé des choses douloureuses en nous.

Mais ce qui est essentiel, c'est de ne pas s'arrêter là. Dans un premier temps, avoir une intention d'esprit positif. Dans un second temps, si cela ne se met pas en place spontanément ou que le moindre détail vous fait retomber, c'est qu'un coup de pouce est nécessaire. Pas de souci, laissez-vous inspirer. A ce stade, vous avez toutes les cartes en mains pour prendre les bonnes initiatives. Non pas de tout quitter et de fuir votre difficulté, mais au contraire de vous recentrer et de faire votre ménage intérieur plutôt que de vous évertuer à faire le ménage dans votre vie. L'extérieur se fait tout seul, en quelque sorte, ce n'est pas votre business, ce ne sont pas vos affaires. Vos affaires à vous se trouvent à l'intérieur de vous.

Alors, se libérer oui, mais quand, comment, à quel sujet ? Tout au long du chemin de la vie, nous pouvons être confrontés à de nouvelles situations qui font surgir des réactions de notre part. C'est au fur et à mesure, comme on l'a vu, qu'il est idéal de s'en libérer. Et quand nous n'avons pas la possibilité de le faire immédiatement, ce n'est pas grave non plus, il suffit de s'en donner le temps et l'espace dès que l'on s'en aperçoit.

Dans la lignée de la *médecine informationnelle*, dont parlait Lynne McTaggart au Chapitre 6, une approche d'avenir que j'ai découvert récemment grâce à un ami (merci Etienne :), fait appel au principe de « *Réinformation Vibratoire* », sur les bases de l'homéopathie de contact et de la mémoire de l'eau. C'est proposé par le laboratoire Lumen Care (95). C'est-à-dire qu'il n'y a pas besoin d'ingérer des granules, il s'agit en fait de mettre le corps au contact physique d'une petite fiole d'eau « informée » de la substance de *Réinformation,* afin que le processus puisse avoir lieu *Vibratoirement.* Cela parait subtil, et j'étais un peu dubitative au départ, ne sachant pas trop à quoi m'attendre. Mais j'ai voulu essayer car je me sentais appelée à aller plus loin que l'homéopathie standard et de n'avoir vraiment besoin de rien de physique, d'aucune substance à ingérer, justement. Puis je travaillais depuis quelques temps déjà à libérer tout ce que faisait ressortir en moi une allergie aux pollens assez inconfortable. Je voulais un peu d'aide, et j'ai eu la chance de trouver une praticienne de qualité pour m'accompagner dans la découverte de ce procédé.

Honnêtement, j'ai été bluffée. Je ne sais pas comment ou plutôt à quel point tout cela fonctionne exactement, mais j'ai réellement senti les bienfaits au fur et à mesure du protocole. Nous avons finalement identifié une vingtaine de substances pour lesquelles j'avais des hypersensibilités ou même des intolérances, en plus de l'allergie aux pollens, et j'ai entamé le processus de réinformation pour l'ensemble de ces substances. C'était spectaculaire pour moi de sentir certaines peurs, certaines limites, certaines intolérances, simplement disparaitre. J'ai retrouvé une quantité de liberté physique et alimentaire que je n'osais même plus espérer, que j'avais totalement oublié de mon champ de possibilités.

Je suis en train de terminer avec ma 3e fiole, dans laquelle est inclus l'allergène du pollen qui m'avait initialement poussée à chercher une solution. Et je me réjouis d'aller au bout du processus bien sûr. Cela dit, j'ai déjà tellement bénéficié de cette méthode, que je tenais à la souligner ici. Je remercie Kerstin Koppers (96), kinésiologue et être humaine de qualité, pour sa démarche et ses compétences très bien mises à profit de ceux qui en ont besoin. J'ai été étonnée à ses côtés de découvrir l'ampleur de ce qu'il est possible de traiter en kinésiologie. J'ai apprécié aussi de découvrir la façon dont elle prend le temps, en début de séance, pour se réaligner elle-même, pour me réaligner moi aussi, et pour nous synchroniser ensemble. Cela me parait un excellent travail préparatoire afin que nos êtres puissent communiquer efficacement sur des éléments aussi subtils, à travers les tests kinésiologiques.

La conclusion de tout ça, c'est que je ne suis plus celle que j'étais quand j'ai commencé à écrire ce livre. Est-ce que j'en suis consciente ? Peut-être pas encore pleinement, je dois faire ce pas de côté pour observer et constater. Aussi pour accepter tous les impacts que cela peut avoir dans ma vie. Car de nombreuses personnes, circonstances, situations, étaient liées à mon ancienne version de moi. Aujourd'hui, n'étant plus la même, je suis vibratoirement en train de manifester d'autres choses dans mes comportements et donc dans ma vie.

Vous aussi, faites le point. Prenez un peu de recul pour voir et comprendre qui est-ce que vous êtes devenu. Permettez-vous d'avoir changé ou même d'oser changer si ce n'était pas encore le cas.

Si vous avez l'impression que votre état d'esprit n'a pas beaucoup évolué, c'est peut-être que vous n'y étiez pas encore pleinement ouvert. Si vous sentez qu'une part de vous résiste, vous empêche de dormir, ou vous fait vous sentir mal, prenez le temps de vous relaxer, de vous reconnecter à votre amour de vous-même, à votre regard appréciatif de la personne que vous êtes et de la vie que vous vivez. Si vous n'y parvenez pas, prenez le temps d'aller résoudre au fond de vous cet élément qui est bloqué. Si vous n'aimez pas votre vie ou ce que vous êtes devenu, alors permettez-vous de réajuster votre vie et votre personnalité, mais rappelez-vous de toujours le faire avec une intention d'amour. Car si vous le faites avec une intention de révolte et de rejet, c'est que vous tentez de rejeter une partie de vous qui vous résiste et qui vous bloque. Ce n'est pas votre vie qu'il faut débarrasser, c'est votre état intérieur encore une fois. L'avenir devrait toujours être réjouissant. S'il ne l'est pas, c'est que nous ne sommes pas dans l'anticipation positive, ou que nous tentons de fuir quelque chose au lieu de choisir la confiance pour le résoudre.

Résoudre une situation ne veut pas dire qu'on se résigne à

rester dedans si elle ne nous correspond plus. Résoudre une situation veut simplement dire qu'une fois résolue nous serons profondément heureux intérieurement, et une fois arrivé là vibratoirement, soit la situation nous rend (à nouveau) heureux, soit elle changera naturellement.

Par ailleurs, si vous êtes fier et satisfait de votre nouvel état d'esprit, prenez quelques instants pour vous en féliciter, pour vous en remercier, pour vous encourager à continuer. Inspirez profondément cette progression qui vous fait du bien, qui vous rappelle que vous êtes effectivement capable de changer, de vous améliorer, et de voir les choses plus agréablement. Tout cela en très peu de temps finalement, le temps de vous reprogrammer. Et anticipez positivement les retombées dans votre vie et vos circonstances qui sont en train de germer...

Se libérer du passé pour avancer vers l'avenir

Après que Paul a commencé son REPROG, nous avons rapidement remarqué quelques détails qui attiraient notre attention. Ce que j'ai particulièrement apprécié de sa part, c'est qu'il a tout de suite compris que chaque détail compte. Et il s'en amuse, il les constate et les prend en compte pour avancer et foncer vers l'avenir de champion qu'il se construit à chaque instant. Bien sûr, Paul est un sportif de haut niveau, c'est dans sa personnalité, mais n'allons pas croire que c'est plus facile pour un athlète entrainé depuis toujours. Nous avons tous notre contexte et notre façon de nous construire. Nous avons tous nos programmes de force et nos programmes limitants, c'est pareil pour chacun.

L'avenir ne peut pas être accessible si nous gardons nos élastiques dans le dos. Donc, il faut nous en libérer. C'est ce que Paul a fait. En fonçant vers l'avenir qu'il était en train de clarifier au fil des semaines du programme, il a fait un bout du chemin, et quand il s'est trouvé au bout de son élasticité, nous avons alors traité le sujet pour lui permettre de s'en défaire. Nous avions pressenti et construit ensemble son programme avec un entretien bonus par mois, prévu avec moi. Nous avions résumé ça en disant : « *Toi, tu fais le programme et à un moment donné, tu verras, ça peut faire ça à tout le monde, ça va bloquer.* *Là, tu m'appelles. Moi, je te débloque. Et toi, "to the moon"* [21] *! ».* Paul et moi avons ri car c'est une expression spécifique à son domaine d'expertise financière, donc il voyait tout à fait l'idée et s'en réjouissait.

Après deux semaines de programme, Paul m'a annoncé qu'il devait faire 2 jours de pause pour faire de la peinture avec des amis, et qu'il préférait reprendre son REPROG après, afin de bien se concentrer. Je lui suggérais alors d'avoir un mini objectif intermédiaire pendant ces deux jours entre amis. Par exemple d'avoir une conversation avec eux sur la relation au temps qu'il venait de reprogrammer, ce qu'ils en pensent, comment ils gèrent, etc. Ou encore de s'observer pendant deux jours pour voir comment il s'y prenait, comment il se sentait, ce qu'il disait à propos du temps de ses journées, et de prendre quelques notes en vrac au fur et à mesure. Puis d'en faire une petite synthèse personnelle en reprenant son programme après leur départ. A la suite de cela, il m'a donné quelques nouvelles vraiment intéressantes. Je vous partage déjà ça, avant de vous en dire davantage sur ce qui a fini par ressortir ensuite.

« « « Paul

Ah oui génial!!!... et en fait je ne t'ai pas raconté les changements les plus importants qui sont arrivés depuis que j'ai commencé le programme.

Je crois que l'exercice des bonhommes allumettes[22] m'a fait décrocher de certaines choses du passé. Car ça fait un bout (toute ma vie) que j'ai de la difficulté à contrôler mon poids et ma relation à la nourriture. Ça sonne peut-être bizarre de m'entendre, mais pour être un athlète de sport d'endurance il faut manger pour avoir du gaz, mais pas trop pour éviter d'être trop lourd. Et de mon côté, j'ai toujours trop mangé comme

---

[21] Traduction : *vers la lune* ! Cette expression signifie de monter subitement, de la même façon que le ferait une fusée qui quitte la Terre pour aller sur la lune, d'où l'expression
[22] Référence à un outil de Jacques Martel, proposé à un moment spécifique du programme pour couper les liens avec tout le passé qui vient d'être élucidé durant les premiers jours.

dans un élan de peur de manquer. Quand j'étais jeune, je mangeais beaucoup en protégeant mon assiette comme un prisonnier. Je réalise que c'était beaucoup psychologique, je mangeais juste trop. Si j'avais faim, fallait que je mange. Face à une émotion, ça m'engourdissait. Et pour la première fois de ma vie j'ai pris le contrôle. C'est majeur.

Il y a un peu plus de six mois environ, j'avais pris du poids car j'avais réduit mes heures de sport de moitié. J'en avais marre de me sentir esclave du training. Le sport a ce côté ingrat, c'est une roue sans fin où on s'entraine toujours plus. J'aime vraiment ça, m'entrainer, mais j'étais blasé. J'avais presque envie d'une petite blessure pour arrêter 2/3 mois, et c'est ce qui s'est passé. Je suis tombé sur la glace, je me suis fait mal au genou. J'ai arrêté trois mois, pratiquement au complet. C'est là que mon poids a vraiment explosé à la hausse. Suite à ça, pour la première fois, mes objectifs cette année n'étaient pas sur le sport. De 15h et plus habituellement, j'avais réduit à seulement 7/8h d'entrainement par semaine. En plus du stress de ma communauté qui grossissait et les projets à gérer, j'avais pris 20 livres en 6 mois et j'étais lourd, ça me faisait mal aux genoux.

Je devais revenir à mon poids précédent et durant la semaine 1 de REPROG, du jour au lendemain, j'ai repris le contrôle. J'ai fait un focus mathématique et j'ai perdu 15 livres en 3 semaines. Je n'ai plus de cravings[23]. Je peux à nouveau courir vite. Je me suis réinscrit à un triathlon dans 10 jours. C'est mieux pour le vélo... Ça me permet aussi de retrouver une forme et une énergie constante. Vis-à-vis du sport, je suis passé d'un mode « esclave » à « envie d'être là ».

Ça va avec mon objectif 1: Agir sur ce que je veux

Pour faire un petit rapport sur les 2 jours intenses de peinture: J'ai vu que la phrase "*J'ai tout le temps dont j'ai besoin*" a été une révélation pour moi. Car je peux utiliser le temps à

---

[23] Terme anglais faisant référence aux envies/fringales alimentaires

mon avantage plutôt que l'inverse. J'ai souvent été stressé de peur de manquer de temps ou de prendre du temps à faire des choses qui n'ont pas une grande valeur pour moi. On a peinturé non-stop avec des amis, il a fallu quatre couches de peinture. C'était long. J'étais stressé à propos de mes trucs à faire. La peinture pour moi n'avait pas une grande valeur, mais j'ai décidé de me prêter au jeu et de le faire en disant que *j'ai tout le temps dont j'ai besoin* et ça m'a apaisé. J'ai réussi à profiter des moments avec mes amis et à avoir un certain plaisir à peinturer[24]. Faut faire la part des choses. Si je ne faisais pas REPROG, je n'aurais pas pu mettre le doigt dessus aussi facilement.

Donc, je réalise que la peur de manquer de temps pour les choses que je veux faire est quelque chose qui existait tout au long de mes dernières années. Cette peur faisait que je pouvais rester paralysé et ne rien faire au final.

/ Paul » » »

Cela étant, Paul avait entamé sa semaine 3 sur la relation à l'action, mais il n'avait pas rempli sa balance Peur/Confiance. Je lui ai alors fait remarquer ce détail, en lui suggérant de la compléter avant de valider sa semaine, car cela figerait les données. Mais il n'en faisait rien. C'était comme s'il ignorait ou snobait cette balance Peur/Confiance, peut-être dans le but de passer à l'action quoi qu'il en soit ? C'était amusant car cela semblait cohérent avec son attitude de vainqueur. Mais je suggérais quand même que nous portions attention à ce que cette balance avait d'autre à lui dire maintenant. Car elle avait fait le nécessaire pour attirer notre attention.

Je lui rappelais aussi qu'il était en train de changer en profondeur et qu'il était donc bon de rester souple sur ses aprioris car il pouvait aussi avoir de nouvelles idées pour de nouvelles façons de faire.

Voici ce qu'il m'a répondu :

---

[24] Terme québecois qui veut dire peindre, en Français :-)

« « « Paul

Bonjour Aline,

Merci pour ce superbe message, j'ai toujours du fun à te lire et tout comme le programme, j'ai hâte de voir la suite!

Pour ce qui est de la balance, peut-être que c'était un acte manqué et je ne voulais pas voir qu'une partie de moi avait peur, mais maintenant je sais. Et je vois que je veux basculer beaucoup plus du côté confiance. Car plusieurs mésaventures m'ont marqué profondément dans les dernières années et ont fait la personne que je suis. Et plusieurs habitudes ont été créées que je veux changer. Donc je vais les changer. La semaine 4 sur la relation à l'habitude est vraiment à point.

Et sérieusement beaucoup de changement se font en moi, j'aime le fait que le programme est sur 12 semaines, c'est vraiment génial.

Pour un call, je serai disponible la semaine prochaine le jeudi matin à 9h pour moi au Québec donc ton 15h France ?

/Paul » » »

Lors de cet appel, j'avais noté quelques points de vigilance à aborder avec lui. Notamment ses débuts d'indicateurs de satisfaction qui étaient trop impersonnels, exclusivement orientés sur l'accomplissement et le trophée au lieu d'être plus intérieurs, ou encore cette fameuse balance Peur/Confiance qu'il ne remplissait pas… Paul et moi avons fait un bel état des lieux de sa situation, et nous avons pu faire émerger le point crucial qui le bloquait au sujet des mésaventures qu'il avait mentionnées et que je n'avais pas relevées tout de suite. Il m'a dit qu'il ne s'attendait vraiment pas à ça car il ne soupçonnait même pas qu'il était possible de se libérer des impacts émotionnels d'une mauvaise expérience.

Paul m'a dit qu'il avait toujours hâte de voir ce qui arrive ensuite dans le programme, et que c'est génial parce que *« on n'est pas biaisé de savoir ce qui va arriver. On parle à cœur ouvert et on est ensuite confronté à ce qu'on a dit. »*

Durant tout cet entretien, j'avais un point de focus principal au sujet de Paul : c'était de l'accompagner à célébrer ses accomplissements. J'entendais bien qu'il me racontait des succès vraiment intéressants, des choses qui avaient déjà changé très vite pour lui depuis le début du programme. Il avait même peinturé son tableau de célébration mais n'en faisait rien ! Ce qui s'est passé était vraiment surprenant. Au fil de notre échange, je le ramenais régulièrement à la possibilité de formaliser l'un de ses accomplissements pour le placer sur son tableau de célébration, mais je n'y parvenais pas. Il esquivait véritablement cette possibilité.

Pourtant, son discours était étonnant et riche de succès. En moins de quatre semaines : il avait repris le contrôle de son alimentation, et retrouvé une forme et une énergie constante ; trouvé un antidote à son ancienne habitude de se fâcher, en développant sa maîtrise de ses émotions ; il avait également transformé son impression d'être esclave du sport à haut niveau en une véritable envie d'être là et de faire son sport pour le plaisir ; ou encore réussi à peinturer pendant tout un weekend en prenant conscience de son stress vis-à-vis du temps et en se réjouissant que REPROG l'ait aidé à désamorcer cette difficulté.

Rien n'y faisait, il esquivait la possibilité de mettre quoi que ce soit sur son tableau de célébration. Même ses nombreux trophées sportifs étaient à la cave ou à la poubelle, me disait-il ! Le seul qui lui était sentimental, était en fait celui qu'il n'avait pas gagné pour la médaille, mais qu'il appréciait parce qu'il s'était vraiment dépassé cette fois-là. C'était plus personnel. Alors je l'ai confronté un peu à ça, et il a fini par m'avouer sa mésaventure de quelques années en arrière. Un véritable stress. Une horrible situation. Il me disait « *on s'est fait démolir* ». En effet, Paul avait construit une situation financière confortable avec un ami, mais suite à certains faux pas de son partenaire, il avait tout perdu. Pire que cela, il a vécu une situation d'injustice et d'impuissance terrible face à cette ascension où il pensait bien faire, il croyait avoir réussi, et pourtant, il a tout perdu dans des conditions particulièrement extrêmes et accusatrices. Il a notamment fait l'expérience d'une perquisition de police en pleine nuit réalisée à son domicile, c'était la descente aux enfers. Suite à cela, tout son argent était resté bloqué, donc de zéro, il a dû tout reprendre en mains pour se refaire.

Durant notre échange, il a pris conscience que les mots qu'il employait pour décrire son ressenti à propos de cette mésaventure étaient les mêmes que lorsqu'il se fâchait pour une moulure manquante ou un détail du quotidien. En particulier « *Pourquoi ça m'arrive à moi ? Qu'est-ce que j'ai fait pour mériter ça ?* ». En prenant conscience du parallèle entre ses sautes d'humeur et cette blessure difficile du passé, il ajoutait : « *Peu importe tout ce que tu as, tu peux tout perdre. Pourquoi célébrer ?* »

Evidemment, sur cette dernière phrase, nous avons tous les deux compris ce qui était en train de se passer pour lui depuis le début de cette conversation où je n'arrivais pas à le faire célébrer quoi que ce soit.

Nous avons alors pris le temps de commencer à nettoyer cette mésaventure et les émotions qui y étaient rattachées et qui l'empêchaient de célébrer quoi que ce soit.

Paul a conclu en me disant :

« « « Paul

Je me sens bien. J'ai aimé ça. Ca a fait la boucle en allant dans des endroits où je ne vais pas. Je sens le vent du changement. Je me sens un peu libéré de certains émotions ou schémas. C'est moins pire, c'est différent. Je vois que je peux me libérer de ça. Y'a beaucoup de choses qui ont été freinées. *Pourquoi célébrer si je peux tout perdre ?* Cette phrase n'est plus vraie. On peut célébrer !

Je réalise que j'ai accompli beaucoup de choses : mon contrôle de la nourriture, mon énergie, mes indicateurs plus centrés sur moi, etc. La petite fille qui chiale, ce n'est pas moi !

Je vais célébrer et rajouter des trucs sur le tableau.

/ Paul » » »

Deux jours plus tard, je demandais à Paul des nouvelles de sa célébration. J'étais un peu dans l'expectative de savoir si oui ou non, cela suffisait, ou s'il fallait approfondir la libération. J'ai été ravie de découvrir sa réponse et même que la nourriture était devenue une bonne partenaire…

« « « Paul

Oui pour la célébration, j'ai été à un resto de haute cuisine avec ma copine! Et on a bien célébré!

J'ai mis des post-it autour du tableau, j'ai célébré environ 12 éléments et sur mon tableau je vais mettre mes objectifs.

Donc, les succès vont rester. Comme des trophées, mais des trophées pour moi!

Nous avons célébré notre déménagement et comment nous sommes bien dans la nouvelle maison et tous les changements que nous vivons!

/ Paul » » »

Par ailleurs, la semaine suivant cet entretien de libération, Paul osait enfin relancer un projet avec un *nouveau partenaire*, ce qu'il n'avait plus jamais refait depuis 4 ans auparavant suite à cette mésaventure. La libération est donc confirmée, Paul m'a dit : « *c'est vrai et ça prouve que ce blocage est parti pour de bon!!* »

Si comme Paul vous avez vécu une mésaventure dont le souvenir est encore à ce jour désagréable, ne laissez pas le temps filer car si c'est encore désagréable, c'est que c'est impactant, alors nettoyez-le, et voyagez léger.

L'avenir, c'est l'anticipation positive

Toujours dans son livre *Mind to Matter[25]*, Dr. Dawson Church nous parle d'un séminaire financier auquel il a assisté et durant lequel il a pu constater les effets de la méditation – qui plus est collective – pour manifester des intentions. (97)

Il cite même un témoignage de la part d'un leader de retraites transformationnelles qui se trouvait face à l'ambition d'un participant dont l'intention en début de séjour était de manifester un million de dollars. Puis un autre participant, se laissant entraîner par cet enthousiasme, choisissait aussi cette

---

[25] Traduction: De l'Esprit à la Matière

277

intention. L'animateur était presque intimidé par l'ampleur de cet objectif, mais il fût surtout bluffé de constater les résultats. Lors du troisième jour, la surprise fut totale quand les deux hommes racontèrent que le premier avait finalement obtenu 100 millions et le deuxième avait lui aussi obtenu son million, dans une transaction qui s'était soudainement manifestée.

Maintenant, l'expérience des autres reste l'expérience des autres. Quelle est la vôtre ? C'est ça le plus important. Church nous rappelle une chose essentielle ainsi :

Après avoir quitté l'atelier de méditation ou le séminaire sur l'argent, les concepts deviennent vite flous. Vous commencez à oublier ce que vous avez appris et l'état que vous avez atteint, à moins que vous ne pratiquiez. Lorsque vous répétez la syntonisation avec ce champ de pensée en lisant des livres, en regardant des vidéos et en apprenant davantage, vous maintenez votre résonance avec le champ. Bientôt, vous aurez construit les voies neuronales et les états cérébraux qui sont caractéristiques de ce champ de pensée. Vous êtes passé du stade où vous touchez le champ à celui où vous l'incarnez. Vous êtes sur la voie de la maîtrise.

Lorsque nous utilisons notre esprit de cette manière, nous conditionnons la matière. Lorsque nous faisons le choix conscient d'atteindre la maîtrise d'un champ, nous activons la résonance avec tous les composants de ce champ. Certains peuvent être locaux, là où nous sommes. D'autres peuvent être non-locaux, éloignés dans le temps ou l'espace. Notre intention, en remplissant notre conscience, ouvre les portes de la synchronicité. Les opportunités et les connexions apparaissent comme par enchantement. Pourtant, elles sont générées par notre participation à ce champ de pensée particulier.

Je m'émerveille devant la synchronicité de cette citation avec ce qui vient ensuite. Cette approche du champ mérite un exemple concret. Pour cela, et pour compléter les contributions de participants, je suis honorée de vous présenter la toute première personne qui a suivi REPROG. C'était le tout début de cette structure en 12 semaines, synthèse de nombreuses années d'observation et de compréhension. Je lui suis extrêmement reconnaissante de m'avoir contactée à l'époque, car elle avait une réelle ambition, une véritable motivation. Elle voulait profondément aller mieux, et pourtant ne savait pas comment s'y prendre. Ce dont elle était sûre, c'est qu'elle voulait quelque chose de différent, qui sorte des clichés standards qui rabâchent les mêmes rengaines ou qui nous font parfois faire des années de psychanalyse pour finalement n'avoir rien changé au fond des choses.

Quand elle m'a contactée, il y a déjà 7 ans, elle était en détresse. Elle avait besoin de reprendre les commandes de sa vie, et c'est exactement ce qu'elle a fait, en m'invitant à faire le chemin à ses côtés. C'était presque intimidant pour moi de répondre à une telle ambition, mais elle me disait être ravie de m'avoir trouvée moi, une jeune femme de sa génération, plutôt que de se trouver par exemple face à un vieil homme qui la regarderait de haut. Alors c'était encourageant, et sachant que j'avais les moyens de le faire, j'ai accepté de l'accompagner. Ensuite, grâce à ses retours et ses encouragements, j'ai osé poursuivre cette aventure pour rendre ce programme disponible à d'autres, comme vous peut-être, qui avez besoin de passer un cap dans votre vie, sans pour autant avoir besoin de tout recommencer, ni même de mourir pour cela.

Aujourd'hui, c'est moi qui aie traversé une des périodes les plus sombres de ma vie, et bizarrement, elle m'a parue bien éclairée cette période. J'ai osé prendre contact avec des personnes de qualité autour de moi, et leur parler à cœur ouvert, sans tabous ni pudeur ou peur du jugement. Simplement en étant sincère. Puis j'ai osé à mon tour, demander son avis à Nathalie sur ma situation, parce que je savais qu'elle avait traversé des circonstances un peu similaires au fil des années et qu'elle en était sortie grandie. J'ai été ravie de trouver auprès d'elle une profonde sagesse et un recul sans faille face à mes questionnements. Je suis honorée de constater qu'au-delà des 3 mois de REPROG, c'est aussi des liens durables que nous construisons ensemble. Les autres participants aussi, sont pour moi des personnes d'une grande valeur à mes yeux et dans ma vie. Tout comme d'autres personnes qui me sont proches et chères, et qui ont fait leur chemin, à leur façon, pour reprogrammer leurs états d'âmes et vivre leur liberté d'esprit au quotidien de leur vie. Merci à tous et à chacun d'exister, d'être vous-même, et de faire le travail nécessaire pour être votre meilleure version de vous-même.

Nathalie a repoussé l'échéance jusqu'au dernier moment avant d'oser contribuer à ce livre, mais c'est une perfection qui me fait chaud au cœur car ce livre est aussi le point de départ d'un avenir nouveau pour ce programme et la communauté des « Reprogueurs », et je suis heureuse de partager avec vous cette confiance vers l'avenir aux côtés de Nathalie. Une jeune femme hors du commun, avec une force personnelle incommensurable. Bien sûr, sa force parfois lui fait ressentir les difficultés en proportion, mais c'est pour se développer chaque fois davantage, et devenir une personne exemplaire, d'une façon qu'elle ne réalise peut-être même pas. Sa seule présence est un cadeau. Merci Nathalie.

Elle est également l'heureuse maman de la toute première petite fille née de REPROG :-) ! Vous vous souvenez d'Arnold au chapitre précédent ? Eh bien quand j'ai demandé à Nathalie si je pouvais mentionner sa fille, elle m'a répondu que *la petite maîtrise quasi tous les thèmes de la Chronique Alineon et qu'elle est tombée dans la marmite quasi à sa naissance ! Elle sait même qui est Arnold ! C'est énorme c'est vrai. Elle l'appelle LEGO :*

- « *Excuse-moi de t'avoir crié dessus ma chérie, l'EGO de maman est sorti tout d'un coup.* », dit parfois Nathalie à sa fille.
- « *Maman, ton LEGO il sort souvent, respire un bon coup.* », lui répond-elle…

Sur cette pointe d'humour enfantine et pleine de sagesse, je vous laisse découvrir le message de Nathalie :

« « « *Nathalie*

Ce que j'aimerais partager avec les lecteurs qui s'embarquent dans l'aventure de la reprogrammation de leur vie, c'est avant tout la révélation qui précède la décision d'essayer. Le réel « changement » qui se produit en nous sous nos yeux se manifeste à un moment de nos vies où les circonstances sont tout à fait « propices » à cette nouvelle prise de conscience. J'ai actuellement 40 ans au moment où j'écris ces mots, ma prise de conscience ayant eu lieu quand j'avais environ 33 ans, quand j'avais vraiment touché le fond dans ma vie professionnelle, personnelle et amoureuse, au point où je considérais mettre une fin à ma vie.

J'avais pris la décision en moi-même que la situation relationnelle que je percevais comme négative devait alors changer une bonne fois pour toute. Mais comment ? A ce moment-là, la vie m'a fait croiser le chemin d'une personne qui m'avait dit que je pouvais améliorer mon état d'être si j'acceptais de découvrir une nouvelle façon de voir les circonstances de la vie. « *C'est quoi, que tu veux vraiment ?* », m'avait demandé cette personne, et je me suis étonnée de ne pas avoir de réponse à sa question pourtant si simple.

« *Si je te disais qu'en écrivant tes souhaits tous les jours sur un bout de papier blanc avec un stylo d'encre bleue, tu peux te rapprocher de ce que tu veux vraiment, le ferais-tu ?* » J'étais tellement désespérée que j'ai choisi de croire ces paroles mot pour mot. Et j'ai entrepris de faire l'exercice, parce que je n'avais plus rien à perdre et tout à y gagner. Chaque jour je me sentais heureuse durant le lapse de temps où je me posais la question, « *C'est quoi, que je veux vraiment ?* », et extériorisais par écrit mes rêves les plus profonds. Cet exercice me prenait environ 10 minutes chaque jour, et plus je le faisais plus j'étais accroc à la sensation de bien-être qu'il procurait à une époque de ma vie où tout était sombre. Mais il me fallait un cadre plus réfléchi et plus concret pour vivre ma première prise de conscience de façon plus claire. J'étais enfin prête à essayer ce que je n'avais jamais essayé pour obtenir ce que je n'avais jamais obtenu : la confiance en mes propres capacités à connaître et obtenir ce que je veux vraiment. A chaque étape de la vie, ces objectifs sont différents pour chacun d'entre nous. Pour moi, ça y était : dans le courant de l'année 2014, quelques semaines après avoir fait la connaissance de La Chronique Alineon et d'avoir étudié quelques-uns de ses thèmes, j'étais prête pour Reprog.

Ce que j'ai voulu plus que tout au monde quand j'ai

entrepris le voyage de Reprog avec moi-même, c'était de tenter de prendre le contrôle de mes pensées, sachant que c'était elles qui construisaient la réalité que je vis, puisque 10 minutes par jour de pensées choisies par moi-même m'avaient donné des réponses à beaucoup de questions internes. Et comme mon quotidien à ce moment-là était fait de souffrance et d'une estime de moi-même qui était vraiment au plus bas, en partant de cette suggestion, je m'étais dit que peut-être je pouvais faire quelque chose pour contribuer à la création d'un avenir que j'avais les moyens de forger de mes propres mains et par mes pensées. On est tous différent, mais si je peux mettre au grand jour certaines découvertes personnelles, j'espère que cela peut contribuer aux lecteurs et leur permettre de comprendre quelques points encore obscurs.

J'ai fait Reprog plusieurs fois, à différentes périodes, environ une ou deux fois par année. Reprog est un exercice sur plusieurs mois, et chaque jour compte pour permettre à notre état conscient et inconscient de construire petit-à-petit le chemin qui nous mène éventuellement où on veut vraiment aller et devenir qui on a vraiment envie d'être. Pour ma part, j'ai réussi à manifester une réconciliation, une personne spécifique, une autre personne spécifique, un article exclusif, une relation amoureuse, un job, une victoire, une contribution, un livre, plusieurs films documentaires, une famille, mon pire cauchemar, la transmutation de ce cauchemar en circonstances plus acceptables et d'autres situations plus simples et insignifiantes. Toutes les pensées que j'ai pu étudier de long en large pendant la durée de Reprog chaque matin avant de commencer ma journée, ont intégré mon conscient et mon subconscient et renforcé, selon moi, mon cerveau pour lui permettre de focaliser mon attention consciente et subconsciente sur tous les détails ou les opportunités qui défilaient sous mes yeux à chaque instant. En réalité tout est là, mais on est aveuglé et on ne « voit » pas les choses, donc on ne peut pas les « cueillir ». C'est sur la longueur, jour après jour, nuit après nuit, que je me suis rapprochée des objectifs que j'avais spécifiés rigoureusement grâce aux questions élaborées par Aline, auxquelles Reprog m'a fait réfléchir.

Reprog est comme un marathon, on sait d'où on part, et on sait où on veut arriver, mais on ne sait pas d'avance quel chemin notre cerveau, ou notre être conscient et/ou inconscient va nous faire prendre. Quelque fois notre intention, ou la chose, ou la personne qu'on spécifie au travers de Reprog se manifeste pendant Reprog, parfois quelques semaines après la fin de Reprog, parfois quelques mois ou quelques années, d'après mon expérience personnelle. Mais lorsque la situation, la personne ou la chose se manifeste, il est important de les reconnaître et de remercier ce qui est venu à nous, comme attiré par un aimant. Car plus on reconnaît ce qui nous arrive, plus on intègre les choses et les situations comme étant à portée de nos mains et plus on croit en notre propre capacité. L'aimant, à mon avis, c'est nous dans un état vibratoire que l'on est capable de maintenir sous contrôle pendant une certaine durée dans le temps, le temps de Reprog. Mais il faut en prendre conscience et « entrainer » ce cerveau à penser de façon optimale pour nous permettre d'atteindre nos objectifs. Et cet entrainement est élaboré à travers Reprog.

La discipline et la constance sont des éléments importants de l'aventure, à mon avis. Et plus on fait confiance, plus ça fonctionne. En ce qui me concerne, j'ai fait et refait Reprog une dizaine de fois, à chaque fois que j'ai souhaité faire le point sur ce que je veux vraiment à des étapes différentes de ma vie. Je considère ces étapes comme des cycles de « désintoxication » d'information limitantes qui se sont accumulées. J'ai pu remarquer que pendant Reprog je suis disciplinée et donc efficace dans tous les domaines de vie, professionnellement, spirituellement, physiquement, et relationnellement. Et dans les périodes où je ne suis pas en train d'étudier Reprog tout est plus relâché mais bénéfique néanmoins. C'est souvent dans cette période relâchée que les manifestations ont lieu d'après ce que j'ai pu observer, mais c'est un ressenti strictement personnel. Reprog est comme la période d'entraînement intensive d'un athlète qui se prépare pour les championnats nationaux. C'est une période où je considère que je travaille les « muscles » de mon cerveau d'une façon suivie et cadrée, puis vient une période où mon corps tout entier est « compétent conscient. »

Reprog fait partie intégrante de ma vie sur le long terme. Et j'ai envie d'attirer l'attention sur les 3 images qu'Aline nous propose de choisir en Semaine 4 – Jour 4 pour illustrer l'habitude dont on souhaite se défaire, pour ensuite la remplacer par l'image qui nous fait ressentir l'émotion de l'objectif déjà atteint. Car ces images se manifestent parfois au détail près ! Et ça peut être bénéfique… autant que dangereux. Je m'explique, lorsque j'étais enceinte de ma fille, en 2016, je n'aimais pas trop les formes de mon nouveau corps gras et je n'avais pas conscience qu'il était en fait magnifique et parfait. Du coup, j'avais fait une petite recherche un peu trop rapide sur Internet pour choisir la photo d'une « jolie » femme enceinte. Il y en avait pourtant beaucoup, mais celle qui me parlait le plus était la photo prise d'une scène du film *Where the Heart is,* (Où le Cœur Nous Mène) qui date de 2000, dans laquelle le personnage de Natalie Portman, une jeune fille de 17 ans enceinte de 8 mois, marche en tenant une plante dans son pot, en robe courte, révélant un joli ventre rond, et des bras et des jambes fins et gracieux. La photo était jolie, le personnage était joli, et j'avais visualisé le film sans réaliser la tragédie absolument horrible de l'histoire de ce personnage. D'ailleurs la scène où Portman se fait abandonner par le père de l'enfant dans un Wallmart m'avait donné une émotion extrêmement négative et dégoutante. Assez puissante pour marquer mon subconscient. J'étais loin de me douter que mon cerveau avait enregistré à cet instant que je voulais ce corps, mais peut-être aussi l'histoire de cette jeune femme enceinte livrée à elle-même et qui devient mère célibataire par abandon. Je crois que l'émotion de la peur de l'abandon a été plus forte que l'émotion qui admire les formes du corps féminin. C'est peut-être pour cela qu'au 8ème mois de ma grossesse, le papa de ma fille m'a quitté par SMS interposé, sans aucune explication compréhensible.

Entre la naissance de ma fille et maintenant, j'ai refait Reprog plusieurs fois, et j'ai manifesté tout ce que j'avais prévu en pensées et en actes. Tout ce que je peux dire c'est que mes objectifs ont été atteints après cette expérience où pour la première fois l'inverse de ce que je souhaitais s'était produit. Nul ne peut savoir si c'est l'image que j'avais choisie ou si c'est l'émotion que m'a procuré la scène de ce film qui s'est imprégnée dans mon subconscient lors de l'exercice. Moi-même je n'en suis pas si sûre. Mais j'ai remarqué qu'il faut connaître son objectif en détail lorsqu'on choisit une image ou une photo, ou alors choisir précisément les détails de l'émotion que l'on souhaite ressentir au moment où on aura obtenu ce que l'on a voulu avoir, faire ou être. Le cerveau ne cherche pas à juger ce qui est bon ou mauvais pour nous, il va chercher ce qu'on lui a indiqué au travers de notre émotion.

Ce qui est certain c'est que je ne savais pas au moment où j'ai entrepris d'expérimenter Reprog pour la première fois en 2014, que j'étais capable de comprendre intuitivement comment optimiser les capacités de mon cerveau. Je ne savais pas que j'avais déjà la force en moi de surmonter n'importe quelle montagne, et encore moins la circonstance de vie qui s'est présentée à moi à un moment où je m'y attendais le moins. Je ne savais pas que j'étais capable de faire ce que j'ai fait. Et pourtant il est bien possible que tout ceci ait été ma vocation. En tous cas, c'est une activité que j'ai vécue sans aucune souffrance, et sans aucune contrainte, contrairement à ce que les autres pensent de ma situation. Je remercie toutes les personnes qui m'ont donné du fil à retordre à cette période de ma vie, parce que c'est grâce à elles que j'ai appris à grandir en essayant de ne pas reproduire les erreurs. Je suis convaincue qu'après ce que j'ai surmonté, et avec les signes qui sont apparus sous mes yeux, que les choses et les personnes sont précisément intemporelles et surtout impermanentes. « *Rien n'est permanent sauf le changement* », nous dit Aline dans Reprog. Cette phrase est étonnante de vérité pour moi.

/Nathalie » » »

Impossible de savoir quoi ajouter à ce beau récit de Nathalie, si ce n'est refaire le lien avec ce que nous disait Dawson Church dans son livre « De l'Esprit à la Matière ». Il soulignait l'importance d'entretenir dans la durée notre connexion au champ de pensées de ce que nous voulons et de ce qui nous rend heureux. C'est ce que Nathalie s'efforce de faire, et c'est ce qui semble lui permettre d'avoir ce recul et cette tranquillité étonnante par rapport à l'époque où elle était en détresse au point de vouloir abandonner la vie.

Un jour elle m'avait dit que REPROG n'avait pas de prix car ça lui avait rendu la vie. J'ai été très touchée par cette remarque, non pas pour l'égo de la fierté, mais pour avoir pu aider un autre être humain avec les moyens que j'avais à ma disposition. Vous aussi, faites votre part, osez entrer en contact avec d'autres êtres humains, parlez de votre vérité intérieure, de vos doutes ou de vos rêves. Ayez cette intention de reprogrammer vos limites, et d'avancer plus librement, d'être capable d'anticiper le positif et de maintenir votre connexion à ce champ de pensées d'anticipation positive.

Dans *La vie des Maîtres*, Baird T. Spalding rapporte que :

« C'est tout d'abord une réforme des idées. Comprenez que Dieu est la Pensée Unique, pure et saine, et vous aurez fait un grand pas vers l'immersion dans les courants d'idées pures. Accrochez-vous fermement à cette vérité que la pensée du Christ trouve un chemin parfait à travers vous. Cela vous installera dans ces courants d'idées constructives et harmonieuses. Maintenez-vous toujours dans le flot continu des pensées d'amour que Dieu répand sur ses enfants. Vous ne tarderez pas à voir le monde sous le nouveau jour d'un organisme de penseurs. Vous saurez que la pensée est le plus puissant remède de l'univers, le médiateur entre l'esprit divin et les maladies corporelles ou inharmonies de toute l'humanité.

Quand une discorde s'élève, prenez l'habitude de vous tourner immédiatement vers la pensée de Dieu, le royaume intérieur. Vous aurez un contact instantané avec les idées divines et vous constaterez que l'amour de Dieu est toujours prêt à apporter son baume de guérison à ceux qui le recherchent. » (98)

Pour mémoire : selon *La Vie des Maîtres*, *« Dieu est le pouvoir engendré et amplifié par votre propre activité de pensée.* » En quelque sorte, Dieu est donc le pouvoir de notre champ de pensée.

Développer sa confiance, tout nu devant le miroir

Je constate une intervention divine de dernière minute pour nous rappeler que 1/ il n'y a pas d'âge pour développer sa confiance en soi et en l'avenir, et 2/ la véritable confiance se développe dans notre plus simple état.

J'ai finalement été recontactée par Fanny-Laure qui a voulu, elle aussi, vous partager une anecdote de son parcours Reprog. Fanny-Laure est une jeune femme étonnante, pleine de ressources, et à la fois qui semblait très consciente et concernée par ses programmes limitants. Elle était déterminée à avancer.

« « « Fanny-Laure

Je n'avais même pas encore commencé le programme, juste pris la décision de le faire, que j'avais déjà commencé à avoir des résultats. Justement, je cherchais quelqu'un ou quelque chose pour m'aider dans ma confiance en soi et Reprog est arrivé au bon moment. Même si je n'ai pas encore terminé le programme, beaucoup de choses se sont améliorées. Principalement ma confiance en soi, à travers le basketball.

Je fais du basket, et avant Reprog, disons que je n'avais pas confiance en moi, j'avais peur du regard des autres, etc. Tandis qu'avec Reprog, ça m'a aidée à travailler sur ma confiance en moi, et j'ai pu être davantage moi-même et laisser mon potentiel voir le jour, tellement j'ai pris confiance en moi et que j'ai réussi à être plus moi-même au basket.

Ça m'a aidée à être plus consciente de moi, de mes pensées, et de ma façon de réagir envers moi-même. Ça m'a aidée à me sentir mieux sur le terrain, à aller vers les autres avec plus de courage et d'aisance et à me faire de nouveaux amis. J'allais tous les jours jouer sur un terrain de basket proche de chez moi et, chaque jour, mon niveau d'aisance et de confiance augmentaient. Jusqu'à ce qu'un jour, on comment à me donner des surnoms, tels que Fannynator, la shooteuse, la snipeuse, la scoreuse et FannyCurry.

Cette évolution me permet d'avoir plus confiance en l'avenir, et c'est quelque chose que je n'avais pas au début. C'était quelque chose qui ne me paraissait pas réalisable. Ce programme est fait pour les personnes de tous âges, même les jeunes de 17 ans, l'âge où j'ai commencé Reprôg.

/ Fanny-Laure » » »

Merci Fanny-Laure de venir compléter ce chemin vers l'avenir avec cette confiance et ce message d'encouragement. Encore une fois, Reprog ou autre, la véritable charnière, c'est de nous libérer de ce qui nous prive de notre bonheur : nos croyances, nos craintes, nos programmes du passé. Cela peut paraître étrange que la vie ne soit pas un flot tranquille, mais justement, elle est censée l'être, et tout ce qui nous contraint fait partie du chemin pour prendre conscience, pour nous libérer des freins et avancer sereins.

Marie aussi a vraiment un parcours de confiance intéressant. Elle s'est mise dans l'idée de se lancer des mini-défis. Et elle n'arrête plus ! Elle a même trouvé une astuce que j'ai vraiment appréciée pour se remettre à communiquer avec elle-même et avec son corps, de façon à cultiver sa confiance. Vous rappelez-vous que Marie n'osait même pas se montrer devant quelques personnes ou dire quelques mots sur une vidéo ? Eh bien voyez où elle en est quelques mois plus tard :

« « « Marie

J'ai relevé mon autre défi de monter sur scène hier. Deux présentations d'affilées, 80 et 100 personnes. Tout le monde a adoré ma manière de conter. Je suis fière de moi, grâce à Reprog. Et à votre soutien inconditionnel. Merci.

En fin de compte, vu tout l'historique que j'ai eu, mon corps avait pris vraiment un coup. J'avais honte de mon corps qui avait été bafoué. J'avais honte de me mettre toute nue, devant un homme notamment.

Et donc je me suis mis beaucoup de limites à ne pas

franchir, j'avais appris à ne pas me montrer.

De façon à me réhabiliter par rapport à mon corps, j'ai pensé à ça : « *Mon seul ami c'est mon corps, et pour redevenir amie avec mon corps, je dois être toute nue car si je garde les vêtements, je suis encore dans un rôle. Dans les limitations de l'ego, de la personnalité.* »

Donc je me suis mise toute nue devant le miroir, pour vraiment être en contact direct avec mon corps et pouvoir recréer ce lien d'amitié. Pour parler avec mon corps, mon ami, me reconnecter à lui, lui dire combien je l'aime et que je vais prendre soin de lui.

En fait notre corps c'est lui qui nous protège de tous les impacts des aléas de la vie. C'est grâce à lui qu'on existe sur terre. Et c'est notre temple sans tomber dans l'idolâtrie du narcissisme, simplement l'aimer, lui parler, en prendre soin. C'est le premier acte d'amour qu'on puisse se donner, pour que notre âme puisse l'habiter. Donc lui parler devant le miroir, c'est m'observer et voir si je suis en phase avec ce que ce que je dis intérieurement de moi. Quand je me regarde, j'apprends à mettre de l'amour au-delà de ce que je vois, pour apprendre à l'accepter telle que je suis. Donc je caresse mon corps, je lui fais des bisous, je m'enveloppe dans mes bras. Et je dis les mantras de chaque jours. ♥

Aujourd'hui, j'ose.

Avec la personne que je viens de rencontrer, on en est au stade de séduction. On s'envoie des vannes tout le temps quand on parle. Il me teste.

Par exemple, il me demande ce que j'ai mangé à midi, je lui dis une tarte aux pommes, et il me répond « *tu ne partages pas ?* » alors au-delà de ma façade d'être la timide, alors que je suis joueuse, j'ai fini par lui dire que je me proposais comme dessert…

Tout ça pour dire que le programme REPROG te fait contacter des choses à l'intérieur de toi dont tu n'imaginais même pas ton potentiel et tu te redécouvres, et même les gens te redécouvres en voyant qu'il y a quelque chose qui se passe.

Je me découvre ce côté séduction alors que je ne me savais pas comme ça.

Non seulement je deviens visible, je vois aussi plus clair, j'accepte également avec sérénité l'inattendu dans ma vie. Cet admirateur qui essayait de rentrer en contact avec moi depuis 2 ans, et je vis une connexion quasi miraculeuse, au point que j'ai fini vraiment par accepter que le bonheur est là ❤

C'était mon dernier défi de la liste dans Reprog. Du coup, de l'énergie en plus quand on se sent aimée.

Comme je l'ai dit le corps est le passage obligé pour grandir quelle que soit l'expérience, mais en gardant toujours à l'esprit le côté sacré dans le respect de soi-même et des autres bien sûr.

J'avoue, j'ai perdu 5 kg depuis et je suis fière de me regarder chaque matin et voir combien tout se met en place.

Quel que soit ce que l'on vit maintenant, reconnectons-nous à notre énergie d'enfant, c'est là que nous trouvons beaucoup de sérénité, parce que rien n'a d'importance : quand un enfant tombe, il rigole et se relève et marche. Et pensons aux personnes qui nous aiment pour nous encourager.

/ *Marie* » » »

Je remercie Marie pour la justesse de ses partages, la sincérité « nue » dont elle fait preuve, et qui nous montre à tous que ce ne sont pas nos apparences qui font notre valeur ni notre confiance, mais bien ce que nous sommes intérieurement, et en particulier la qualité d'alignement entre ce que nous nous disons de nous-mêmes intérieurement et ce que nous sommes. Elle nous démontre aussi que se mettre à nu nous connecte les uns aux autres ainsi qu'à l'amour de soi et d'autrui, bien davantage que tout ce que nous tentons d'être ou de faire en cachant notre véritable intérieur.

A l'avenir, pour avancer en confiance, soyons vrais, sans fausse pudeur, sans gêne ni arrogance, sans peur du regard ou du jugement, simplement dans une sincérité véritable.

Choix d'avenir, aligné dans la durée

Vous connaissez peut-être le film *La Légende de Bagger Vance*, sorti en 2000, avec Matt Damon et Will Smith. (99) C'est une superbe histoire de joueurs de golf, et d'une rencontre miraculeuse qui permet à Matt Damon d'apprendre à « voir le chemin ». C'est-à-dire à voir la trajectoire idéale que peut prendre la balle pour atteindre sa cible, et se connecter à cette trajectoire afin de frapper la balle pour la placer sur ce chemin.

Faire un choix d'avenir tout en étant suffisamment aligné avec soi-même pour « voir le chemin », c'est ce qui permet de faire des choix dans le présent, en sachant que cela sera aligné dans l'avenir. Par exemple, si je dois réserver une salle pour organiser un séminaire dans 6 mois, comment savoir que j'aurai bien envie de faire ce séminaire à ce moment-là ? Ou est-ce que je le ferai par « obligation » ? Eh bien dans le présent, en me plaçant dans cet alignement avec moi-même, au point de pouvoir « voir le chemin », alors le choix que je vais me sentir inspirée à faire sera le bon pour le moment concerné. C'est ça le principe d'être vrai et bien aligné avec soi-même, c'est-à-dire en accord avec sa propre vérité, cette partie essentielle de nous qui sera toujours là, à chaque instant. C'est l'alignement des goupilles de notre cylindre ! Comme on l'a vu au Chapitre 6.

Si à l'inverse, pour une quelconque raison, un choix ne nous conviendra pas à l'avenir, en s'écoutant sincèrement dans un bon alignement avec soi-même (c'est-à-dire aussi dans un moment où on se sent vraiment bien et apaisé, sans frustration ni aucun ressentiment, ce qui généralement s'obtient en se relaxant ou en méditant régulièrement), alors on le sentira dès maintenant, par un feeling de dire non, sans forcément être capable de l'expliquer. Mais attention, on parle d'alignement véritable, pas d'une sorte de rébellion ou de ras-le-bol face à une difficulté. Ce sont deux états bien différents. *La Légende de Bagger Vance* met très bien en scène cet aspect, quand le golfeur doit faire le vide dans sa tête, et se connecter à autre chose, à l'invisible, qui lui permet de « voir le chemin ».

Par exemple lorsque j'ai finalement obtenu mon

ordonnance pour changer mes lunettes et que j'ai dû choisir entre les multiples montures que j'avais essayées et qui étaient plaisantes, il m'a fallu trouver cet alignement. En effet, cela peut paraitre anodin, mais pour moi qui avais gardé mes précédentes lunettes pendant 9 ans, j'avais besoin que mon choix me plaise encore dans quelques temps, voire quelques années. Plus j'y pensais, plus je me mettais la pression, donc je devais absolument réussir autrement. Alors comment m'y suis-je prise ? Eh bien je n'ai pas choisi avec ma tête ni ma logique, car cela n'aurait pas fonctionné dans la durée. J'ai fait le choix de mes lunettes, non par la théorie de ce qui sera bien dans le temps, mais par le feeling intérieur en alignement de mes goupilles avec le max de joie et de satisfaction dans la pratique… C'est-à-dire : je connaissais les options, je prenais le temps de bien les conscientiser, en regardant des photos par exemple, pour bien me connecter aux différentes possibilités et à ce qu'elles m'évoquaient. Et puis je me focalisais ensuite sur mon sentiment de joie et de satisfaction, tout en faisant autre chose. Et tout à coup, en sortant de mon lit, ou en me brossant les dents, je ressentais comme un appel vers l'une ou l'autre, ou encore un sentiment clair que je regretterais de ne pas avoir telle autre. Il m'en fallait 4 paires, alors j'ai pris quelques jours pour écouter, tout en restant focus sur la joie et la satisfaction. Et j'ai eu les réponses une par une. Telle monture, validée. Telle autre, ah oui, ok. Ensuite celle-là évidemment ! Et puis la 4e, qui est au final la principale, a changé au dernier moment quand je suis retournée car je ne l'avais pas encore trouvée, et quand je l'ai vue, c'était comme une évidence.

Alors à ce stade, vous avez fait un sacré parcours. Félicitations :

1/ Vous avez fait le point sur la réalité actuelle (désormais passée) dans laquelle vous commenciez à lire ce livre. Vous avez rassemblé et pris de l'information.

2/ Vous avez fait des allers-retours dans le temps, pour vous connectez un peu ici et ensuite, avant et après, à ce que vous aimeriez vraiment et à sa réalisation.

3/ Vous avez fait le point sur vos actions, et sur l'importance de ne pas en devenir dépendant, de ne pas vous laisser hypnotiser par les détours de vos programmes.

4/ Vous avez pris conscience de l'impact colossal de vos habitudes sur votre façon de fonctionner et de vivre, tout en réalisant le véritable potentiel de ce fonctionnement des habitudes que l'on peut changer, créer, et utiliser à volonté.

5/ Vous avez pris conscience que le changement est une source d'équilibre, et qu'il est nécessaire pour ne pas s'engourdir dans un immobilisme ou dans un déséquilibre.

6/ Vous avez pris conscience de votre propre pouvoir créateur, à travers ce que vous exprimez, et ce que vous êtes dans votre champ de pensée. Ainsi que de votre liberté de modifier ce champ de pensée !

7/ Vous avez reconnecté les fils au bon endroit concernant votre relation à autrui, qui n'est que le miroir de soi, et qui nous renvoie le reflet de ce que nous souhaitons travailler maintenant. En résumant tout cela dans le fait que quand on s'aime vraiment, le reste n'est plus nécessaire, ou en tout cas plus un problème.

8/ Vous avez reconsidéré votre estime de vous-même, et la justesse d'une saine estime de soi pour planter ses graines dans un terreau fertile. Egalement ici l'impact de notre cœur, et de l'amour, sur le corps, sur notre champ, sur nos capacités.

9/ Vous avez commencé à refaire connaissance avec vous-même, avec vos véritables envies, vos capacités, avec votre propre pétillant et votre responsabilité de vous-même, de suivre les signes, et de vous imaginer la métaphore de votre choix pour vous connecter à la version de votre vie qui vous convient le mieux.

10/ Vous avez poussé la porte de la satisfaction, pour utiliser ce que vous êtes, choisir les différences que vous constaterez, arrêter la critique et vous concentrer sur votre satisfaction. Au lieu d'être satisfait en théorie et drainé dans la réalité, vous pourrez désormais vous sentir nourris d'une vraie satisfaction, qui trouve son chemin vers vous, et vous régale.

11/ Vous avez fait connaissance avec Arnold, pour vous en

défaire et peut-être même le reconnaître comme un allier bienveillant et utile, surtout pour vous montrer quelle est la prochaine étape à travailler ! Vous avez compris que chaque détail mérite d'être célébré, chaque jour mérite d'être célébré, il nous revient de choisir la raison principale dans ce que nous avons choisi de vivre ce jour-là.

12/ Vous avez complété avec brio cette lecture, vous faisant monter ainsi en confiance vers un avenir qui vous sera satisfaisant, épanouissant et particulièrement stimulant.

A vous de voir maintenant ce que vous allez en faire, si vous entretiendrez les neurones que vous avez créés, pour poursuivre votre ascension et votre vie dans les meilleures conditions.

Qui serez-vous devenu dans 3 ou 5 ans? Avec un peu de discipline, vous pouvez devenir quasiment cette personne en seulement trois mois, faites-le. Et si vous êtes déterminé mais n'y arrivez pas seul, faites le pas de me contacter ou au moins d'aller voir les témoignages vidéo des participants ou encore d'aller chercher vos scores au test de ce livre.

Mais surtout, ne restez pas à perdre votre temps, à vivre la vie d'un autre, ou à vous laisser misérable, car personne au monde ne veut ça pour vous. Au contraire, le monde entier veut vivre heureux, qu'ils en soient conscients ou non, qu'ils y soient actuellement programmés ou non, le monde entier veut être heureux et pour y parvenir, cela inclut que VOUS soyez heureux vous aussi. Alors faites-le. Faites ce qu'il faut pour savoir ce qui vous rendrait vraiment heureux et faites ce qu'il faut pour vous autoriser à vivre cet idéal.

Faites-le - devenez la personne de votre idéal - parce que c'est ce que vous souhaite le monde entier, et c'est ce que vous méritez. Si quoi que ce soit vous fait penser le contraire, c'est un programme erroné ou obsolète, et vous savez maintenant que vous pouvez vous en libérer. Faites-le.

Je vous propose Reprog et/ou des séances de Rééquilibrage Karmique, afin de retrouver votre équilibre et votre liberté d'être en conscience et en confiance, satisfaction au rendez-vous. Concernant Reprog, Blandine me disait que pour savoir si vous devriez le faire : « Faut qu'il/elle s'écoute, est-ce qu'il/elle a vraiment envie d'évoluer, de se découvrir, d'être qui on est vraiment ? Quitte à le faire, faut le faire à 100%. On t'amène les choses mais c'est à toi de faire. Est-ce que vous êtes prêt à découvrir une autre version de vous ?

Si l'ampleur du travail vous décourage, demandez-vous : « *Comment est-ce que l'on abat un Séquoia géant ?* » C'est un arbre tellement gigantesque… Eh bien on le fait en le découpant en petits bouts. Petit à petit, de façon structurée, progressive, ordonnée. Comme les jours de Reprog qui se succèdent et nous guident.

Si l'on considère les « symptômes » de la vie, comme incluant tout type de difficulté, de gêne, de peur, de problématique, de situation, ou même de joie qui vous empêche d'oser faire autre chose, etc.

A la fin de <REPRÔG>, si vous faites ce qu'il faut, vous n'aurez plus vos « symptômes » actuels, mais ce n'est pas ça le but. Le but est de vous permettre d'apprendre à supprimer n'importe quel « symptôme » et de mettre ce que vous voulez à la place. Vous saurez faire vos choix et avancer, vous saurez utiliser l'aide qui vous est proposée lorsqu'elle est appropriée.

A la fin du programme <REPRÔG>, vous saurez faire, vous l'aurez fait et vous saurez le refaire à volonté.

Mais rappelez-vous : Reprog ou pas Reprog, n'est pas la question ! La vraie question, c'est : *ferez-vous ce qu'il faut ?*

Soyez conscient, en tout cas, que vous n'êtes pas seul, nous sommes au contraire de plus en plus ensemble et connectés. Quand vous faites Reprog, ou même si vous lisez ce livre, vous faites partie de la famille à mes yeux et aux yeux des participants aussi, en particulier tous les contributeurs à ce livre, qui ont offert de leur temps, de leur intimité, de leur parcours, pour vous en faire bénéficier. Merci à eux d'avoir osé et de m'y avoir accompagnée, merci à vous d'avoir apprécié.

3 QUESTIONS POUR SAVOIR OU VOUS EN ETES

12.1/ Après avoir lu les chapitres et les suggestions de mise en pratique...

a. J'aime beaucoup mes nouveaux indicateurs, qui me donnent de la clarté sur le chemin parcouru et m'encourage à profiter du chemin vers un avenir réjouissant.

b. J'avoue que je n'ai pas tout lu en détails, et j'ai parfois omis certains suggestions parce que pas envie ou pas le temps.

c. J'ai beau faire tout mon possible, certains passages ne sont pas clairs ou ne passent pas très bien pour moi, j'aimerais y revenir et je choisis un seul chapitre précis à relire dès maintenant.

d. Bof, ça ne changera rien dans le fond de toute façon.

12.2/ Concernant les questions et votre réflexion, vous prenez action...

a. Je vois clairement quelles sont mes 3 prochaines étapes, je les ai notées et j'ai prévu déjà la façon ou le planning pour les réaliser.

b. Je ne sais pas trop, je tourne en rond sur certains détails qui ne collent pas, ou au contraire qui collent et m'empêchent d'avancer.

c. J'aimerais un coup de pouce et je vais aller voir les suggestions proposées en fonction de mes réponses aux questions des fins de chapitres.

d. Je ne me sens pas à l'aise avec le fait de me projeter ainsi dans l'avenir. Je préfère laisser faire.

12.3/ Concernant la possibilité de vous mettre tout nu devant le miroir pour vous parler...

a. Je ne suis pas du tout à l'aise avec cette idée !

b. Eh bien j'ai trouvé l'idée super intéressante, et je l'ai déjà fait (ou je le fais maintenant) pour me parler de cette lecture, de ma reprogrammation en cours, et de ce que j'aimerais programmer maintenant avec mon corps pour un avenir satisfaisant.

c. Pfff ! Ça ne sert à rien, je ne vais surtout pas me mettre tout nu devant le miroir, pour me parler, en plus ?! Non mais sérieusement.

d. Ah. Peut-être que ce serait un challenge qui sort de l'ordinaire, je prévois de le faire tel jour à tel moment. Rendez-vous pris !

POUR ALLER PLUS LOIN...

Félicitations d'être arrivé au bout de cette reprogrammation ! J'espère que vous avez apprécié l'aventure, et que vous êtes inspiré à continuer.

Vos réponses aux questions de chaque chapitre peuvent vous permettre d'en savoir davantage sur le thème à faire progresser en priorité, par exemple. Ou encore vous indiquer ce qui bloque, ou ce qui est porteur pour vous.

Rendez-vous à l'adresse suivante pour en savoir davantage sur vos réponses, votre profil, et vos possibilités :

www.alineon.com/reprog/de-la-theorie-a-la-realite

Et par-dessus tout, je vous souhaite le meilleur !

Aline Dalbiez

BIBLIOGRAPHIE

<u>Par ordre d'apparition au fil des chapitres (hors citations-titres et notes de bas de pages qui sont en fin de liste)</u>:

1. **Dalbiez, Aline.** *Le Pouvoir des Mots: Un secret du succès relationnel.* Antibes : ALINEON®, 2012.

2. **Braden, Gregg.** *La Guérison Spontanée des Croyances.* Canada : ARIANE, 2009, original 2008. (p.40).

3. **Bruce H. Lipton, Ph.D.** *Biologie des Croyances.* Canada : ARIANE, 2006, original 2005. (p.62).

4. **Aline Dalbiez & Jean-Luc Scheefer.** *Libérez-vous de vos programmes inconscients - Et reprenez les commandes de votre vie.* [eBook & Webinaire] Antibes : ALINEON®, 2018. http://www.alineon.com/lp/repi/.

5. **Braden, Gregg.** *La Guérison Spontanée des Croyances.* Canada : ARIANE, 2009, original 2008. (p.122).

6. **Hill, Napoleon.** *The Law of Success, original 1925 edition.* Beverly, Massachussetts : ORNE Publishing, LLC, Réimpression 2010. (p.123).

7. **Reitherman, Wolfgang.** *Robin des Bois.* Walt Disney Productions, 1973.

8. **Emerson, Ralph Waldo.** *La Confiance en Soi (in Essais de Philosophie Américaine, 1851).* Poland : FV Éditions, Réimpression 2014. (p.15).

9. **Hawkins, Dr. David R.** *Pouvoir contre Force. Les déterminants cachés du comportement humain.* Paris : Guy Trédaniel Éditeur, 2005, original 1995. (p.38).

10. —. *Pouvoir contre Force. Les déterminants cachés du comportement humain.* Paris : Guy Trédaniel Éditeur, 2005, original 1995. (p.46).

11. —. *Pouvoir contre Force. Les déterminants cachés du comportement humain.* Paris : Guy Trédaniel Éditeur, 2005, original 1995. (p.50).

12. —. *Pouvoir contre Force. Les déterminants cachés du comportement humain,.* Paris : Guy Trédaniel Éditeur, 2005, original 1995. (p.52).

13. MJN Développement. [En ligne] https://www.mjndeveloppement.com.

14. **Dalbiez, Aline.** Venez avec vos challenges, repartez avec vos solutions. [En ligne] https://rdv.alineon.com.

15. HEINRICH INSTITUT. [En ligne] https://www.heinrich-institut.com/.

16. Définitions : disruptif - Dictionnaire de français Larousse. [En ligne] [Citation :

25 03 2022.] https://www.larousse.fr/dictionnaires/francais/disruptif/25982.

17. travail - Définitions. *Dico en ligne Le Robert.* [En ligne] [Citation : 01 06 2022.] https://dictionnaire.lerobert.com/definition/travail.

18. **Frécon, Jean-Marie.** *Les 5 rites tibétains.* [https://www.youtube.com/watch?v=ekhhp78S6r0] s.l. : https://www.globalsystema.fr, 2012.

19. **Dyer, Dr Wayne W.** *Arrêtez de vous trouver des excuses!* Paris : Guy Trédaniel Éditeur, 2009. (p.211).

20. **Maltz, Dr. Maxwell.** *The New Psycho-Cybernetics.* New York : Prentice Hall Press, Penguin Group (USA) Inc., 2001, d'origine 1954. (p.131).

21. —. *The New Psycho-Cybernetics.* 2001, d'origine 1954. (p.132).

22. —. *The New Psycho-Cybernetics.* 2001, d'origine 1954. (p.185).

23. **Dyer, Dr Wayne W.** *Arrêtez de vous trouver des excuses!* Paris : Guy Trédaniel Éditeur, 2009. (p.69).

24. —. *Arrêtez de vous trouver des excuses!* 2009. (p.224).

25. **Tourtel, Dr. Frédéric.** LA BOUCHE, MIROIR DE L'HOMME | NéoSanté Editions. [En ligne] 28 02 2022. https://www.neosante.eu/la-bouche-miroir-de-lhomme/#more-8792.

26. **Dispenza, Dr Joe.** How to become supernatural. *Hay House You can heal your life Summit 2022.* s.l. : Hay House, Interview, 2022.

27. **GUILLAIN André, PRY René.** D'un miroir l'autre. Fonction posturale et neurones miroirs. *Bulletin de psychologie 2012/2 .* [En ligne] https://www.cairn.info/revue-bulletin-de-psychologie-2012-2-page-115.htm. (Numéro 518), p. 115-127. DOI : 10.3917/bupsy.518.0115..

28. **Pascual-Leone, A. et al.** Modulation of muscle responses evoked by transcranial magnetic stimulation during the acquisition of new fine motor skills. *Journal of Neurophysiology.* the American Physiological Society, Sep.1995, Vol. 74, Issue 3, pp.1037-1045, https://journals.physiology.org/doi/epdf/10.1152/jn.1995.74.3.1037.

29. **Becker, Greg et Massey, Harry.** *The Living Matrix / La Matrice Vivante - La Nouvelle Science de la Guérison.* Susan Becker, 2009.

30. **Maltz, Dr. Maxwell.** *The New Psycho-Cybernetics.* 2001, d'origine 1954. (p.38).

31. —. *The New Psycho-Cybernetics.* 2001, d'origine 1954. (p.23).

32. **Bruce H. Lipton, Ph.D.** *Biologie des Croyances.* Canada : ARIANE, 2006, original 2005. (pp.176-177).

33. **Dyer, Dr. Wayne W.** *Les Dix Secrets du Succès et de la Paix Intérieure.* Paris : Éditions J'ai Lu, Réédition 2004, trad.Fr. 2003, original 2001. (p.31).

34. **Dalbiez, Aline.** Le Pouvoir des Mots au Service des Entrepreneurs. s.l. : Interview par Antoine Charlet, 31 03 2022.

35. **Ortner, Nick.** *The Tapping Solution.* 2013. https://www.thetappingsolution.com/.

36. —. A Two-Minute Method to Gain Lasting Emotional Freedom. *Hay House You can heal your life Summit 2022.* s.l. : Hay House, Interview, 2022.

37. **Church, Dawson.** *Mind to Matter.* s.l. : Hay House, 2018.

38. —. *Mind to Matter.* 2018. (p.89).

39. —. *Mind to Matter.* 2018. (p.90).

40. **Becker, Greg et Massey, Harry.** *The Living Matrix / La Matrice Vivante - La Nouvelle Science de la Guérison.* Susan Becker, 2009 (1h12).

41. **Dyer, Dr. Wayne W.** *Getting in the gap.* s.l. : Hay House, 2003, based on Meditations for Manifesting 1998.

42. **Hay, Louise L.** *D'accord avec ton corps A-Z.* Paris : Guy Trédaniel Éditeur, 2011, original 1998. (p.13).

43. **Gage, Randy.** *RISKY is the New SAFE.* Hoboken, New Jersey : John Wiley & Sons, 2013. (pp.107-108).

44. **Hay, Louise L.** *Vous pouvez changer votre vie!* Paris : Éditions J'ai Lu, 2012. (p.111).

45. **Dyer, Dr. Wayne W.** Overcome Your Greatest Challenges with the Power of the Excuses Begone paradigm. *Hay House You can heal your life Summit 2022.* s.l. : Hay House, Interview, 2022.

46. **Hay, Louise L.** *Vous pouvez changer votre vie!* Paris : Éditions J'ai Lu, 2012, trad.Fr. 2006, original 1995. (p.42).

47. **Gallo, Carmine.** *Talk Like TED.* London : Man Books, 2015, original 2014. (p.21).

48. **Ricard, Matthieu.** L'homme le plus heureux du monde ? *Matthieu Ricard - Moine bouddhiste, Humanitaire, Auteur et Photographe.* [En ligne] 11 11 2012. [Citation : 12 05 22.] https://www.matthieuricard.org/blog/posts/l-homme-le-plus-heureux-du-monde.

49. **Wikipédia.** Transcendance — Wikipédia. [En ligne] [Citation : 12 05 22.] https://fr.wikipedia.org/wiki/Transcendance.

50. **Jon Hurwitz, Hayden Schlossberg et Josh Heald.** *Cobra Kaï, série TV adaptation du film Karaté Kid.* YouTube Red; Netflix, 2018-2022.

51. **Dalbiez, Aline.** (2020.1) Maximisez votre Énergie grâce au Principe de l'Harmonie. *La Chronique Alineon.* [En ligne] Juin 2020. https://www.alineon.com/chronique/202006-1-maximisez-votre-energie/.

52. **Giblin, Les.** *How to Have Confidence and Power in Dealing with People.* New York : Prentice Hall Press, Réimpression, original 1956. (préambule p.xvii).

53. **Fernandez, Robert.** *Le Voyage du Pèlerin (The Pilgrim's Progress).* 2019.

54. **Hay, Louise L.** *Vous pouvez changer votre vie!* Paris : Éditions J'ai Lu, 2012, trad.Fr. 2006, original 1995. (p.108).

55. **Giblin, Les.** *How to Have Confidence and Power in Dealing with People.* New York : Prentice Hall Press, 1956. (p.23).

56. **Vereeck, Estelle.** *Le Dictionnaire du langage de vos dents.* Aix-en-Provence : Éditions Luigi Castelli, 2004. (p.83).

57. **Andrew W. Marlowe et Terri Edda Miller.** *The Equalizer.* Columbia Broadcasting System, 2021.

58. **Hawkins, Dr. David R.** *Pouvoir contre Force. Les déterminants cachés du comportement humain.* Paris : Guy Trédaniel Éditeur, 2005, original 1995. (p.215).

59. **Gage, Randy.** *RISKY is the New SAFE.* Hoboken, New Jersey : John Wiley & Sons, 2013. (p.116).

60. prospérité - Définitions. *Dico en ligne Le Robert.* [En ligne] [Citation : 02 06 22.] https://dictionnaire.lerobert.com/definition/prosperite.

61. **Gage, Randy.** *RISKY is the New SAFE.* 2013. (p.130).

62. ego - Définitions, synonymes, conjugaison, exemples | Dico en ligne Le Robert. [En ligne] [Citation : 03 06 2022.] https://dictionnaire.lerobert.com/definition/ego.

63. Définitions : ego - Dictionnaire de français Larousse. [En ligne] [Citation : 03 06 2022.] https://www.larousse.fr/dictionnaires/francais/ego/28029.

64. Ego — Wikipédia. [En ligne] [Citation : 03 06 2022.] https://fr.wikipedia.org/wiki/Ego.

65. Définition de ego | Dictionnaire français | La langue française. [En ligne] [Citation : 03 06 2022.] https://www.lalanguefrancaise.com/dictionnaire/definition/ego.

66. **Gage, Randy.** *RISKY is the New SAFE.* 2013. (p.121).

67. **Giblin, Les.** *How to Have Confidence and Power in Dealing with People.* New York : Prentice Hall Press, 1956. (préambule p.xvi).

68. —. *How to Have Confidence and Power [...].* 1956. (p.14).

69. **HeartMath, The Science of.** *https://www.heartmath.com/science/.*

70. An Appreciative Heart is Good Medicine. [En ligne] 02 07 2009. [Citation : 11 06 2022.] https://www.heartmath.org/articles-of-the-heart/personal-development/an-appreciative-heart-is-good-medicine/.

71. **Giblin, Les.** *How to Have Confidence and Power in Dealing with People.* New York : Prentice Hall Press, 1956. (p.13).

72. **Spalding, Baird T.** *La Vie des Maîtres.* Paris : Éditions J'ai Lu, 1988, original 1946. (p.235).

73. —. *La Vie des Maîtres.* Paris : Éditions J'ai Lu, 1988, original 1946. (p.291).

74. **Nolan, Christopher.** *Inception.* Warner Bros. Pictures, Legendary Pictures, Syncopy Films, 2010.

75. **Giblin, Les.** *How to Have Confidence and Power in Dealing with People.* New York : Prentice Hall Press, 1956. (p.16).

76. **Gauthier, Dr. Yves.** *Les Dents Lumière.* Genève : Editions Soleil, 2e édition 1990, origine 1989. (p.21).

77. **Hay, Louise L.** *Embrace Your Power.* s.l. : Hay House, Inc., 1922, original 1997. (p.22).

78. **Lipton, Dr. Bruce.** Bruce H. Lipton, PhD – Bridging Science and Spirit. [En ligne] [Citation : 14 05 2022.] http://www.brucelipton.com.

79. **Dyer, Dr. Wayne W.** *Happiness is the Way.* Carlsbad : Hay House, Inc, 2019. (p.14).

80. **Burg, Bob et Mann, John David.** *The Go-Giver - A Little Story About a Powerful Business Idea.* s.l. : Penguin Random House UK, Business, 2007, 2015. (p.13).

81. **Dyer, Dr. Wayne W.** *Les Dix Secrets du Succès et de la Paix Intérieure.* Paris : Éditions J'ai Lu, 2003, original 2001. (p.124).

82. **Robbins, Anthony.** *Les Onze Lois de la Réussite, De la Part d'Un Ami.* s.l. : Un Monde Différent, 1996, original 1991. (p.90-91).

83. **Kwan, Dan et Scheinert, Daniel .** *Everything, Everywhere, All at Once.* A24, IAC, AGBO Studios, Ley Line Entertainment, IAC Films, 2022.

84. Institut Weizmann des sciences. "Théorie quantique démontrée : l'observation affecte la réalité.". *ScienceDaily.* [En ligne] 27 Février 1998. [Citation : 14 06 2022.] www.sciencedaily.com/releases/1998/02/980227055013.htm.

85. **Dalbiez, Aline.** Comment changer une habitude. *La Chronique Alineon.* [En ligne] Janvier 2014. http://www.alineon.com/chronique/201401-changer-une-habitude/.

86. **Schaller, Dr. Christian Tal.** *Nous sommes tous des êtres*

MULTIDIMENSIONNELS. Embourg : TESTEZ éditions, 2009. (p.29).

87. Heur : Définition simple et facile du dictionnaire. *L'Internaute*. [En ligne] [Citation : 20 06 2022.] https://www.linternaute.fr/dictionnaire/fr/definition/heur/.

88. heur - Définitions, synonymes, conjugaison, exemples. *Dico en ligne Le Robert*. [En ligne] [Citation : 20 06 2022.] https://dictionnaire.lerobert.com/definition/heur.

89. **Hay, Louise L.** *Embrace Your Power*. s.l. : Hay House, Inc., 1922, original 1997. (p.14).

90. —. *Embrace Your Power*. s.l. : Hay House, Inc., 1922, original 1997. (p.33).

91. **Chopra, Dr. Deepak.** *Les Sept Lois Spirituelles du Succès*. Paris : Éditions J'ai Lu, 1995, original 1994. (p.78).

92. **Dalbiez, Aline.** Comment faire prendre conscience de quelque chose à quelqu'un. *La Chronique Alineon*. [En ligne] Sept. 2014. [Citation : 18 08 2022.] https://www.alineon.com/chronique/201409-faire-prendre-conscience-de-quelque-chose/.

93. **Dyer, Dr. Wayne W.** *Les Neuf Lois de l'Harmonie*. Paris : Editions J'ai Lu, 2008, original 2006. (p.81).

94. **Flavien, Bernard.** *L'intelligence émotionnelle: quelle utilité dans l'entreprise?* [https://www.youtube.com/watch?v=flecCNe8yCA] Grenoble : Grenoble Ecole de Management, 2016. consulté le 13/08/22.

95. https://www.lumen-care.com/. [En ligne]

96. **Koppers, Kerstin.** https://www.solution-kinesiologie.fr/. [En ligne]

Par ordre d'apparition au fil des chapitres (citations-titres et notes de bas de page) :

97. **Church, Dawson.** *Mind to Matter*. 2018. (p.268-269).

98. **Spalding, Baird T.** *La Vie des Maîtres*. Paris : Éditions J'ai Lu, 1988, original 1946. (p.236-237).

99. **Redford, Robert.** *La Légende de Bagger Vance*. Epsilon Motion Pictures, Wildwood Enterprises, Allied Filmmakers, 2000.

100. **Hill, Napoleon.** *The Law of Success, original 1925 edition*. Beverly, Massachussetts : ORNE Publishing, LLC, Réimpression 2010. (p.129).

101. **Hay, Louise L.** *Vous pouvez changer votre vie!* Paris : Éditions J'ai Lu, 2012, trad.Fr. 2006, original 1995. (p.45).

102. **Dyer, Dr. Wayne W.** *Les Neufs Lois de l'Harmonie.* Paris : Editions J'ai Lu, 2008, original 2006. (p.19).

103. **Robbins, Tony.** Morning: The Power of Tapping. *Tony Robbins: Morning & Evening.* s.l. : The Tapping Solution App.

104. **Dyer, Dr. Wayne W.** *Happiness is the Way.* Carlsbad : Hay House, Inc., 2019. (p.23).

105. **Traduit de l'anglais par Denis Ouellet.** *Un Cours en Miracles.* Québec, Canada : ÉDITIONS DU ROSEAU, 2005, original 1975. (p.116).

106. **Newberg, Andrew et Waldman, Mark Robert.** *Words Can Change Your Brain.* New York : Penguin Random House LLC, 2012. (p.74).

À PROPOS DE L'AUTEUR

www.alinedalbiez.com

Aline Dalbiez est une exploratrice du fonctionnement humain qui aime les gens et qui a à cœur de contribuer au bien-être collectif.

Au fil des épreuves de sa propre vie, telles qu'un accident de voiture impactant, des difficultés de santé dite « incurables », ou encore des challenges de confiance en soi personnelle ou professionnelle, elle a pris du recul pour dépasser les limites habituelles et transcender ces problématiques humaines.

De formation ingénieure, en nouvelles technologies, en ingénierie d'affaires internationales et en coaching professionnel individuel et d'équipe, c'est à la croisée de ces chemins qu'Aline œuvre pour modéliser les mécanismes de nos comportements et nous permettre de reprendre les commandes de nous-mêmes.

Ayant à cœur que « *Si tout le monde va bien, le monde va mieux*® », Aline s'efforce de structurer et diffuser ses découvertes afin que chacun puisse en bénéficier. Dans ce but, elle a fondé la société ALINEON® en 2010, et sur recommandation de ses proches qui en bénéficiaient déjà, elle a d'abord écrit *Le Pouvoir des Mots : Un secret du succès relationnel*. Progressivement, elle a mis en place *La Chronique Alineon* pour partager gracieusement des approches simples et qui fonctionnent, puis le programme REPROG™ au fil des années et des nombreuses personnes qu'elle a accompagnés dans leurs démarches de changement.

Elle a construit ce dont elle-même avait besoin pour transformer sa vie et reprendre le contrôle de sa santé, de ses interactions, et de ses circonstances : un véritable programme d'accompagnement du CHANGEMENT, personnalisé au jour le jour, pour reprogrammer notre façon de fonctionner, transformer notre réalité concrète et notre expérience de vie au quotidien.

Aline a retrouvé la santé, la confiance, l'envie de vivre et la capacité de se laisser guider par la vie. Ce livre en est un aboutissement, inspiré par l'envie de partager, d'offrir, et d'œuvrer ensemble. C'est en collaboration avec les participants au programme, et notamment le groupe Printemps2021 qui a tenu à faire savoir au plus grand nombre que ce programme existe, que ce livre est né comme un nouveau départ pour ceux qui le souhaitent.

www.alineon.com

Retrouvez les autres parutions et publications,
y compris les contenus disponibles gratuitement sur

www.alineon.com

Printed in France by Amazon
Brétigny-sur-Orge, FR

16744529R00181